Libro de Sinónimos y Antónimos para Estudiantes

Spanish Thesaurus for Students

2nd Edition

Joan Greisman y Harriet Wittels
adaptado por Elizabeth Verzariu

All inquiries should be addressed to:
Barron's Educational Series, Inc.
250 Wireless Boulevard
Hauppauge, New York 11788
www.barronseduc.com

ISBN-13: 978-0-7641-4321-2
ISBN-10: 0-7641-4321-2

Library of Congress Control Number 2009936435

Printed in the United States of America
9 8 7 6 5 4 3 2 1

Introducción

Mark Twain, uno de los más importantes escritores de Estados Unidos, se pasaba la vida buscando la palabra *justa* y evitando la palabra *casi justa*. Ese es, justamente, el tema de este libro.

En las páginas siguientes, encontrará usted centenares de palabras acompañadas de una o más palabras a su derecha. Cada una de esas palabras acompañantes tendrá casi el mismo significado de la palabra inicial. ¿Cuál puede ser el objeto—se preguntará usted—de juntar palabras casi iguales y de hacer listas con ellas? El objeto es el de darle todas las palabras con significado similar para que usted escoja la palabra que mejor exprese el pensamiento que desea comunicar, es decir, la palabra *justa*. Otro objeto es el de familiarizarlo con palabras que usted desconoce. Sabiendo que las palabras a la derecha de la palabra inicial son sinónimos (palabras de significado similar), usted puede fácilmente adivinar los significados de palabras desconocidas y así enriquecer mucho su vocabulario.

Usted puede preguntarse por qué nuestra lengua española posee tantas palabras que significan prácticamente lo mismo. ¿No sería la vida mucho más fácil si tuviésemos sólo una palabra para designar cada objeto o idea?

Bueno, veamos una palabra que usamos todos los días: "amigo". Todos tenemos amigos. Con suerte, tenemos muchos de ellos. Pero algunos amigos son más amigos que otros. Si usted está escribiendo una historia sobre los amigos y la amistad, verá que es muy útil ubicar la palabra "amigo" en este libro. Encontrará usted "camarada", "compañero", "conocido", "compinche" y "acompañante". De este grupo de cinco sinónimos, le será fácil elegir la palabra *justa* que indique exactamente el grado de amistad que usted desea expresar.

Hay otro modo en que este libro le ayudará a encontrar la palabra *justa*. Supongamos que usted desee describir a un amigo, quién por lo general es muy calmoso, pero que por alguna razón en un día particular se comporta de modo totalmente distinto. Necesitará usted entonces una palabra que es totalmente opuesta a "calmoso." ¿Qué hacer? Pues bastará con ubicar la palabra "calmoso", pasar por alto las palabras sinónimos a la derecha, y encontrar al final de ellas una palabra impresa en letras itálicas: *agresivo*. La palabra cuyo significado es opuesto al de otra palabra se llama "antónimo", y en nuestro libro todos los antónimos aparecen en letras itálicas. Si ocurriese que un antónimo no es la palabra exacta que usted desea usar, busque la palabra "agresivo" y lea sus sinónimos: "hostil", "belicoso", "ofensivo", "provocador". Uno de estos cuatro sinónimos debiera ser la palabra que necesita.

Finalmente, hemos añadido palabras que están relacionadas con la palabra inicial y que le pueden ser útiles al momento de estar trabajando con una frase. Por ejemplo, el verbo "fugarse" puede equivocadamente sugerirle que el sustantivo es "fugación" o "fugamiento", cuando en realidad es "fuga". Tales palabras de ayuda están en mayúsculas, se encuentran siempre ubicadas al final de las listas de palabras y siempre aparecen entre paréntesis: (FUGA).

En las páginas siguientes encontrará usted miles de palabras que le ayudarán a expresarse correctamente, con eficacia e imaginación. Recuerde que no basta con detenerse en la primera palabra que encuentre. Si usted no halla la palabra *justa*, seleccione a cualquiera de las otras palabras sinónimos y ubique el sinónimo que ésta posea.

Adelante y buena suerte.

Cómo Usar Este Diccionario

Cómo encontrar la palabra clave

Las palabras que tienen sinónimos y antónimos se llaman palabras clave.

---

borrar anular, suprimir, quitar, eliminar

La palabra **borrar,** escrita en letra negrilla, es la palabra clave. Todas las palabras clave están ordenadas alfabéticamente, de igual modo que en cualquier diccionario.

La palabra en letra negrilla más pequeña que aparece en lo alto de la página se llama palabra guía. Esta le ayudará a encontrar más rápidamente las palabras clave. De hecho, la palabra guía ubicada arriba en cada página izquierda corresponde a la primera palabra clave de esa página, mientras que la palabra guía en cada página derecha es la última palabra clave de esa página.

El libro de sinónimos y antónimos

En vez de escoger palabras y proveer sus definiciones y explicaciones como ocurre con todo diccionario, nuestro libro selecciona palabras y provee sus sinónimos y antónimos. Los sinónimos son palabras que tienen prácticamente el mismo significado y pueden por eso substituirse en una frase:

> **abundante** copioso, cuantioso, numeroso, exuberante
> La comida de mañana será *copiosa*.
> Las pérdidas de esa compañía fueron *cuantiosas*.
> Los pájaros que emigraban eran *numerosos*.
> La vegetación de Brasil es *exuberante*.

Si usted no puede encontrar una palabra, es posible que ésta simplemente no tenga sinónimos. Deberá entonces ubicarla en un diccionario corriente y pensar en la mejor manera de substituirla. Por ejemplo, la palabra "acordeón" no tiene sinónimos. Un diccionario convencional le dirá que éste es "un instrumento musical portátil de fuelle que es activado por teclado". Comprendiendo así el significado de la palabra, usted podrá pensar en otra palabra que la pueda reemplazar.

Los antónimos son palabras que tienen significados opuestos a los de las palabras clave. Verá usted que no todas las palabras clave tienen antónimo, pero las que poseen uno lo destacan en letras itálicas:

> **acercar** aproximar, arrimar, juntar, unir *alejar*

Palabras clave con grupos de sinónimos

A veces una palabra clave tiene sinónimos agrupados bajo distintos números. Esto significa que la palabra clave tiene más de un significado y que cada uno de estos significados tiene sus propios sinónimos.

> **aderezar** 1. componer, hermosear, adornar 2. guisar, condimentar, sazonar

En estos casos deberá usted usar buen juicio y sentido común al escoger el grupo correcto de sinónimos. Por ejemplo, si usted desea hacer una frase en que el cocinero añade sal y pimienta a su asado, usted optará por "condimentar" o "sazonar" del grupo 2 en vez de buscar entre los sinónimos de belleza del grupo 1.

Palabras de ayuda

Al componer frases usted no sólo debe seleccionar palabras afines y palabras opuestas. La mejor frase que usted pueda crear quedará arruinada si falla la gramática. Para ayudarle a redactar correctamente, hemos analizado palabras clave que pueden engañarnos o confundirnos cuando tratamos de escribir su sustantivo, adjetivo o determinado tiempo verbal. Por ejemplo, la palabra clave "adquirir" parece indicarnos que su sustantivo es "adquirimiento", cuando en realidad es "adquisición." Para ayudarle, escribimos en tales casos la palabra de ayuda (ADQUISICIÓN) con mayúsculas, entre paréntesis y al final:

> **adquirir** conseguir, comprar, ganar, lograr, obtener, alcanzar *perder* (ADQUISICIÓN)

A

abad cura, prior, superior, rector

abadía monasterio, convento, claustro, templo

abajo bajo, debajo *arriba, encima*

abalanzarse 1. arrojarse, lanzarse, tirarse *retroceder* 2. acometer, arremeter, atacar, meter *contenerse*

abandonado 1. desamparado, dejado, descuidado, desatendido *amparado* 2. desaliñado, desaseado, sucio *aseado*

abandonar 1. desamparar, desatender, desasistir *proteger* 2. dejar, despoblar, marcharse *habitar*

abandono 1. aislamiento, desamparo, soledad 2. defección, huida

abarcar 1. abrazar, ceñir, rodear 2. comprender, contener, incluir *excluir*

abarrotar llenar, atestar, colmar, atiborrar *vaciar*

abastecer aprovisionar, equipar, proveer, suministrar, surtir *privar* (ABASTECIMIENTO)

abatido decaído, deprimido, desalentado, desanimado, triste *alegre* (ABATIMIENTO)

abatir derribar, derrocar, desmantelar, tumbar *levantar, izar*

abdicar abandonar, ceder, dimitir, renunciar, resignar *asumir*

abdomen barriga, estómago, intestinos, panza, tripa, vientre (ABDOMINAL)

abertura orificio, agujero, grieta, hendidura, ranura, rendija

abiertamente claramente, francamente, sinceramente, sin reservas, sin rodeos *ocultamente*

abierto 1. libre, despejado, desembarazado *cerrado* 2. franco, ingenuo, sincero *hipócrita*

abigarrado confuso, mezclado, heterogéneo *sencillo*

abismo 1. barranco, precipicio, profundidad, sima 2. infierno

ablandar 1. suavizar, reblandecer *endurecer* 2. aplacar, calmar, desenfadar *enfadar* 3. mitigar, templar

abnegación renuncia, sacrifico, altruismo, generosidad, bondad *egoísmo*

abochornado azarado, humillado, turbado, ruborizado

abofetear cachetear, golpear, pegar, sopapear

abogado letrado, jurista, legista

abogar apoyar, defender, interceder, proteger *oponer*

abolir revocar, anular, cancelar, eliminar, extinguir, invalidar, retirar, revocar *instituir* (ABOLICIÓN)

abollar deformar, hundir, aplastar

abominable aborrecible, atroz, detestable, execrable, incalificable, odioso, repugnante *agradable*

abominación repulsión, aversión, horror, espanto, repugnancia *veneración*

abominar aborrecer, odiar, condenar, detestar, execrar *amar*

abordar 1. atracar, chocar 2. emprender, plantear

aborigen indígena, nativo, natural *forastero*

aborrecer detestar, odiar, abominar, despreciar *amar* (ABORRECIMIENTO)

abotonar abrochar, ajustar, ceñir, cerrar, prender *desabotonar, abrir*

abrasador ardiente, caliente, cálido, caluroso, tórrido

abrasar chamuscar, incendiar, quemar, tostar *helar*

abrazar 1. abarcar, ceñir, rodear *soltar* 2. comprender, incluir, contener

abrazo apretón, lazo, saludo

abreviar acortar, reducir, resumir, sintetizar *aumentar*

abrigar arropar, cubrir, tapar, amparar, cobijar, proteger *desamparar*

abrigo 1. gabán, sobretodo, capote, capa 2. amparo, auxilio, refugio, albergue

abrillantar bruñir, lustrar, pulimentar, pulir, frotar

abrir 1. iniciar, comenzar, inaugurar *clausurar* 2. descubrir, entreabrir, destapar *tapar* (ABERTURA)

abrochar abotonar, ceñir, cerrar, sujetar, unir

abrumar agobiar, molestar, fastidiar, hastiar, aburrir, importunar, cansar, fatigar

abrupto áspero, escabroso, escarpado, fragoso, quebrado *suave*

absceso furúnculo, hinchazón, inflamación, purulencia, tumor

absoluto 1. completo, total, universal, general *parcial* 2. despótico, tiránico, dictatorial

absolver perdonar, remitir, libertar, liberar, exculpar *culpar*

absorber 1. aspirar, chupar 2. embeber, empapar 3. atraer, cautivar (ABSORBENTE, ABSORCIÓN)

absorto ensimismado, abstraído, concentrado

abstenerse contenerse, inhibirse, prescindir, privarse, renunciar *participar*

abstinencia ayuno, frugalidad, privación, renuncia, sobriedad

abstracto 1. inconcreto, inmaterial, vago *concreto* 2. complejo *claro*

abstraer sacar, retirar, separar, aislar *agregar*

absurdo disparatado, ilógico, increíble, irracional *sensato*

abuelo viejo, anciano, antepasado

abulia inacción, desinterés, indiferencia, pasividad, desgana, aburrimiento, apatía *interés*

abultar aumentar, agrandar, dilatar, ensanchar, hinchar, inflar *deshinchar, alisar*

abundancia cantidad, exceso, exuberancia, profusión *escasez*

abundante copioso, cuantioso, numeroso, exuberante

abundar colmar, rebosar, multiplicar, exceder, sobrar *escasear*

aburrido desganado, pesado, molesto, hastiado *entretenido*

aburrimiento cansancio, desgana, fastidio, hastío, tedio *entretenimiento*

aburrir cansar, fastidiar, hastiar, incomodar, molestar *entretener*

abusar aprovecharse, atropellar, explotar, maltratar, propasarse, dañar *apreciar*

abuso 1. atropello, injusticia 2. exceso, extralimitación

acá aquí, cerca, próximo

acabado 1. perfecto, completo, terminado, concluido 2. agotado, consumido, destruido, gastado

acabar 1. perfeccionar, completar, terminar, concluir, finalizar *empezar* 2. agotar, destruir, gastar

academia colegio, escuela, instituto

académico 1. universitario 2. clásico, culto, puro

acaecer suceder, pasar, ocurrir, acontecer

acalorar alentar, animar, entusiasmar, estimular, enardecer *enfriar* (ACALORAMIENTO)

acanalar estriar, rayar

acaparar acopiar, acumular, almacenar, monopolizar *distribuir*

acariciar mimar, halagar, rozar, tocar, abrazar

acarrear cargar, llevar, transportar, traer

acaso posiblemente, tal vez, quizá

acatarrado resfriado, constipado, griposo

acaudalado rico, adinerado, millonario, opulento, pudiente *pobre*

acceder consentir, aceptar, ceder, admitir, permitir *rehusar*

acceso 1. entrada, paso 2. acercamiento, obtención 3. arrebato, ataque, exaltación

accesorio accidental, secundario *fundamental, principal*

accidental 1. casual, fortuito, incidental, secundario, aleatorio *planeado* 2. provisional, transitorio *esencial*

accidente percance, incidente, infortunio, contratiempo, peripecia, catástrofe (ACCIDENTAL)

acción 1. comportamiento, acto, función, hecho, movimiento, operación 2. batalla, combate, encuentro

accionar mover, activar, agitar

acechar aguardar, atisbar, emboscar, escudriñar, espiar

aceite óleo, grasa, lubricante

aceituna oliva

aceleración 1. rapidez, velocidad, prontitud, celeridad *alentamiento* 2. apresuramiento, prisa, precipitación *parsimonia*

acelerar apresurar, apurar, avivar, activar, aligerar, precipitar *retardar*

acento énfasis, acentuación, entonación, pronunciación, tono

acentuar marcar, insistir, resaltar, destacar, subrayar, enfatizar

aceptar adoptar, admitir, aprobar, recibir, tomar *rechazar* (ACEPTACIÓN)

acercar aproximar, arrimar, juntar, unir *alejar*

acertar resolver, solucionar, adivinar, descifrar, descubrir *equivocarse*

achacar atribuir, imputar, cargar, acusar *defender*

achacoso débil, doliente, delicado, enfermizo *fuerte, sano*

achaque dolencia, enfermedad, afección, mal

achicar empequeñecer, encoger, disminuir, rebajar *agrandar*

achicharrar chamuscar, tostar, quemar, abrasar

acicalar adornar, bruñir, componer, limpiar, maquillar *descuidar*

acierto 1. tino, tacto 2. habilidad, destreza

aclamar aplaudir, ovacionar, homenajear, loar, alabar *desaprobar*

aclaración explicación, información, justificación

aclarar 1. amanecer *oscurecer* 2. alumbrar, iluminar 3. clarificar, explicar, dilucidar, poner en claro *ocultar*

aclimatar acostumbrar, familiarizar, habituar, adaptar (ACLIMATACIÓN)

acobardar intimidar, atemorizar, desalentar, espantar, desanimar *alentar*

acoger aceptar, admitir, recibir *rechazar*

acometer 1. agredir, arremeter, atacar 2. emprender, iniciar, intentar

acomodar arreglar, conciliar, adaptar, adecuar (ACOMODO)

acompañamiento cortejo, compañía, comitiva, comparsa, escolta

acompañar 1. asistir, ayudar, conducir, seguir 2. juntar

acongojar afligir, apenar, entristecer, desconsolar, angustiar *consolar*

aconsejar recomendar, sugerir, advertir, avisar (CONSEJO)

acontecer acaecer, ocurrir, pasar, suceder (ACONTECIMIENTO)

acontecimiento hecho, suceso, acaecimiento, caso, evento, ocurrencia, suceso

acopiar acumular, aglomerar, reunir, juntar, almacenar, amontonar *desperdigar*

acoplar conectar, encajar, juntar, unir

acorazar blindar, reforzar, revestir, proteger, fortificar, endurecer

acordar determinar, decidir, resolver, concordar, concertar, convenir

acordarse evocar, recordar *olvidarse*

acorde conforme, concorde, de acuerdo

acorralar aislar, arrinconar, rodear, hostigar, encerrar *soltar, librar*

acortar 1. abreviar, achicar, disminuir, reducir *alargar, aumentar* 2. limitar, restringir *ampliar*

acostarse echarse, tenderse, yacer, tumbarse, dormirse, descansar *levantarse*

acostumbrar aclimatar, familiarizar, habituar (ACOSTUMBRAMIENTO)

acre áspero, irritante, picante, ácido *suave*

acrecentar agrandar, aumentar, acrecer

acreedor digno, merecedor, meritorio *deudor*

acribillar agujerear, acribar, herir, picar

acróbata equilibrista, gimnasta, saltimbanqui

actitud postura, posición, disposición, opinión

activar apresurar, avivar, acelerar, mover, excitar, apurar *parar* (ACTIVACIÓN)

actividad movimiento, energía, acción, vivacidad *pasividad*

activo vivo, laborioso, enérgico, vivaz, dinámico, animado, *inactivo, pasivo*

acto acción, hecho, ejercicio, actuación, suceso

actor artista, comediante, intérprete, entretenedor, estrella

actual real, verdadero, cierto, genuino, concreto, auténtico *inexistente*

actualidad ahora, hoy, presente

actuar ejercer, proceder, hacer, representar *inhibirse, abstenerse*

acuchillar apuñalar, cortar, rajar, herir

acuclillarse hincarse, inclinarse, postrarse

acudir 1. ir, presentarse, llegar, asistir, comparecer *ausentarse* 2. apelar, recurrir

acueducto conducto, canal, vía, conducción

acuerdo unión, armonía, conformidad *desacuerdo*

acumular juntar, almacenar, amontonar, acopiar, reunir (ACUMULACIÓN)

acunar mecer, cunear

acurrucarse encogerse, doblarse, agacharse *erguirse*

acusar culpar, denunciar, delatar *defender, absolver* (ACUSACIÓN)

adaptar acomodar, ajustar, apropiar, acoplar, modificar, cambiar, conformar (ADAPTABLE, ADAPTACIÓN)

adecuado apto, apropiado, conveniente, ajustado *inadecuado, impropio*

adecuar arreglar, acomodar, apropiar *desarreglar*

adelantado avanzado, precoz, anticipado *atrasado*

adelantar avanzar, sobrepasar, superar, progresar *retroceder* (ADELANTAMIENTO)

adelanto 1. adelantamiento, anticipo 2. progreso, avance, mejora *atraso*

adelgazado demacrado, enflaquecido, descarnado, consumido *engordado*

adelgazar 1. enflaquecer, demacrarse *engordar* 2. afinar, reducir, disminuir *aumentar*

ademán seña, gesto, actitud, expresión, aire, porte

además asimismo, igualmente, también

adentro dentro, internamente, interiormente *afuera*

adepto partidario, adicto, afiliado, prosélito *adversario*

aderezar 1. componer, hermosear, adornar 2. guisar, condimentar, sazonar

aderezo 1. adorno, atavío 2. condimento, salsa

adherencia 1. adhesión, cohesión 2. conexión, unión *separación*

adherir pegar, unir, encolar, sujetar (ADHESIVO)

adiós despedida, saludo

adivinanza acertijo, enigma, rompecabezas

adivinar predecir, pronosticar, augurar, presagiar, profetizar

administrar 1. conducir, cuidar, dirigir, gobernar 2. conferir, dar, propinar, suministrar

admirable espléndido, maravilloso, glorioso, supremo, magnífico, notable *despreciable* (ADMIRACIÓN)

admiración asombro, estupor, fascinación, maravilla, pasmo, sorpresa *desprecio*

admirador amigo, adorador, devoto

admirar maravillar, sorprender, asombrar, apreciar

admisible aceptable, válido, bueno *inadmisible*

admitir 1. confesar, conceder, reconocer, consentir *negar* 2. recibir, aceptar, acoger *rechazar*

admonición advertencia, amonestación, regaño, reprimenda

adolecer padecer, sufrir, penar

adolescencia juventud, pubertad, mocedad *madurez*

adolescente mozo, joven, muchacho

adoptar 1. prohijar, apadrinar 2. aceptar, abrazar, seguir *rechazar* (ADOPCIÓN)

adorable amable, encantador, delicioso, exquisito, fascinador *despreciable*

adorar amar, exaltar, admirar, idolatrar, querer, venerar

adormecido soñoliento, amodorrado, entorpecido *despierto, alerta* (ADORMECIMIENTO)

adornar acicalar, ataviar, decorar, hermosear, embellecer, ornamentar

adornos vestiduras, aderezos, atavíos, ornamentos, decorados

adquirir conseguir, comprar, ganar, lograr, obtener, alcanzar *perder* (ADQUISICIÓN)

adueñarse apoderarse, apropiarse, conquistar, tomar, capturar, ocupar

adular halagar, elogiar, loar *insultar* (ADULACIÓN, ADULADOR)

adulterar falsificar, corromper, viciar *purificar*

adulto maduro, crecido, grande, mayor de edad *inmaduro, juvenil*

advenimiento llegada, venida, arribo, acontecimiento

adversario antagonista, enemigo, rival, competidor *partidario*

adversidad desdicha, desgracia, desventura, infortunio, fatalidad, infelicidad, mala suerte *dicha, suerte, fortuna, felicidad*

adverso desfavorable, contrario, hostil, opuesto *favorable*

advertir 1. notar, observar, darse cuenta 2. avisar, aconsejar, amonestar, indicar, prevenir *ocultar*

adyacente contiguo, inmediato, vecino, próximo *distante, lejano*

aeroplano avión, aeronave, avioneta

afable amable, atento, cordial, cariñoso, amistoso, simpático, sociable *descortés, antipático*

afán deseo, anhelo, aspiración, ambición, ansia *apatía, desaliento*

afanarse esforzarse, trabajar, empeñarse (AFÁN)

afanoso trabajador, diligente, vehemente, esforzado, voluntarioso *apático*

afear 1. desfigurar, manchar, distorsionar, deformar *embellecer*

afección 1. simpatía, ternura, afecto, cariño *antipatía* 2. enfermedad, mal, dolencia *salud*

afectar 1. influir, ejercer, actuar 2. fingir, simular

afectuoso afable, amable, amistoso, amoroso, cariñoso, simpático *hosco* (AFECTO)

afeitar rasurar, desbarbar, rapar

aferrar agarrar, asir, sujetar, atrapar, afianzar, amarrar, asegurar *soltar*

afianzar 1. aferrar, afirmar, amarrar, apuntalar, consolidar *soltar* 2. garantizar, responder *abstenerse*

afición 1. inclinación, apego, devoción, cariño, gusto *indiferencia* 2. pasatiempo, distracción, recreo, diversión

aficionado devoto, entusiasta, diletante, admirador

aficionarse inclinarse, enamorarse, prendarse, simpatizar

afilar aguzar, afinar, adelgazar, amolar

afiliar asociar, adherir, acoger, inscribir

afinidad relación, analogía, parecido, parentesco, semejanza *diferencia*

afirmar declarar, proclamar, asegurar, confirmar, apoyar *negar* (AFIRMACIÓN)

aflicción 1. amargura, angustia, congoja, desconsuelo, dolor, pena, pesadumbre, pesar, tribulación, tristeza *alegría* 2. enfermedad

afligido abatido, triste, desolado, apenado, angustiado *alegre* (AFLICCIÓN)

afligir abatir, acongojar, amargar, angustiar, apenar, apesadumbrar, atribular, desconsolar *consolar* (AFLICCIÓN)

aflojar ceder, soltar, relajar *apretar*

afluencia abundancia, cantidad, exceso *escasez*

afortunado dichoso, feliz, próspero, rico *desafortunado* (FORTUNA)

afrenta ultraje, insulto, agravio, ofensa, deshonra *homenaje*

afuera fuera *adentro, dentro*

agacharse agazaparse, doblarse, encogerse *erguirse*

ágape convite, banquete, festín

agarrado 1. asido, aferrado, cogido, sujeto *suelto* 2. avaro, tacaño, mezquino, miserable *generoso*

agarrar asir, coger, tomar, atrapar, pillar *soltar*

agencia administración, oficina, delegación, sucursal

agenda catálogo, folleto, libreta

agente 1. delegado, representante, funcionario 2. detective, policía, espía

ágil ligero, rápido, pronto, vivo, atlético *pesado, torpe* (AGILIDAD)

agitar 1. alterar, inquietar, perturbar, provocar *apaciguar* 2. sacudir, batir, mover

aglutinar encolar, juntar, pegar, unir

agobiar abrumar, aburrir, cansar, fastidiar, molestar, oprimir *despreocupar* (AGOBIO)

agonía sufrimiento, congoja, dolor, angustia, tortura, pena *alegría* (AGONIZAR)

agotado débil, flaco, cansado, exhausto *fuerte* (AGOTAMIENTO)

agotar 1. consumir, acabar, gastar *llenar* 2. debilitar, fatigar *fortalecer*

agraciado hermoso, guapo, lindo, bonito, gracioso *feo*

agradable amable, afable, ameno, deleitoso, delicado, delicioso, grato, placentero, sabroso *antipático, ingrato, odioso*

agradar complacer, contentar, alegrar, satisfacer *desagradar* (AGRADO)

agradecido reconocido, obligado, complacido *ingrato* (AGRADECIMIENTO)

agradecimiento gratitud, reconocimiento

agrado 1. afabilidad, amabilidad 2. gusto, satisfacción, placer, encanto, contento *desagrado*

agrandar aumentar, ampliar, extender, multiplicar, acrecentar *reducir* (AGRANDAMIENTO)

agravar empeorar, provocar, exasperar, enfurecer, irritar *mejorar*

agravio afrenta, ofensa, insulto, injuria

agregar juntar, sumar, añadir, aumentar *quitar*

agresión acometida, asalto, ataque, ofensa, invasión *defensa*

agresivo hostil, belicoso, ofensivo, provocador *pacífico*

agricultor granjero, campesino, cultivador, labrador, labriego

agricultura agronomía, cultivo, labranza

agrietar abrir, hender, rajar, resquebrajar

agrio ácido, acre, áspero, avinagrado *dulce, suave*

aguacero lluvia, chubasco, chaparrón, diluvio

aguafiestas pesimista, gruñón *optimista*

aguantar 1. soportar, sostener 2. sufrir, tolerar, padecer

agudo 1. delgado, aguzado, puntiagudo, afilado *romo* 2. ingenioso, perspicaz, sagaz, sutil *torpe*

aguijonear 1. aguijar, picar, pinchar 2. alentar, estimular, incitar

agujerear acribillar, horadar, perforar, taladrar *obturar, tapar*

ahínco empeño, tesón, esfuerzo, ardor, ansia, fervor, entusiasmo

ahogar ahorcar, asfixiar, estrangular, sofocar (AHOGO)

ahondar cavar, penetrar, profundizar, investigar

ahora 1. inmediatamente, en seguida *después* 2. actualmente, hoy

ahorcar asfixiar, sofocar, estrangular, colgar

ahorrar 1. economizar, guardar, reservar, conservar, mantener, acumular *gastar, malgastar* 2. evitar, excusar (AHORRO)

ahumar zahumar, acecinar, ennegrecer, oscurecer, tiznar, manchar (HUMO)

aire 1. corriente, viento 2. aspecto, figura, porte 3. canción, melodía, tonada 4. garbo, gracia

airoso apuesto, elegante, gallardo, garboso, gracioso

aislamiento incomunicación, exclusión, clausura, reclusión, retiro, retraimiento, soledad

aislar separar, apartar, arrinconar, confinar, encerrar, incomunicar, acordonar

ajar desgastar, deslucir, maltratar, marchitar, sobar

ajetreo trabajo, faena, brega, trajín

ajeno extraño, impropio, diverso, distinto

ajustar acomodar, arreglar, convenir, adaptar, cambiar, alterar (AJUSTE)

alabanza elogio, encomio, loa, adulación, encomio, lisonja *maldición*

alabar aplaudir, celebrar, elogiar, encomiar, enaltecer, encarecer, ensalzar, exaltar, loar *criticar, difamar*

alambre cable, filamento, hilo

alarde gala, jactancia, ostentación, vanagloria, presunción

alardear alabarse, jactarse, vanagloriarse, ostentar, presumir

alargar prolongar, extender, dilatar, estirar *acortar*

alarma susto, sobresalto, inquietud, intranquilidad *tranquilidad*

alarmar sobresaltar, espantar, asustar, atemorizar, inquietar *tranquilizar* (ALARMA)

alba amanecer, albor, aurora, madrugada

albedrío 1. potestad, voluntad, elección, decisión 2. gusto, antojo, capricho

albergar hospedar, alojar, amparar, acoger, cobijar

alborotar amotinar, excitar, sublevar *apaciguar* (ALBOROTO)

alboroto tumulto, revuelta, motín, sublevación

alborozo regocijo, alegría, gozo, placer, entusiasmo, optimismo, júbilo *aflicción*

alcance 1. efecto, importancia, trascendencia 2. persecución, seguimiento 3. distancia

alcanzar 1. llegar, tocar 2. conseguir, lograr, obtener 3. comprender, entender

alcoba dormitorio, habitación, cuarto, recámara

alcoholizado borracho, ebrio, embriagado *sobrio* (ALCOHOL)

aldea poblado, pueblo, lugar

alegar declarar, manifestar, testimoniar, sostener, mencionar

alegrar alborozar, holgar, regocijar, solazar *entristecer* (ALEGRÍA)

alegre gozoso, contento, jubiloso, alborozado, jovial, divertido *triste*

alegría alborozo, contento, dicha, diversión, felicidad, gozo, júbilo, placer, regocijo, satisfacción *tristeza*

alejar 1. apartar, desviar, evitar, retirar, separar 2. distanciar, ir, marchar *acercar, aproximar*

alentado animoso, atrevido, valiente, valeroso, esforzado

alentar animar, confortar, aguijonear, excitar, estimular *desalentar*

alerta vigilante, despierto, listo, avispado, vivo *dormido*

aletear alear, batir, agitar

alevosía perfidia, traición, deslealtad

alfombra tapiz, tapete, moqueta, cubierta

algazara bullicio, bulla, alboroto, griterío

alharaca alboroto, bullicio, escándalo *calma*

alianza acuerdo, pacto, contrato, confederación, unión, liga (ALIADO)

aliento 1. respiración, aire 2. soplo, vaho 3. ánimo, esfuerzo, valor, denuedo

aligerar 1. abreviar, acelerar, apresurar, avivar 2. aliviar, suavizar, atenuar

alimentar 1. mantener, nutrir, aprovisionar 2. sostener, fomentar

alimento comestible, comida, vianda, pábulo, sostén

alisado 1. pulido 2. allanado, aplanado

alistar 1. listar, registrar, anotar 2. reclutar (ALISTAMIENTO)

aliviar aligerar, alivianar, aminorar, calmar, descargar, disminuir, mitigar, moderar, templar *apesadumbrar* (ALIVIO)

allanar aplanar, igualar, rasar

alma espíritu, esencia, ánima, aliento, corazón, conciencia

almacén 1. tienda, abacería 2. depósito

almacenar acopiar, acumular, amontonar, guardar, juntar, acaparar, reunir (ALMACENAMIENTO)

almohadilla cojincillo, cojinete

almohadón cojín, almohadilla, almohada

alojar albergar, hospedar, habitar, vivir, residir (ALOJAMIENTO)

alquilar arrendar, subarrendar, rentar

alrededor 1. entorno 2. cerca, junto, aproximadamente

altanero presuntuoso, orgulloso, altivo, arrogante, desdeñoso, soberbio *modesto* (ALTANERÍA)

alterar 1. cambiar, variar, transformar, modificar *mantener* 2. perturbar, conmover, inquietar *calmar*

alternar turnar, cambiar, trocar

alternativa opción, elección

alto 1. crecido, elevado *bajo* 2. grande, eminente *prominente*

altura altitud, alto, elevación, nivel

alucinar ofuscar, confundir, cautivar, deslumbrar, engañar, embaucar (ALUCINACIÓN)

aludir citar, insinuar, mencionar, mentar, nombrar, referirse

alumbrar 1. iluminar, aclarar *apagar* 2. dar a luz, parir

alumno discípulo, educando, escolar, estudiante

alzar 1. elevar, levantar, subir *bajar* 2. construir, edificar, erigir *destruir*

ama dueña, patrona, propietaria, señora, casera

amable afable, cordial, cortés, afectuoso, atento, cariñoso, sociable, urbano (AMABILIDAD)

amado adorado, estimado, querido, venerado, idolatrado *odiado*

amaestrar 1. domar, amansar, domesticar 2. adiestrar, enseñar, instruir, aleccionar

amanecer aurora, madrugada, alba, mañana *anochecer*

amante adorador, querido, enamorado, pretendiente

amar adorar, querer, admirar, estimar, apreciar *odiar* (AMOR)

amargar afligir, apesadumbrar, atormentar, entristecer (AMARGURA)

amargo acerbo, áspero *dulce, melifluo* (AMARGURA)

amarrar atar, enlazar, sujetar, encadenar, asegurar, afianzar *soltar*

amasar amalgamar, mezclar, combinar, masajear

ambicionar codiciar, desear, anhelar, ansiar, aspirar, querer

ambiente 1. aire, atmósfera 2. medio, ámbito, sector, entorno

ambulante móvil, movible, itinerante, andador *fijo*

ambular andar, pasear, caminar, deambular *parar*

amedrentar 1. intimidar, acobardar, asustar *enardecer* 2. desalentar, descorazonar, desanimar *animar*

amenaza amago, conminación, intimidación, reto, ultimátum

amenazante peligroso, maligno, dañino, nocivo

amenazar amagar, desafiar, conminar, intimidar (AMENAZA)

ameno grato, alegre, animado, agradable, placentero, entretenido, divertido, encantador *aburrido*

amigo camarada, compañero, conocido, compinche, acompañante *enemigo*

aminorar amortiguar, acortar, achicar, atenuar, disminuir, minorar, mitigar, reducir *agrandar, aumentar*

amistad afecto, inclinación, apego, cariño, devoción *enemistad*

amistoso amigable, afable, fraterno

amo señor, dueño, patrón, jefe, superior

amonestar 1. advertir, anunciar, avisar, aconsejar, informar 2. regañar, reprender (AMONESTACIÓN)

amontonar juntar, reunir, acopiar, acumular, apilar

amor cariño, afecto, ternura, pasión, apego, estima *odio*

amordazar silenciar, acallar, enmudecer (MORDAZA)

amortiguar atenuar, aminorar, moderar, mitigar *excitar*

amparar defender, proteger, guardar, apoyar, cubrir, albergar *abandonar*

amparo 1. apoyo, auxilio, protección, abrigo, ayuda *abandono* 2. refugio

ampliar agrandar, alargar, amplificar, aumentar, desarrollar, dilatar, ensanchar, extender *reducir* (AMPLIACIÓN)

amplio extenso, grande, abundante, grueso, ancho, vasto, holgado *estrecho*

amplitud anchura, capacidad, extensión, profundidad, vastedad

añadir agregar, sumar, incorporar, juntar *restar*

analfabeto ignorante, inculto, iletrado *culto*

analgésico calmante, sedante, sedativo

análisis examen, estudio, observación, investigación

analizar examinar, observar, estudiar

análogo semejante, parecido, similar

ancho amplio, espacioso, extenso, grueso *estrecho* (ANCHURA)

anciano viejo, abuelo, antiguo *joven, nuevo*

anclar fondear, amarrar, ancorar, recalar

andador errante, caminante, paseante, nómada, vagabundo, ambulante, andariego

andar 1. marchar, caminar, pasear, recorrer, ir *detener, parar* 2. funcionar, marchar

andrajo colgajo, guiñapo, harapo

anécdota cuento, hecho, narración, historieta, suceso, historia, relato, chiste

anegar 1. inundar, sumergir, ahogar 2. hundir, naufragar

añejo añoso, viejo, antiguo *nuevo, reciente*

anexionar agregar, unir, anexar, incorporar (ANEXIÓN)

angosto estrecho, reducido, ceñido, apretado, encogido *ancho*

angustia aflicción, dolor, tristeza, ansiedad, congoja, inquietud, pena, zozobra, desconsuelo *serenidad, tranquilidad*

angustioso apremiante, doloroso, penoso, triste *consolador, tranquilizante*

anhelar desear, querer, aspirar, ambicionar, desvivirse, pretender *desdeñar* (ANHELO)

anhelo aspiración, deseo, afán, ansia, gana

anidar alojarse, habitar, morar, residir, acoger, encerrar

anillo sortija, aro, alianza

animado activo, vivaz, movido, animoso, concurrido, alegre *tranquilo* (ANIMACIÓN)

animal 1. bestia 2. bruto, torpe, grosero

animar alentar, apoyar, incitar, aguijonear, excitar, exhortar *desanimar*

ánimo aliento, ardor, brío, energía, denuedo, resolución, valor

animosidad aversión, antipatía, malquerencia, rencor *afecto, amistad*

animoso alentado, bravo, decidido, enérgico, esforzado, intrépido, valiente *temeroso*

aniquilar arrasar, arruinar, derrotar, desbaratar, destruir, humillar (ANIQUILACIÓN)

anochecer crepúsculo, atardecer, ocaso, oscurecer *amanecer*

anormal irregular, anómalo, excéntrico, raro, desigual *normal*

anotar escribir, apuntar, notar, registrar

ansia 1. angustia, ansiedad, congoja, inquietud *paz* 2. afán, anhelo, codicia, deseo, gana *inapetencia* (ANSIEDAD)

ansiar anhelar, apetecer, codiciar, desear, querer, aspirar (ANSIA)

ansioso 1. preocupado, inquieto, intranquilo *calmo* 2. ávido, deseoso, afanoso *indiferente* (ANSIEDAD, ANSIOSAMENTE)

antepasado antecesor, predecesor, precursor

anterior precedente, antecedente, previo, antedicho *posterior, ulterior*

antes anteriormente, primeramente, anticipadamente *después*

anticuado viejo, antiguo, vetusto, obsoleto *futurista*

antiguo viejo, añoso, arcaico, anticuado *moderno* (ANTIGÜEDAD)

antipatía aversión, repugnancia, repulsión, odio *atracción, simpatía*

antipático desagradable, fastidioso, enfadoso, pesado, molesto, insoportable, aburrido *simpático*

antojo deseo, capricho, gusto, fantasía (ANTOJADIZO)

anudar enlazar, atar, juntar, unir *desatar, desanudar*

anular 1. invalidar, suprimir, borrar, revocar, tachar, abolir *afirmar* 2. desautorizar, incapacitar *confirmar*

anunciar divulgar, proclamar, informar, declarar, avisar, decir (ANUNCIO, ANUNCIADOR)

apacible dulce, afable, agradable, pacífico, manso, placentero, sosegado, tranquilo, suave *iracundo*

apaciguar aplacar, aquietar, tranquilizar, sosegar, calmar, pacificar

apagar 1. extinguir, sofocar, ahogar *encender* 2. aplacar, amortiguar, reprimir

apalear golpear, pegar, azotar, vapulear

apañar 1. recoger, guardar 2. aderezar, arreglar, ataviar, componer 3. remendar 4. apoderarse

aparato artefacto, instrumento, artificio, utensilio, dispositivo

aparecer surgir, brotar, salir, mostrarse (APARIENCIA)

aparecido aparición, espectro, fantasma

aparejar preparar, disponer, arreglar, aprestar

aparentar simular, fingir, engañar

aparición espectro, ilusión, visión, fantasma, sueño, fantasía

apariencia 1. aspecto, figura, forma, traza 2. probabilidad, verosimilitud, posibilidad

apartamento piso, departamento, vivienda, habitación

apartar aislar, alejar, desunir, desviar, quitar, retirar, separar (APARTAMIENTO)

aparte separadamente, por separado

apasionado ardiente, amoroso, amante, ardoroso, entusiasta, fanático, vehemente *indiferente* (PASIÓN)

apatía indiferencia, abulia, desgano, indolencia *fervor, interés,*

apático indiferente, abúlico, indolente, insensible *animado, enérgico*

apelar recurrir, demandar, solicitar, suplicar *desistir*

apenar afligir, entristecer, desconsolar, atribular *alegrar*

apenas escasamente, levemente, casi

apéndice 1. adjunto, agregado, anexo, suplemento 2. cola, prolongación, rabo

apestar heder, oler mal

apetito 1. hambre, voracidad 2. apetencia, gana, necesidad, deseo

ápice vértice, cima, pico, cumbre, punta, cúspide *base*

apilar amontonar, juntar, agrupar, acopiar, apiñar

apisonar aplastar, apretar, pisotear, planchar

aplacar tranquilizar, satisfacer, aquietar, calmar, mitigar, moderar, suavizar, sosegar *irritar*

aplastar 1. apisonar, aplanar, prensar, comprimir 2. avergonzar, humillar

aplaudir aprobar, alabar, loar, encomiar, felicitar, palmotear *criticar, silbar* (APLAUSO)

aplazar postergar, posponer, demorar, retrasar, suspender, prorrogar (APLAZAMIENTO)

aplicar 1. acomodar, adaptar, sobreponer 2. atribuir, imputar, achacar 3. esmerarse

aplomo mesura, gravedad, serenidad, tranquilidad *inseguridad*

apodar llamar, denominar, nombrar, designar, titular, apellidar

apoderado representante, delegado, administrador, encargado, mandatario

apogeo auge, cumbre, culminación, ápice, cúspide, esplendor

aporrear golpear, zurrar, pegar, sacudir, apalear, abofetear

aportar 1. llevar, conducir 2. dar, proporcionar

apoyar 1. descansar, cargar, reclinar, recostar 2. confirmar, secundar, sostener

apoyo 1. soporte, sostén, sustentáculo 2. ayuda, socorro, defensa, amparo, protección, auxilio

apreciar 1. estimar, calificar, valuar, justipreciar, tasar, valorar 2. admirar, querer *despreciar*

aprehender 1. percibir, concebir, comprender, entender 2. apresar, prender, atrapar, capturar, aprisionar *soltar* (APREHENSIÓN)

aprender memorizar, estudiar, educarse, instruirse

aprendiz novicio, practicante, principiante *perito* (APRENDIZAJE)

aprensivo receloso, temeroso, tímido, miedoso

apresar aprehender, capturar, atrapar, agarrar, arrestar *soltar*

apresurado rápido, atareado, urgido, veloz, acelerado, ligero

apresurar acelerar, apurar, activar, avivar, precipitar *tardar* (APRESURAMIENTO, APRESURADAMENTE)

apretado 1. denso, compacto 2. mezquino, miserable, tacaño, avaro *generoso* 3. estrecho, ajustado *suelto*

apretar 1. abrazar, comprimir, estrechar, oprimir *soltar* 2. acosar, apremiar, constreñir, forzar, obligar *ayudar*

aprieto conflicto, dificultad, ahogo, apuro, necesidad *holgura*

aprobación 1. asentimiento, beneplácito, conformidad, consentimiento 2. aceptación, admisión

aprobar aceptar, aplaudir, autorizar, consentir, admitir *desaprobar, rechazar* (APROBACIÓN)

apropiado adecuado, conveniente, pertinente, oportuno, propio, idóneo *inapropiado*

apropiar 1. adecuar, acomodar 2. tomar, robar, adueñarse, apoderarse, usurpar

aprovechar explotar, utilizar *desaprovechar*

aproximadamente cerca, próximo, alrededor *exactamente*

aproximado cercano, próximo *exacto* (APROXIMACIÓN)

aptitud destreza, capacidad, competencia, habilidad, arte, talento

apto capaz, hábil, diestro, competente, calificado *inservible*

apuñalar acuchillar, acribillar, pinchar, herir (PUÑAL)

apuntalar afirmar, asegurar, consolidar, sostener *derribar*

apuntar 1. anotar, asentar 2. señalar, indicar

apurar 1. acelerar, apremiar, apresurar, urgir 2. consumir, acabar, agotar 3. averiguar, examinar, investigar 4. molestar, impacientar

apuro 1. aprieto, dificultad, conflicto, lío, dilema 2. prisa, urgencia

aquejar 1. acongojar, afligir, atribular, apenar 2. padecer, sufrir

aquí 1. acá *allí* 2. ahora, inmediato *después* 3. presente *ausente*

aquilatar estimar, apreciar, valorar

arañar rayar, rasguñar, raspar, rascar

arar labrar, cultivar, roturar

arbitrar juzgar, mediar, interceder, intervenir (ARBITRIO)

arbitrario caprichoso, injusto, despótico, ilegal, tiránico *justo, legal*

árbitro juez, mediador

archivar clasificar, agrupar, catalogar, guardar

ardiente 1. caliente *frío* 2. férvido, ferviente, vehemente, ardoroso, fogoso, apasionado *indiferente*

arduo difícil, laborioso, espinoso, penoso *fácil*

área superficie, espacio, región, zona

arena 1. polvo, tierra 2. campo, liza, plaza, estadio

argüir razonar, discutir, persuadir, objetar (ARGUMENTO)

argumento 1. razonamiento, juicio, razón, tesis 2. asunto, tema, trama, motivo, materia

aria canción, melodía, canto, aire

árido 1. estéril, seco, infecundo *fértil* (ARIDEZ) 2. aburrido, fastidioso *entretenido*

arisco áspero, intratable, hosco, huraño *suave*

aristócrata noble, señor, hidalgo, patricio (ARISTOCRACIA, ARISTOCRÁTICO)

arma espada, cuchillo, pistola, escopeta, cañón

armar 1. montar, disponer, construir 2. equipar, proteger, defender *desarmar* (ARMA)

armario guardarropa, ropero, aparador, cómoda, estante, mueble

armonioso 1. equilibrado, proporcionado 2. melodioso, sonoro, cadencioso, afinado *discordante* (ARMONÍA, ARMONIZAR)

aro círculo, anillo, arete, sortija

aroma olor, fragancia, perfume, esencia (AROMÁTICO)

arraigarse establecerse, hacendarse, instalarse

arrancar 1. desarraigar, extraer, sacar 2. comenzar, iniciar 3. marchar, partir, salir

arrasar destruir, allanar, aplanar, nivelar, devastar *construir, edificar*

arrastrar halar, remolcar, tirar, acarrear, llevar

arrastrarse humillarse, rebajarse, degradarse

arrebatado 1. violento, colérico 2. precipitado, impetuoso 3. vehemente, ardoroso

arrebatar quitar, tomar, llevarse, saquear

arreglar 1. ajustar, ordenar, organizar, clasificar 2. componer, reparar, remendar 3. aderezar *desarreglar* (ARREGLO)

arreglo 1. convenio, acuerdo, acomodamiento, ajuste *desacuerdo* 2. reparación, restauración, refacción, remiendo *desarreglo* 3. orden, disposición, colocación, distribución *desorden* 4. acicalamiento, aliño, aseo *desaliño*

arrellanarse acomodarse, extenderse, descansar

arremeter acometer, agredir, atacar, embestir

arrendar alquilar, rentar, contratar

arrepentido afligido, pesaroso, lastimoso, apenado, penitente, contrito

arrepentirse compungirse, dolerse, lamentar, sentir (ARREPENTIMIENTO)

arrestar apresar, aprisionar, detener, prender *libertar* (ARRESTO)

arriba encima, sobre *abajo*

arriesgar aventurar, exponer, atreverse, osar (RIESGO)

arrimar acercar, aproximar, juntar, unir

arrobamiento éxtasis, encanto, contento, embelesamiento *tristeza*

arrogante altanero, altivo, orgulloso, soberbio *humilde* (ARROGANCIA)

arrojado intrépido, valiente, arriesgado, osado, audaz, atrevido *cobarde* (ARROJO)

arrojar 1. lanzar, tirar, disparar 2. precipitarse, despeñarse, tirarse 3. acometer, atacar

arrugado rugoso, estriado, ajado, rizado

arrugar rizar, plegar, doblar, fruncir, marchitar, estriar, ajar (ARRUGA)

arruinado 1. empobrecido, mísero, indigente 2. destruido, abatido, destrozado

arruinar 1. destruir, estropear, aniquilar, devastar 2. empobrecer

arrullar 1. enamorar, mimar 2. acunar, adormecer

arte 1. destreza, habilidad, maestría, industria 2. dibujo, pintura, escultura, diseño, composición, obra

artefacto instrumento, herramienta, aparato, máquina, mecanismo, artificio

arteria 1. conducto, tubo, vaso, vena 2. avenida, calle, vía, bulevar

artesano artífice, trabajador, obrero

artículo 1. escrito, noticia, narración, relato, ensayo 2. mercancía, producto, cosa

artífice artesano, artista, virtuoso, autor, creador

artificial falso, fingido, ficticio, imitado *real, auténtico*

artimaña trampa, ardid, artificio, astucia, engaño, intriga

artista actor, comediante, protagonista, estrella

asaltar atacar, atracar, acometer, embestir, abordar (ASALTO)

asalto acometida, ataque, embestida

asar tostar, abrasar, achicharrar, quemar

ascender subir, trepar, remontar, elevarse, alzarse *descender* (ASCENCIÓN)

aseado limpio, higiénico, pulcro, pulido *sucio* (ASEO)

asediar 1. acosar, molestar 2. bloquear, cercar, sitiar (ASEDIO)

asegurar 1. amarrar, reforzar, fijar 2. afirmar, declarar, confirmar (ASEGURAMIENTO)

asemejarse semejar, parecerse, asimilarse *diferenciarse*

asentir admitir, afirmar, aprobar, consentir *disentir, discrepar*

asequible accesible, alcanzable, practicable, fácil *inasequible*

asesinar matar, eliminar, ejecutar (ASESINO, ASESINATO)

aseverar afirmar, asegurar, confirmar, ratificar, declarar *negar* (ASEVERACIÓN)

así justamente, precisamente, de este modo, de esta manera

asiduo perseverante, frecuente, repetido, reiterado, persistente

asiento 1. banco, banqueta, silla, sofá 2. sitio, lugar, domicilio, residencia, sede 3. anotación, escrito, nota

asignar dar, conceder, señalar, nombrar, determinar, designar (ASIGNACIÓN)

asilo 1. orfanato, orfelinato 2. albergue, refugio, amparo, protección

asimilar absorber, digerir, incorporar, aprovechar, nutrir, alimentar

asimismo de igual modo, del mismo modo, igualmente, también

asir tomar, coger, agarrar, aprehender, apresar *soltar*

asistente ayudante, colaborador, auxiliar

asistir 1. ayudar, apoyar, socorrer *abandonar* 2. concurrir, ir, estar presente *faltar* (ASISTENCIA, ASISTENTE)

asno 1. borrico, burro, pollino, jumento 2. bobo, necio, rudo, ignorante

asociar 1. juntar, reunir, agrupar, unir *desunir* 2. afiliar, coligar, hermanar (ASOCIADO, ASOCIACIÓN)

asoleado 1. soleado, luminoso, claro *nebuloso* 2. alegre, radiante, animado, agradable

asomar surgir, salir, aparecer, mostrarse, presentarse

asombrar admirar, maravillar, pasmar, fascinar, asustar, espantar (ASOMBRO)

asombroso pasmoso, fascinante, sorprendente, maravilloso, espantoso

aspecto apariencia, aire, cara, presencia, figura

áspero 1. desigual, rugoso, escabroso *suave* 2. grosero, rudo, hosco, vulgar *cortés*

aspirar ambicionar, anhelar, desear, pretender, querer (ASPIRACIÓN)

asqueroso inmundo, nauseabundo, mugriento, repugnante, repulsivo, sucio *atractivo* (ASCO)

astillar partir, fragmentar, cortar

astucia 1. perspicacia, sagacidad, agudeza 2. ardid, artimaña, artificio

astuto 1. perspicaz, sagaz, previsor, avisado 2. artero, ladino, fingido, disimulado

asunto 1. cuestión, materia, tema 2. negocio, trato

asustado acobardado, atemorizado, temeroso, despavorido, espantado *intrépido*

asustar espantar, alarmar, amedrentar, amilanar, aterrorizar, intimidar, sobresaltar *calmar*

atacar asaltar, acometer, embestir, arremeter, saltear, agredir, abalanzarse, arrojarse, lanzarse

atajar detener, interrumpir, parar, contener *soltar*

ataque agresión, acometida, arremetida, arrebato, asalto

atar pegar, juntar, amarrar, unir, liar, sujetar, ligar *desatar*

atarearse ocuparse, trabajar, afanarse, ajetrearse

ataúd caja, cajón, féretro

atavío 1. vestido, prenda, traje, ropa 2. aderezo, adorno, gala

atemorizar acobardar, intimidar, alarmar, amedrentar, asustar, espantar, horrorizar *calmar* (TEMOR)

atenazar apretar, sujetar, coger, aferrar, agarrar, oprimir

atención 1. cortesía, consideración 2. cuidado, esmero (ATENTO)

atender 1. cuidar, vigilar 2. observar, mirar 3. considerar, pensar, reflexionar

atentar agredir, atacar, asaltar

atento amable, considerado, afable, cortés, fino, respetuoso *descortés*

aterrizar descender, bajar, llegar *despegar* (TIERRA)

aterrorizar asustar, espantar, horrorizar *calmar* (TERROR)

atestar 1. atiborrar, henchir, llenar 2. atestiguar, testificar, testimoniar

atestiguar alegar, atestar, manifestar, declarar, deponer, testificar

atiborrar atestar, colmar, llenar, henchir *vaciar*

atisbar espiar, observar, mirar, acechar, vigilar

atlético robusto, fuerte, deportivo, gimnástico (ATLETA)

atónito asombrado, espantado, estupefacto, maravillado, pasmado, sorprendido

atormentar acongojar, angustiar, afligir, torturar, apenar, atribular (TORMENTO)

atracar 1. asaltar, hurtar, atacar 2. arrimar, abordar 3. atiborrar, hartar, llenar

atractivo 1. hermoso, bello, bonito *feo* 2. encanto, gracia

atraer captar, llamar, cautivar, encantar *repeler* (ATRACCIÓN)

atrapar agarrar, aferrar, aprisionar, sujetar, detener, pillar *soltar*

atrás 1. detrás *adelante* 2. antes, anteriormente, hace tiempo

atrasar retrasar, retardar, demorar, dilatar, posponer, postergar, relegar *adelantar* (ATRASO)

atravesar 1. cruzar, pasar 2. hender, cortar, traspasar

atrayente maravilloso, fascinante, interesante, gracioso, simpático, encantador, hermoso, seductor, sugestivo, cautivante *desagradable*

atrevido 1. audaz, osado, arriesgado, temerario 2. insolente, descarado, desvergonzado, fresco

atribuir 1. dar, asignar, aplicar, conceder 2. achacar, culpar

atroz bárbaro, bestial, cruel, fiero, inhumano *humanitario*

aturdido distraído, atontado, apresurado, confundido

aturdir trastornar, desorientar, sorprender, pasmar, atolondrar, atontar, confundir, asombrar, ofuscar

audaz intrépido, atrevido, osado, valiente, arrogante, altanero *tímido, humilde* (AUDACIA)

auge esplendor, culminación, cima, apogeo, elevación, fortuna, prosperidad

augurar adivinar, predecir, presagiar, presentir, profetizar, pronosticar

augurio predicción, presagio, pronóstico, profecía, agüero

aullar bramar, ladrar, mugir, ulular, rugir, gritar, chillar *callar*

aumentar 1. sumar, añadir, adicionar, agregar 2. crecer, agrandar, incrementar *disminuir*

aun hasta, también, incluso

aún todavía

aunque no obstante, si bien, sin embargo

aurora alba, amanecer, amanecida, madrugada, mañana *anochecer*

auscultar reconocer, escuchar, observar

ausente 1. desaparecido, huido, ausentado, marchado 2. omitido, carente, falto *presente* (AUSENCIA)

austero sobrio, frugal, rígido, severo, riguroso

auténtico cierto, genuino, legítimo, puro, real, verdadero *falso, artificial*

autobús ómnibus, vehículo, coche

autócrata dictador, tirano, déspota

automático involuntario, maquinal, espontáneo *manual* (AUTOMÁTICAMENTE, AUTOMATIZACIÓN)

automóvil auto, carro, vehículo, coche

autor 1. escritor, literato 2. causante, creador

autoritario arbitrario, despótico, imperioso, dominante (AUTORIDAD)

autorización consentimiento, licencia, permiso, venia, aprobación *prohibición*

autorizar acceder, aprobar, conceder, facultar, permitir apoderar, comisionar *negar*

auxiliar socorrer, ayudar, apoyar, asistir, amparar, proteger

auxilio socorro, ayuda, asistencia, apoyo, amparo, protección *obstáculo*

avaluar evaluar, avalorar, valuar, estimar, tasar, calcular

avance 1. progreso, marcha 2. anticipo, adelanto *retraso*

avanzada vanguardia, delantera, frente

avanzar 1. adelantarse, progresar, aventajar 2. anticipar, predecir, adelantar 3. prosperar, mejorar, perfeccionar

avaricia avidez, ambición, codicia, mezquindad, ruindad, sordidez, tacañería (AVARO)

avaro tacaño, mezquino, miserable, codicioso *generoso*

aventura andanza, empresa, hazaña, lance, suceso (AVENTURERO, AVENTURADO)

aventurar arriesgar, osar, atreverse (AVENTURA)

avergonzado 1. afrentado, humillado, agraviado, deshonrado, insultado 2. azorado, abochornado, ruborizado, vergonzoso

avergonzarse abochornarse, afrentarse, ruborizarse, sonrojarse, encenderse *enorgullercerse*

averiguar buscar, indagar, investigar, explorar, examinar

aversión aborrecimiento, animosidad, antipatía, hostilidad, odio, repugnancia *amor*

ávido anheloso, ansioso, codicioso, insaciable (AVIDEZ)

avión aeroplano, aeronave, jet

avisar advertir, alertar, anunciar, notificar, informar (AVISO)

avispado despierto, listo, vivo

ayuda asistencia, apoyo, soporte, auxilio

ayudante colaborador, asistente, auxiliar

ayudar 1. apoyar, asistir, auxiliar, colaborar, contribuir, acompañar *obstar* (AYUDA) 2. amparar, favorecer, proteger, socorrer (AYUDA)

ayunar abstenerse, mortificarse, privarse, renunciar *comer*

azar ventura, destino, hado, acaso, eventualidad, casualidad, fatalidad (AZAROSO)

azotar vapulear, flagelar, fustigar, disciplinar, golpear, sacudir, zurrar (AZOTE)

azuzar incitar, estimular, excitar *tranquilizar*

B

babear salivar, babosear, escupir (BABEO)

bachiller diplomado, graduado, titulado, académico, estudiante (BACHILLERATO)

bagatela insignificancia, minucia, nimiedad, tontería *tesoro*

bahía ensenada, golfo, estuario, ría

bailar danzar, bailotear, zapatear (BAILE)

bailarín bailador, artista, danzante

baile danza, coreografía, zapateo

bajar 1. descender, resbalar, deslizarse, caer *subir* 2. menguar, disminuir, reducir *aumentar*

bajo 1. abajo, debajo *arriba* 2. chico, pequeño, corto *alto* 3. vil, indigno, rastrero, villano *noble*

balada poema, poesía, canción, romance

balancear 1. columpiar, oscilar, bambolear, mecer 2. compensar, equilibrar, contrapesar, igualar *desigualar*

balanza báscula

balbucear balbucir, barbotar, tartajear, tartamudear

balcón mirador, galería, ventanal, balaustrada

balde cubo, barreño, cubeta, recipiente

baldío 1. infecundo, improductivo, infructuoso, inútil 2. yermo, vacío, abandonado

balón pelota, esfera, bola

bálsamo 1. ungüento, linimento, medicamento 2. aroma, perfume, fragancia, olor (BALSÁMICO)

bambolear oscilar, acunar, tambalear, balancear, mecer, columpiar

bañar 1. nadar, refrescarse 2. sumergir, hundir, mojar, duchar, lavar

banco 1. taburete, banqueta, asiento, silla 2. banca, institución, financiera

banda 1. orquesta 2. pandilla, partida, tropa, grupo, equipo 3. lado, costado

bandeja fuente, plato, dulcera

bandera insignia, pabellón, emblema, estandarte, divisa

bandido bandolero, salteador, ladrón, malhechor, criminal, delincuente

bandolero bandido, malhechor, salteador, rufián

baño 1. ducha, lavado, limpieza, sumersión, inmersión 2. tina, bañera, pila 3. natación

banquero 1. cambista, financiero, economista 2. acaudalado, opulento

banqueta banco, asiento, banquillo

banquete ágape, festín, fiesta, comida, cena

bar café, cantina, tasca, taberna, bodegón

baraja naipes, cartas (BARAJAR)

barato rebajado, económico, ganga, asequible *caro* (ABARATAR)

baraúnda algarabía, alboroto, confusión, batahola, escándalo, bulla *paz, tranquilidad*

barba pelo, perilla, barbilla

barbacoa 1. parrilla, asador 2. carne asada, asado

barbaridad 1. ferocidad, crueldad, brutalidad 2. disparate, desatino

barbarie incultura, rudeza, tosquedad, ignorancia, atraso *civilización, cultura*

bárbaro 1. inhumano, atroz, salvaje, cruel 2. grosero, inculto, rudo, tosco *culto*

barca bote, lancha, canoa, chalupa, batel, góndola

barco nave, navío, buque, bajel, yate, carabela, fragata, vapor

barnizar lustrar, esmaltar, encerar, pintar (BARNIZ)

barón noble, aristócrata, hidalgo, señor, caballero

barraca choza, cabaña, casilla, caseta, casucha

barranca cañada, barranco, quebrada, valle, hoya, barranquera

barrer 1. desempolvar, escobar, cepillar, limpiar, asear *ensuciar* 2. arrastrar, pisotear, aniquilar

barrera obstáculo, impedimento, fortificación, inconveniente, valla

barriga estómago, intestinos, panza, vientre, buche, abdomen

barrio distrito, vecindario, suburbio, afueras, comunidad

barro 1. cieno, légamo, lodo, fango 2. terracota, cerámica

barroco recargado, adornado, complicado, pomposo

barullo alboroto, escándalo, jaleo, tumulto, batahola, ruido, confusión, desorden, pandemónium, caos *calma*

base 1. pedestal, zócalo, basamento, basa 2. apoyo, soporte, asiento 3. fundamento, origen, principio, raíz

básico esencial, principal, fundamental, primordial

basílica templo, santuario, catedral, iglesia

bastante suficiente, adecuado, justo, asaz, preciso *insuficiente*

bastar adecuar, convenir, ser suficiente

bastardo 1. ilegítimo, espurio 2. bajo, vil, sinvergüenza

bastilla dobladillo, pliegue, festón, alforza

bastión defensa, baluarte, fortín, fortificación, fuerte, ciudadela, protección

basto burdo, rudo, áspero, inculto, grosero, ordinario, rústico, tosco *fino*

basura desperdicios, deshechos, despojos, sobras, suciedad

basurero basural, muladar, vertedero

batahola alboroto, baraúnda, bulla, bullicio, jaleo, tumulto, gritería, ruido *silencio*

batalla lucha, pelea, lid, guerra, combate, conflicto, contienda *paz*

batería 1. grupo, conjunto, serie 2. acumulador, pilas, depósito

batir 1. mezclar, agitar 2. golpear, sacudir, zurrar 3. acuñar, martillar 4. explorar, reconocer, examinar, inspeccionar 5. derrotar, vencer, ganar, dominar, superar

baúl cofre, caja, arca, bulto, maletón, equipaje

bautizar 1. cristianar, sacramentar 2. nombrar, llamar

beato 1. santo, bienaventurado, beatífico, bendito 2. devoto, piadoso, religioso, pío, virtuoso

bebé nene, crío, niño, infante, pequeño

beber tomar, tragar, sorber, ingerir

bebida líquido, agua, jugo, zumo, néctar, refresco

belicoso guerrero, bélico, agresivo, batallador, luchador *pacífico*

beligerante enemigo, adversario, rival, antagonista, hostil, militante *pacífico*

belleza hermosura, lindeza, atractivo, encanto *fealdad*

bello bonito, hermoso, lindo, atractivo, precioso *feo*

bendecir alabar, elogiar, honrar, exaltar, glorificar *maldecir* (BENDITO)

bendición 1. abundancia, prosperidad, dicha, fortuna, suerte *escasez, infortunio* 2. aprobación, estímulo

bendito 1. consagrado, santo, beato, bienaventurado 2. humilde, sencillo, dichoso, feliz

beneficiar favorecer, ayudar, auxiliar *perjudicar*

beneficio 1. bien, donación, favor, socorro *daño* 2. ganancia, producto, provecho, lucro, rendimiento *pérdida*

beneficioso benéfico, útil, provechoso, productivo, favorable, lucrativo *inútil*

benevolencia bondad, buena voluntad, clemencia, generosidad *malevolencia*

benévolo benigno, bondadoso, bueno, humanitario, complaciente, magnánimo *malévolo*

benigno 1. apacible, afable, suave, dulce, dócil, bondadoso *duro* 2. templado, agradable, cálido, sereno *malo*

berrear mugir, rugir, chillar, gritar, vociferar, aullar

berrinche enfado, enojo, rabieta, disgusto, pataleta, arrebato, ira

beso ósculo, roce, caricia, contacto, besuqueo

bestia 1. animal 2. bruto, ignorante, bárbaro, zafio

bestial bárbaro, brutal, cruel, irracional, feroz, bravío *humano*

bien beneficio, favor, merced, ayuda, apoyo

bienaventurado 1. beato, santo, beatífico 2. feliz, afortunado, dichoso 3. bueno, inocente, sencillo, bendito

bienes fondos, capital, fortuna, hacienda, rentas, riqueza, dinero, intereses, recursos, ganancia

bienestar desahogo, prosperidad, holgura, comodidad, tranquilidad, ventura, seguridad *malestar, infelicidad*

bienvenida saludo, parabién, acogida, recepción

bifurcación desvío, ramificación, división, separación, divergencia, cruce, ramal (BIFURCARSE)

billete 1. carta, nota, mensaje, tarjeta 2. boleto, bono, cupón 3. moneda, dinero

billetero cartera, monedero, bolso

biografía historia, vida, crónica, relación, relato

biombo pantalla, mampara, persiana, bastidor, cancel

bisabuelo viejo, anciano, antecesor, antepasado

bizarro 1. valiente, intrépido, esforzado, osado, audaz 2. gallardo, arrogante, elegante, galán

bizcocho galleta, torta, bollo, pastel, barquillo

blanco 1. albo, cándido, cano, níveo, claro *negro* 2. pálido 3. limpio *sucio* 4. diana, centro, punto, hito 5. fin, objetivo, propósito

blando 1. dócil, suave, tranquilo, apacible, benigno, sereno 2. tierno, suave, mullido, flojo *duro*

blandura suavidad, dulzura, benignidad, afabilidad *dureza*

blasfemia maldición, juramento, terno, taco, palabrota, irreverencia

bloqueo 1. asedio, aislamiento, cerco, sitio 2. interrupción, obstrucción, obstáculo, corte (BLOQUEAR)

bobería bobada, simpleza, necedad, tontería

bobo ignorante, idiota, necio, simple, tonto *despierto, inteligente*

boca abertura, agujero, orificio, entrada

bocado 1. dentellada, mordisco 2. trozo, fragmento, pedazo 3. freno, embocadura

bochornoso 1. vergonzoso, deshonroso 2. caluroso, cálido, ardiente (BOCHORNO)

bocina corneta, trompeta, cuerno, claxon

boda casamiento, enlace, nupcias, matrimonio, unión *divorcio*

bodega cava, sótano, cueva, silo, despensa, almacén

bofetada bofetón, tortazo, torta

boga moda, novedad, actualidad, uso

bogar 1. remar 2. navegar

boicotear aislar, segregar

boina bonete, birrete, gorra

boletín circular, revista, folleto, anuncio, mensaje

boleto billete, papeleta, cupón, volante, tarjeta, entrada

bolígrafo lapicero, pluma

bolsa saco, funda, morral

bolsillo 1. saquillo, bolso, bolsa 2. monedero, portamonedas

bolso cartera, bolsillo, bolsa, maletín

bombardear 1. cañonear, destruir, demoler 2. acosar, hostigar

bombilla lámpara, lamparilla, farol, globo, bulbo, ampolleta

bondad afabilidad, amabilidad, benevolencia, cariño, ternura, dulzura, afecto, humanidad, caridad, clemencia *maldad*

bondadoso afable, amable, benigno, bueno, benévolo, cortés, caritativo, humanitario, compasivo, virtuoso *malvado*

bonificación reducción, beneficio, descuento, rebaja *recargo* (BONIFICAR)

bonito atractivo, hermoso, precioso, bello, lindo *feo*

bono vale, título, cédula, tarjeta, cupón

borbollar bullir, burbujear, hervir, borbotar

bordar 1. coser, recamar, labrar 2. adornar, ornamentar (BORDADO)

borde orilla, canto, arista, labio, filete, filo, margen, linde, extremo, frontera

borracho bebido, ebrio, embriagado, alcoholizado, alegre, emborrachado *sobrio, abstemio*

borrador esbozo, bosquejo, esquema, nota, apunte, proyecto, plan, diseño, boceto

borrar anular, suprimir, quitar, eliminar

borroso confuso, impreciso

bosque floresta, selva, fronda, espesura, arboleda, parque, follaje *sabana, páramo*

bosquejar 1. abocetar, diseñar, trazar, esbozar, delinear, dibujar 2. proyectar, planear (BOSQUEJO)

bostezar boquear, inspirar, aspirar, suspirar

bote 1. embarcación, nave, navío, barcaza, barca, lancha 2. salto, brinco 3. frasco, vaso, recipiente, botella

botella frasco, envase, vasija, recipiente

boticario farmacéutico, droguero

botín 1. saqueo, presa, despojo, trofeo, robo, captura 2. bota

boxear luchar, combatir, contender, pelear, pegar (BOXEADOR, BOXEO)

boyante 1. afortunado, feliz, radiante, dichoso, rico, próspero *desafortunado, mísero, pobre* 2. flotante

bramante cordel, cuerda, cinta, cordón, hilo

bramar aullar, mugir, rugir, berrear, gritar, vociferar

bravío montaraz, feroz, indómito, fiero, salvaje, cerril, cimarrón, bravo, agreste, áspero *suave, tímido*

bravo 1. valiente, atrevido, esforzado, intrépido, osado *cobarde, tímido* 2. violento, colérico, enojado *manso, tímido* 3. excelente, estupendo, fantástico

bravura 1. valentía, coraje, valor, ánimo, resolución, atrevimiento, temeridad, hombría *cobardía, miedo* 2. ferocidad, bestialidad *timidez*

brazo 1. extremidad, apéndice 2. rama, ramal 3. apoyo, protección, ayuda

brecha grieta, orificio, boquete, abertura, agujero, hueco, rendija

bregar esforzarse, forcejear, luchar

breve 1. corto, conciso, reducido, sucinto, sumario *largo, extenso* 2. rápido, fugaz, efímero *duradero*

brevedad concisión, limitación, reducción, fugacidad

bribón pícaro, bellaco, tunante, pillo, canalla, villano

brillante 1. resplandeciente, radiante, lustroso, deslumbrante, luminoso *opaco* 2. sobresaliente, admirable, distinguido, ilustre 3. diamante, joya, piedra preciosa (BRILLO)

brillar 1. iluminar, deslumbrar, lucir, resplandecer *apagar* 2. destacar, sobresalir, distinguirse

brincar saltar, botar, rebotar, retozar, danzar

brindar convidar, dedicar, invitar, ofrecer

brío ímpetu, pujanza, espíritu, energía, fuerza, empuje, ardor, fortaleza, ánimo, valor *apatía, debilidad*

brisa céfiro, aire, vientecillo, ventolina, corriente

broma burla, chiste, chanza, bufonada, gracia, diversión

bromear burlarse, chacotear, chancearse, bufonear, mofarse, divertirse, reírse

bronca pelea, riña, querella, escándalo, altercado, disputa *paz* 2. enfado, enojo, rabia, ira

brotar aparecer, emerger, germinar, florecer, manar, nacer, salir, surtir, surgir *desaparecer, morir*

brote botón, pimpollo, renuevo, yema, retoño, rama, tallo, vástago

bruja hechicera, maga, malhechora, encantadora

bruma 1. niebla, neblina 2. sombra, oscuridad, confusión

brusco 1. áspero, rudo, duro, hosco, grosero, desapacible, descortés *fino* 2. súbito, repentino, imprevisto, inesperado

brutal 1. bestial, bárbaro, cruel, feroz, inhumano, salvaje 2. colosal, extraordinario

bruto 1. incapaz, ignorante 2. necio, torpe, tosco, grosero, rudo 3. violento, feroz, cruel

bucanero 1. filibustero, pirata 2. rapaz, aprovechador, bandido

bucear sumergirse, hundirse, nadar, bañarse

buche estómago, panza, barriga, vientre, abdomen

bucólico pastoril, pastoral, idílico

bueno 1. bondadoso, benévolo, humano, compasivo, bienhechor, caritativo *malo* 2. favorable, ventajoso, útil, saludable, provechoso, valioso

bufón burlón, cómico, payaso, gracioso, hazmerreír, truhán, jocoso

bullicio bulla, alboroto, ruido, estrépito, escándalo *tranquilidad*

bullicioso escandaloso, inquieto, festivo, revoltoso, ruidoso, agitado, vivaz, juguetón *pacífico, silencioso*

bullir 1. agitarse, menearse, moverse *aquietarse* 2. hervir, borbollar, barbotar, cocer, escaldar

bulto 1. protuberancia, prominencia, chichón, hinchazón, tumor 2. saco, bolsa, baúl, maleta, paquete, valija

buque barco, embarcación, navío, nave, fragata, carabela

burla 1. broma, bufonada, chiste 2. mofa, desprecio, escarnio, engaño

burlar escarnecer, engañar, embaucar, deshonrar, ridiculizar

burlón 1. bromista, burlador 2. sarcástico, irónico, mordaz

burro asno, pollino, borrico, animal, bestia

buscar averiguar, indagar, examinar, investigar, inquirir, pesquisar *abandonar*

búsqueda investigación, exploración, indagación, pesquisa *abandono*

butaca sillón, silla, mecedora, asiento

buzón casilla, casillero, receptáculo, depósito, caja

C

cabal 1. acabado, completo, entero, exacto, justo, honrado 2. sensato, juicioso *equivocado, incompleto*

cabalgata procesión, desfile, parada (CABALGAR, CABALGADURA)

caballero 1. jinete, cabalgador 2. señor, noble, hidalgo *plebeyo* 3. digno, leal, distinguido, honorable *canalla*

caballeroso noble, valeroso, valiente, cumplido, galante (CABALLERO, CABALLEROSIDAD)

caballo corcel, potro, pinto, rocín, jamelgo, percherón

cabaña barraca, bohío, rancho, choza

cabeceo balanceo, vaivén

cabello pelo

caber contener, entrar, encerrar, embutir

cabeza 1. cráneo, testa 2. mente, inteligencia, capacidad 3. origen, principio 4. jefe, superior

cabezón 1. cabezudo 2. terco, obstinado *razonable*

cabizbajo abatido, desanimado, melancólico, triste *animado*

cable 1. cuerda, alambre, maroma 2. telegrama

cabriolar piruetear, brincar, saltar (CABRIOLA)

cacareo 1. cloqueo 2. charlatanería, palabrería

cacharro vasija, pote, olla, recipiente, cazuela

cacique amo, dueño, señor, jefe, tirano

cadáver muerto, difunto, occiso

cadena serie, enlace, continuación, sarta

cadera anca, cuadril, flanco

caduco 1. viejo, decrépito, vetusto *nuevo* 2. pasajero, perecedero, transitorio *perenne*

caer 1. descender, bajar, derribar, derrumbarse, desplomarse, desprenderse *subir, ascender* 2. decaer, extinguirse, fracasar *triunfar*

cafetería restaurante, café, bodegón, bar, cantina, taberna, tasca

caída 1. cuesta, descenso, derrumbe, bajada *subida, ascenso* 2. decadencia, fracaso, ruina, desgracia *prosperidad*

caja recipiente, cajón, estuche, envase

cala 1. bahía, ensenada, golfo 2. penetración, corte

calamidad 1. torpe, inepto, incapaz *capaz* 2. desastre, desgracia, infortunio *fortuna, ventura*

calamitoso desgraciado, desdichado, desastroso, infortunado

calar 1. mojar, empapar *secar* 2. penetrar, atravesar, perforar 3. descubrir, conocer, adivinar

calcetín media, calceta

calco copia, reproducción, imitación

calcular 1. contar, estimar, figurar, evaluar 2. suponer, creer, meditar, pensar (CÁLCULO, CALCULADOR)

calendario almanaque, agenda

calentar 1. caldear, cocer, escaldar *enfriar* 2. acalorar, enfadar, enfurecer, irritar *calmar* (CALENTADOR, CALENTURA)

calidad 1. cualidad, propiedad, atributo 2. carácter, naturaleza, índole 3. clase, categoría

cálido caliente, caluroso *frío*

caliente 1. ardiente, caldeado, cálido, tórrido *glacial* 2. acalorado, enfadado, furioso, irritado *calmo*

calificado competente, capaz, hábil, apto, experto *incompetente, incapaz* (CALIFICACIÓN)

calificar 1. evaluar, apreciar, estimar, tasar 2. designar, llamar, nombrar, denominar

caligrafía escritura, letra

callado silencioso, tácito, taciturno, discreto *hablador*

callar 1. enmudecer, silenciar, insonorizar 2. omitir *hablar*

calle vía, carretera, avenida, bulevar

callejón pasillo, corredor, callejuela, pasaje

calma 1. tranquilidad, reposo, sosiego, paz *intranquilidad* 2. lentitud, apatía *rapidez*

calmar tranquilizar, sosegar, apaciguar, mitigar, moderar, suavizar *intranquilizar* (CALMA)

calmoso quieto, sereno, tranquilo, sosegado, plácido, calmo *agresivo*

calor 1. temperatura, sol 2. ardor, fervor, viveza, entusiasmo *frío*

calumniar denigrar, desacreditar, deshonrar, difamar (CALUMNIA, CALUMNIADOR)

calvo pelado, pelón, depilado *peludo, hirsuto*

cama lecho, catre, litera, hamaca

cámara sala, estancia, salón, cuarto, habitación, dormitorio, alcoba

camarada colega, compañero, amigo, cofrade, igual *enemigo, desigual*

camarera criada, moza, azafata, sirvienta

camarero servidor, criado, mozo, doméstico, sirviente

camarilla pandilla, grupo, cuadrilla, partida, liga

cambiar 1. alterar, mudar, transformar, convertir 2. trocar, permutar, reemplazar, intercambiar (PERMANECER)

cambio 1. alteración, variación, mutación 2. canje, trueque, intercambio 3. efectivo, suelto, monedas

caminar andar, marchar, pasear, recorrer

caminata paseo, salida, recorrido, viaje, excursión

camino calle, vía, carretera, ruta, sendero, senda

camión camioneta, furgón, furgoneta, carruaje, vehículo, automotor

camisa blusa, camisola, camiseta, lienzo

campaña 1. cruzada, empresa, expedición 2. campo, llanura

campeón vencedor, triunfador, ganador, primero, as *perdedor* (CAMPEONATO)

campesino 1. labrador, aldeano, granjero, agricultor, labriego *ciudadano* 2. rústico *refinado*

campo 1. terreno, pradera, cultivos, sembrados 2. zona, área, superficie, espacio

camposanto cementerio, necrópolis

camuflar disfrazar, enmascarar, disimular

canal caño, conducto, canaleta, tubo, acueducto

canalla pillo, bribón, miserable, rastrero, villano, sinvergüenza *noble*

cancelar 1. suspender, abolir, anular, revocar, borrar 2. saldar

cancha campo, pista, espacio

canción melodía, música, harmonía, copla, aire

candado cerradura, cierre, cerrojo, pasador

candidato aspirante, pretendiente, solicitante

cándido ingenuo, inocente, candoroso, franco, abierto *sagaz*

candor franqueza, sinceridad, sencillez, candidez *malicia*

canje trueque, cambio, permuta, intercambio (CANJEAR)

canoa lancha, bote, embarcación

cansado fatigado, harto, molesto *descansado, fresco* (INCANSABLE)

cansancio fatiga, agobio, desaliento, aburrimiento, tedio *aliento, viveza*

cansar 1. fatigar, agotar, agobiar 2. aburrir, molestar

cantar 1. entonar, vocalizar, gorjear, trinar, tararear 2. copla, canción, canto

cantidad cuantía, monto, número, porción, volumen

cantina bar, cafetería, taberna, tasca, bodegón, restaurante

canto 1. canción, copla, tonada, balada, romanza, melodía 2. borde, orilla, margen

caos confusión, desorden, desorganización, lío, anarquía *orden, disciplina* (CAÓTICO)

capacidad 1. cabida, espacio, extensión, volumen 2. aptitud, competencia, inteligencia, talento *incapacidad* 3. posibilidad

capaz apto, inteligente, competente, hábil, experto, idóneo *incapaz, inepto*

capital 1. metrópoli, población, ciudad 2. fortuna, dinero, riqueza *pobreza* 3. esencial, principal, fundamental *secundario*

capítulo sección, parte, división

capricho antojo, extravagancia, fantasía *necesidad* (CAPRICHOSO)

captar 1. percibir, comprender 2. aprehender, recoger 3. atraer, granjear

capturar aprehender, prender, apresar *soltar* (CAPTURA)

cara 1. semblante, rostro, faz, fisonomía 2. aspecto, apariencia, cariz 3. superficie, fachada, frente

carácter 1. temperamento, personalidad, naturaleza, genio, humor 2. firmeza, energía, voluntad, rigor 3. letra, signo, símbolo

caracterizar calificar, distinguir, definir, personalizar (CARACTERÍSTICA)

caramelo golosina, dulce, confite, bombón

caravana convoy, fila, columna, expedición, tren, grupo

carcajada risotada, risa *llanto, lloro*

cárcel prisión, penitenciaría, galera

carente falto, escaso, insuficiente *abundante* (CARENCIA)

carestía 1. falta, escasez, insuficiencia *abundancia* 2. encarecimiento, alza, aumento *rebaja*

carga 1. cargamento, peso, flete 2. impuesto, tributo, tasa 3. ataque, asalto, acometida 4. obligación, pena, cruz

cargar 1. abarrotar, embarcar, llenar 2. agravar, aumentar, imponer 3. achacar, atribuir 4. fastidiar, molestar 5. arremeter, atacar 6. apoyarse, descansar (CARGA)

caricatura representación, parodia, sátira, exageración, dibujo

caridad 1. compasión, piedad, misericordia, desamparo 2. limosna, socorro *tacañería*

cariño afecto, ternura, amor, respeto, halago *odio* (CARIÑOSO)

caritativo compasivo, generoso, dadivoso, misericordioso, altruista *egoísta* (CARIDAD)

carnaval carnestolendas, mascarada, comparsa, regocijo, fiesta

caro 1. alto, costoso, subido *barato* 2. adorado, amado, apreciado, querido *odiado*

carrera 1. corrida, competición 2. curso, recorrido, trayecto 3. profesión, estudio, actividad

carretera camino, vía, ruta, senda, pista, autopista, sendero

carro auto, automóvil, coche, vehículo, automotor

carruaje vehículo, carricoche, coche

carrusel tiovivo, caballitos, rueda

carta 1. mensaje, nota, comunicación, epístola, misiva 2. naipe, baraja 3. mapa 4. menú, minuta

cartel letrero, aviso, anuncio, informe

cartera billetero, bolsa, bolso, monedero, mochila

casa 1. habitación, vivienda, residencia, domicilio 2. hogar 3. familia

casamiento boda, matrimonio, unión, enlace, nupcias *divorcio*

casar emparejar, juntar, unir *divorciar*

cascada catarata, torrente, caída, rápidos

cáscara corteza, monda, mondadura, piel

casco 1. suelo, pezuña, vaso 2. pipa, tonel 3. yelmo 4. cabeza, cráneo

caserío aldea, pueblo

casi aproximadamente, cerca, próximo

caso 1. suceso, acontecimiento, incidente 2. tema, cuestión

castigar 1. penar, disciplinar, sancionar *perdonar* 2. acongojar, afligir *consolar* (CASTIGO)

castillo palacio, alcázar, torre, ciudadela

casual accidental, imprevisto, fortuito *pensado*

casualidad azar, fortuna, ventura, accidente *certidumbre*

casucha chamizo, cabaña, choza, tugurio *palacio*

catálogo lista, inventario, directorio (CATALOGAR)

catástrofe calamidad, desgracia, tragedia, desastre, accidente

catedrático profesor, instructor, maestro

categórico absoluto, terminante, concluyente, decisivo

caudal 1. capital, dinero, bienes, hacienda 2. abundancia, cantidad *escasez*

caudillo dirigente, jefe, cacique, líder, guía, cabeza *seguidor, subordinado*

causa 1. motivo, origen, razón, principio (CAUSAR) 2. pleito, proceso

cauteloso prudente, cauto, cuidadoso, callado, reservado *imprudente* (CAUTELOSAMENTE, CAUTELA)

cautivante atrayente, fascinante, interesante, maravilloso, encantador

cautivar atraer, encantar, seducir (CAUTIVO)

cavar excavar, ahondar, profundizar, desenterrar

caverna cueva, gruta, antro, subterráneo

cavidad hoyo, hueco, cráter

cazar 1. seguir, buscar, acosar *abandonar* 2. atrapar, prender *soltar* (CAZADOR)

cazuela cacerola, puchero, olla, recipiente

cebar 1. engordar, sobrealimentar 2. atraer, llamar

ceder dar, entregar, traspasar, prestar *adquirir*

cegar cerrar, tapar, obstruir (CEGUERA)

celebrar 1. observar, conmemorar, festejar 2. loar, elogiar, aplaudir (CELEBRACIÓN)

célebre famoso, glorioso, ilustre, conocido, popular *desconocido*

celebridad fama, nombre, reputación *anonimato*

celeridad rapidez, velocidad, prontitud, presteza *lentitud*

celo entusiasmo, diligencia, sinceridad, ardor, fervor, pasión *indiferencia, apatía*

celoso 1. entusiasta, diligente, sincero, ardoroso, fervoroso, apasionado 2. envidioso, receloso

cementerio camposanto, necrópolis

ceñir rodear, cercar, encerrar, abrazar, apretar, estrechar, ajustar, comprimir *aflojar, soltar*

cenit apogeo, auge, ápice, pináculo, cima, cumbre, culminación *fondo, base*

ceño entrecejo, arruga, gesto, expresión, enfado, disgusto

censurar criticar, desaprobar, reprochar, vituperar *aprobar* (CENSURA)

centellear chispear, deslumbrar, relumbrar, brillar, relucir, resplandecer *apagarse*

central 1. céntrico, centrado 2. sede, base, capital

centro medio, núcleo, meollo, corazón

ceñudo hosco, disgustado, sombrío *alegre*

cepillar limpiar, restregar, frotar, escobillar (CEPILLO)

cerámica loza, porcelana, arcilla, barro, terracota

cerca 1. vecino, próximo, cercano *lejos* 2. cercado, tapia, valla (CERCANO)

cercar rodear, circundar, encerrar, vallar

cerdo cochino, marrano, puerco, tocino, lechón

ceremonia 1. acto, rito 2. solemnidad, pompa *sencillez*

cerner cernir, colar, cribar, filtrar, pasar, separar, limpiar

cero nada, nulo, nulidad

cerrado 1. tapado, clausurado *abierto* 2. incomprensible, oculto, oscuro *claro* 3. negado, obtuso, torpe *sagaz* 4. callado, reservado *comunicativo* 5. nublado, cubierto *despejado*

cerradura cerrojo, pestillo, candado, pasador

cerrar 1. tapar, cegar, obstaculizar *abrir* 2. terminar, concluir, acabar *empezar* (CIERRE)

cerro colina, loma, elevación, monte

certeza certidumbre, seguridad, certitud, convicción, confianza *duda, inseguridad*

certificar afirmar, asegurar, atestiguar, confirmar (CERTIFICADO)

cesación cese, suspensión, terminación, interrupción, paro, conclusión, fin *continuación*

cesar concluir, acabar, terminar, parar, dejar *continuar*

césped pasto, hierba, prado, campo, jardín

chacota 1. broma, burla 2. diversión

chamuscar tostar, quemar, ahumar

chance 1. oportunidad, posibilidad 2. azar, suerte, fortuna

chanclo galocha, zapato

chapucero descuidado, torpe *cuidadoso*

chaqueta americana, saco

charlar conversar, hablar, platicar *callar* (CHARLA)

chasquear burlar, engañar, decepcionar, ridiculizar

chasquido crujido, estallido, sonido, rumor

chatarra desperdicios, desechos, residuos

chequear revisar, inspeccionar, controlar, examinar (CHEQUEO)

chico 1. pequeño, diminuto, reducido *grande* 2. bajo, corto 3. joven, niño

chillar aullar, vociferar, gritar, vocear, bramar (CHILLIDO)

chillido aullido, alarido, grito

chillón 1. gritón 2. agudo, penetrante, fuerte *suave*

chirriar crujir, gruñir, chillar

chisme rumor, murmuración, cuento, historia, reporte

chispa 1. rayo, centella, descarga, relámpago 2. partícula, pizca, gota 3. inteligencia, sagacidad, ingenio, agudeza *estupidez*

chispear 1. centellear, chisporrotear 2. gotear, lloviznar

chiste gracia, broma, burla, anécdota, chanza

chistoso agudo, gracioso, ingenioso, cómico, humorista *serio*

chocar 1. topar, tropezar, encontrarse 2. extrañar, sorprender, asombrar 3. combatir, pelear, reñir (CHOCANTE)

choque 1. colisión, encuentro, topetazo, golpe, tropezón 2. conflicto, disputa, pelea, lucha, batalla *paz*

chorrear gotear, brotar, salir, surgir, fluir, manar (CHORRO)

choza cabaña, casucha, barraca, chabola

chubasco aguacero, chaparrón, lluvia

chupar absorber, sorber, succionar

chusma gentuza, vulgo, masa, multitud, muchedumbre

cicatero tacaño, mezquino, avaro, miserable, ruín *generoso*

cicatriz sutura, señal, costurón, herida

cicatrizar cerrar, curar, sanar, secar

ciclo época, período, era

ciego 1. invidente (CEGUERA) 2. deslumbrado, ofuscado, alucinado 3. cegado, obstruido, tapado

cielo 1. edén, gloria, paraíso, salvación *infierno* 2. atmósfera

ciencia conocimiento, saber, sabiduría *ignorancia*

cierto seguro, positivo, real, verdadero *incierto* (CERTIDUMBRE, CIERTAMENTE)

cima 1. cumbre, cúspide, pico, vértice 2. culminación, pináculo, ápice, apogeo, termino, fin

cimbreante flexible, ondulante, vibrante, oscilante *rígido*

cimentar asentar, fundamentar, instituir, establecer, fundar

cincelar tallar, esculpir, grabar, labrar

cinchar apretar, asegurar, ceñir, sujetar, comprimir *aflojar*

cine cínema, cinematografía, película

cínico 1. asocial, antisocial 2. descarado, desvergonzado, impúdico

cinta 1. película, film 2. banda, tira, listón

circular 1. curvo, redondo *cuadrado* 2. andar, pasar *detenerse* 3. notificación, aviso, panfleto

circundar cercar, rodear, circunvalar

circunspecto serio, comedido, prudente, discreto, mesurado

circunstancia condición, situación, estado, contexto

cita 1. encuentro, citación, reunión 2. mención, nota, referencia, noticia

citar 1. convocar, requerir, llamar, reunir 2. aludir, nombrar, mencionar

ciudad urbe, metrópolis, población

ciudadano 1. residente, habitante, vecino (CIUDADANÍA) 2. cívico, civil, urbano

ciudadela fortaleza, fuerte

civil 1. cívico, ciudadano 2. cortés, afable, sociable *incivil* (CIVILIDAD)

civilización cultura, educación, progreso, refinamiento (CIVILIZAR)

clamar gritar, gemir, lamentarse, quejarse *callar, aguantar* (CLAMOR)

clamor griterío, vocerío, lamentos, gemidos, quejas *silencio*

clamoroso estruendoso, ruidoso, vociferante, gritón *silencioso*

clan familia, grupo, tribu, banda, pandilla

clandestino ilegítimo, ilegal, furtivo, secreto, oculto *legal, legítimo* (CLANDESTINIDAD)

claramente abiertamente, directamente, evidentemente

clarificar 1. iluminar, alumbrar *oscurecer* 2. aclarar, explicar, esclarecer *confundir* (CLARIFICACIÓN)

claro 1. luminoso, transparente, cristalino *oscuro* 2. evidente, manifiesto *confuso* 3. franco, abierto, sincero *hipócrita*

clase 1. aula, sala, salón 2. asignatura, lección, materia 3. índole, naturaleza 4. nivel, categoría, posición

clasificar ordenar, agrupar, organizar, arreglar, catalogar, coordinar (CLASIFICACIÓN)

clavar fijar, sujetar, hincar, hundir *sacar*

clemencia compasión, benevolencia, indulgencia, bondad, misericordia, piedad *crueldad, dureza*

clero clerecía, sacerdocio

cliente comprador, parroquiano *vendedor*

clima tiempo, temperatura, ambiente

clímax 1. auge, apogeo, culminación 2. orgasmo, éxtasis

clínica sanatorio, hospital, dispensario

club grupo, sociedad, círculo, asociación

coagularse cuajarse, consolidarse, solidificarse

coartada justificación, disculpa, excusa

cobarde tímido, miedoso, temeroso, pusilánime *valiente* (COBARDÍA)

cobijar 1. cubrir, tapar *descubrir* 2. guarecer, refugiar, albergar, amparar *desamparar*

cobrar recibir, recaudar, colectar, recolectar, percibir *pagar* (COBRANZA)

coche automóvil, carro, auto, vehículo

cocinar guisar, aderezar, sazonar, condimentar, adobar, hacer la comida

codicia avaricia, avidez, ambición *generosidad* (CODICIOSO)

codiciar ambicionar, anhelar, apetecer, ansiar, desear, envidiar

código leyes, reglas, reglamento, precepto, signo

cofre arca, baúl, caja, cajón, arcón

coger 1. agarrar, aferrar, asir, tomar *soltar* 2. recolectar *botar* 3. atrapar, prender, recoger *soltar*

cohibido reprimido, intimidado, atemorizado

cojear 1. renquear 2. adolecer, padecer

cojín almohada, almohadilla, almohadón

cola 1. rabo, apéndice, extremidad 2. final, terminación, conclusión 3. goma, pegamento, encoladura

colarse escurrirse, introducirse, deslizarse

colcha cubrecama, sobrecama, cobija, frazada, manta

colección repertorio, conjunto, grupo, serie

colega camarada, cofrade, compañero, asociado

colegio escuela, academia, instituto, liceo, facultad

cólera enojo, furia, ira, rabia (COLÉRICO)

colgar 1. tender, suspender 2. colocar, enganchar, fijar 3. estrangular, ahorcar, asfixiar

colmar 1. llenar, rellenar *vaciar* 2. satisfacer

colmo 1. máximo, remate, cima 2. exceso

colocar poner, instalar, situar, ordenar, ubicar

colonia 1. dominio, posesión, territorio 2. establecimiento, fundación, poblado (COLONIAL, COLONIZACIÓN)

color colorido, tono, tinte, pigmento

colorado rojo, encarnado, escarlata, rubí, púrpura

colosal gigante, inmenso, vasto, grandioso, enorme, grande *pequeño* (COLOSO)

coloso cíclope, gigante *enano, pigmeo*

columna pilar, pilastra, apoyo, sostén, cilindro

comandar dirigir, mandar, acaudillar, encabezar

combate lucha, pelea, guerra, lid, conflicto, batalla

combatir atacar, batallar, guerrear, luchar, pelear, reñir

combinar juntar, unir, mezclar *separar*

combustible 1. inflamable 2. alcohol, petróleo, gas, queroseno (COMBUSTIÓN)

comediante cómico, actor, artista (COMEDIA)

comedor 1. refectorio, sala 2. comilón, glotón

comentar explicar, aclarar, interpretar, hablar (COMENTARIO)

comenzar empezar, iniciar, emprender, abrir, inaugurar *terminar, acabar, clausurar* (COMIENZO)

comer tragar, alimentarse, nutrirse, sustentarse *ayunar* (COMIDA)

comerciante mercader, negociante, empresario

comerciar mercadear, negociar, traficar, tratar (COMERCIANTE)

comercio 1. negocio, tráfico, trato (COMERCIAL) 2. tienda, almacén, negocio

cometer perpetrar, realizar, ejecutar, llevar a cabo (COMETIDO)

cómico 1. gracioso, divertido, festivo, jocoso, humorístico, alegre *trágico* 2. bufón, comediante, actor

comida alimento, sustento, comestible

comienzo iniciación, inicio, origen, principio *fin, final, término*

comité grupo, junta, delegación, comisión

cómoda guardarropa, armario, ropero

comodidad 1. bienestar, holgura, satisfacción, prosperidad 2. facilidad, oportunidad, provecho, utilidad

cómodo 1. conveniente, agradable, favorable *incómodo* 2. oportuno, fácil, adecuado

compacto denso, apretado sólido, espeso *poroso*

compadre compinche, camarada, compañero, padrino, amigo, pariente

compañero acompañante, camarada, amigo, colega, socio *enemigo* (COMPAÑERISMO)

compañía 1. negocio, empresa, firma, corporación 2. convidado, visita

comparar cotejar, asemejar, diferenciar (COMPARACIÓN)

compartir partir, distribuir, dividir, repartir

compasión lástima, piedad, conmiseración, caridad, misericordia *crueldad, severidad*

compasivo benigno, caritativo, misericordioso, piadoso, humanitario, sensible, altruista *cruel*

compatible acomodadizo, semejante, parecido, similar *incompatible*

compeler impulsar, forzar, obligar, exigir

compendiar resumir, abreviar, acortar *alargar* (COMPENDIO)

compensar 1. equilibrar, contrapesar, igualar 2. indemnizar, recompensar (COMPENSACIÓN)

competencia 1. competición, lucha, rivalidad 2. autoridad, jurisdicción 3. aptitud, capacidad, habilidad *incompetencia*

competente capacitado, experto, hábil, diestro *incompetente*

competir luchar, rivalizar, contender, desafiar

compilar recopilar, reunir, recoger, inventariar, juntar, agrupar *desperdigar* (COMPILACIÓN)

compinche amigo, camarada, compadre, compañero

complacer 1. contentar, satisfacer *molestar* 2. alegrar, agradar *dolerse*

complaciente acomodaticio, condescendiente, servicial

complejo 1. complicado, compuesto, difícil, enredado, intrincado *sencillo* 2. conjunto, combinación

complementar añadir, agregar, perfeccionar (COMPLEMENTO)

completamente enteramente, plenamente, totalmente *parcialmente*

completar terminar, acabar, concluir, finalizar, perfeccionar *empezar, comenzar, iniciar*

completo 1. lleno, repleto, saturado *vacío* 2. íntegro, cabal, acabado, perfecto *incompleto*

complexión 1. constitución, naturaleza 2. aspecto, tez, color, apariencia

complicado difícil, complejo, embrollado, enredado *simple, sencillo* (COMPLICACIÓN)

complicar 1. dificultar, confundir, embrollar, enredar, obstaculizar 2. agravarse, empeorarse *mejorar*

cómplice coautor, colaborador, implicado

complot conspiración, conjura, intriga, maquinación

componer 1. arreglar, modificar, reparar *descomponer* 2. integrar, construir, formar parte *separar* 3. escribir, redactar

comportamiento conducta, costumbre, proceder, actuación, hábito, rutina (COMPORTAR)

composición 1. labor, obra, producción 2. producto, resultado

compositor músico, autor, musicólogo

compostura 1. arreglo, reparación, restauración, corrección *destrucción* 2. decoro, modestia, dignidad, sencillez *inmodestia*

comprar adquirir, obtener, ganar, conseguir, mercar, negociar *vender*

comprender 1. entender, discernir, interpretar, vislumbrar *desacertar* (COMPRENSIÓN) 2. abarcar, incluir, rodear, contener *excluir*

comprimir apretar, prensar, estrechar, oprimir, aplastar, estrujar (COMPRESIÓN)

comprobar confirmar, verificar, controlar, probar, revisar, investigar, examinar (COMPROBACIÓN)

comprometer 1. enredar, liar, embrollar, mezclar, implicar, envolver 2. responsabilizar, responsabilizarse, obligar, obligarse

compromiso 1. acuerdo, trato, convenio 2. apuro, aprieto, riesgo, peligro, dificultad, conflicto 3. deber, obligación

computar calcular, contar, medir, regular, comprobar, operar, numerar (CÓMPUTO)

común 1. general, universal 2. corriente, ordinario, frecuente, usual, habitual, vulgar *extraordinario*

comunicar informar, avisar, notificar, anunciar, declarar, relatar, revelar *callar* (COMUNICATIVO, COMUNICACIÓN)

comunidad 1. grupo, agrupación 2. distrito, vecindario

concebible comprensible, racional, lógico, razonable *inconcebible*

conceder 1. adjudicar, asignar, dar, conferir, entregar *negar* 2. admitir, reconocer, convenir *rechazar*

concentrar agrupar, juntar, unir, reunir, centralizar, condensar, consolidar *desunir* (CONCENTRACIÓN)

concepto conocimiento, idea, noción, pensamiento, opinión

concernir atañer, referirse, relacionarse, tocar, conectarse

concienzudo minucioso, escrupuloso, reflexivo, consciente, exacto, atento, aplicado (CONCIENZUDAMENTE)

concierto 1. orden, armonía 2. convenio, pacto, acuerdo 3. audición, recital, espectáculo, interpretación

conciliar armonizar, concordar, pacificar, arreglar, reconciliar, mediar, complacer *reñir*

conciso sucinto, breve, sumario, corto, condensado, lacónico

concluir 1. terminar, finalizar, acabar, completar, parar (EMPEZAR) 2. deducir, inferir, derivar

conclusión 1. resolución, deducción, decisión, inferencia, resultado 2. término, desenlace, fin, cierre *principio*

concordar 1. convenir, concertar 2. coincidir, armonizar, semejarse, conformar

concordia conformidad, unión, armonía, paz, acuerdo *disconformidad*

concreto específico, determinado, preciso, fijado, delimitado *abstracto*

concurrir 1. visitar, asistir, ir, presentarse *ausentarse* 2. contribuir, influir 3. coincidir

concurso 1. competencia, competición, torneo, lucha, examen 2. concurrencia, asistencia

condenar 1. castigar, penar, sancionar, multar *absolver, perdonar* 2. maldecir, censurar, reprobar, culpar, acusar *disculpar* 3. tapar, cerrar, tapiar *abrir* (CONDENACIÓN)

condensar 1. cuajar, coagular, concentrar, espesar 2. compendiar, abreviar, acortar, reducir *ampliar*

condición 1. índole, naturaleza 2. requisito, estipulación 3. genio, particularidad, carácter 4. situación, estado, posición

condimentar sazonar, aliñar, adobar, aderezar, especiar (CONDIMENTO)

condolerse compadecerse, apiadarse, dolerse

conducir 1. dirigir, guiar 2. administrar, gobernar 3. llevar, transportar, acarrear

conducta 1. actuación, comportamiento, proceder, costumbre, hábito, rutina 2. dirección, gobierno, mando, gestión, dirección, guía

conducto 1. vía, canal, camino 2. tubo, tubería

conductor 1. guía, jefe, director, dirigente 2. chofer, cochero, piloto, automovilista, taxista

conectar acoplar, unir, enlazar, vincular, relacionar, juntar, adherir, encajar, ajustar *separar*

confederación alianza, coalición, federación, pacto, liga, unión (CONFEDERAR)

conferencia 1. disertación, discurso, coloquio 2. entrevista, cita, reunión

conferir asignar, conceder, dar, otorgar, entregar, proporcionar *desposeer, privar*

confesar 1. revelar, admitir *disimular, fingir* 2. declarar, manifestar

confiable 1. leal, fiel, fiable, honesto, honrado, recto *deshonesto, desleal* 2. verídico, veraz *falso*

confiado 1. seguro, cierto 2. cándido, crédulo, candoroso

confianza 1. fe, seguridad, esperanza, creencia *desconfianza* 2. franqueza, sinceridad, familiaridad, intimidad

confiar fiarse, tener confianza

confidencial íntimo, personal, secreto, reservado, privado *público, general*

confidente amigo, compañero, camarada

confirmar 1. asegurar, corroborar, certificar, garantizar 2. ratificar, convalidar, revalidar, reafirmar

confiscar apropiarse, incautarse, quitar (CONFISCACIÓN)

conflagración 1. incendio, quema, fuego 2. guerra, hostilidad, contienda, choque, lucha

conflicto 1. lucha, combate 2. dificultad, apuro, aprieto, inconveniente, problema, peligro 3. disconformidad, desacuerdo

conformar 1. ajustar, concordar 2. resignarse, acomodarse, adaptarse *rebelarse*

conformidad 1. aprobación, acuerdo, consentimiento *disconformidad* 2. semejanza, correspondencia 3. resignación, sumisión

confortable cómodo, holgado, descansado, grato, placentero, fácil, agradable

confortar animar, alentar, consolar, apaciguar, calmar, tranquilizar, aliviar *desalentar, desanimar*

confrontar comparar, carear, enfrentar

confundir 1. desconcertar, despistar, aturdir, desorientar 2. mezclar, revolver, desordenar

confuso 1. mezclado, revuelto 2. oscuro, dudoso, ambiguo 3. turbado, temeroso, abochornado 4. confundido

congelar 1. helar, enfriar *calentar* 2. detener, aplazar

congestionado abotargado, hinchado, inflamado, inflado

congoja 1. desconsuelo, aflicción, pena, dolor, pesar *alegría* 2. inquietud, ansiedad, intranquilidad *paz*

congregar juntar, unir, reunir, aglomerar, amontonar *dispersar* (CONGREGACIÓN)

conjetura hipótesis, suposición, supuesto, presunción

conjeturar suponer, presumir, creer, calcular, figurarse, sospechar

conjurar 1. conspirar, maquinar 2. implorar, invocar, rogar, suplicar (CONJURACIÓN)

conmemoración celebración, aniversario, fiesta, solemnidad, ceremonia, festividad (CONMEMORATIVO)

conmemorar celebrar, rememorar, evocar, revivir, festejar, recordar, solemnizar

conmoción 1. perturbación, sacudida, agitación, movimiento, turbación 2. disturbio, levantamiento, tumulto *calma*

conmovedor emocionante, enternecedor, apasionante, afectivo, emotivo

conmover 1. sacudir, agitar, mover 2. afectar, perturbar, emocionar, enternecer, apasionar

conmutar 1. cambiar, permutar, trocar 2. reducir

conocer 1. entender, saber, comprender *ignorar* 2. observar, notar, percibir (CONOCEDOR)

conocido 1. distinguido, notable, notorio 2. sabido, frecuentado

conocimiento cognición, entendimiento, inteligencia, intuición, razón *ignorancia*

conquistar 1. capturar, vencer, tomar, apoderarse 2. atraer, seducir, persuadir

consciente serio, formal, escrupuloso, cuidadoso, consecuente, cumplidor

consecuencia 1. resultado, efecto, producto *causa* 2. conclusión, fin

consecutivo inmediato, próximo, continuado, seguido, siguiente, sucesivo

conseguir obtener, alcanzar, lograr, adquirir, atrapar, pescar, aprehender *perder, malograr*

consejo sugerencia, aviso, recomendación, opinión

consentido mimado, malcriado

consentimiento permiso, aprobación, autorización, asentimiento

consentir 1. admitir, acceder, autorizar, condescender, permitir, tolerar *desautorizar, oponerse* 2. malcriar, mimar, viciar 3. resistir, sufrir, admitir

conservar mantener, guardar, reservar, cuidar, preservar, proteger, defender, salvar *descuidar* (CONSERVACIÓN)

considerable cuantioso, grande, amplio, importante, numeroso, vasto *minúsculo*

consideración 1. deferencia, respeto, estima *desdén* 2. importancia, renombre, notoriedad 3. atención, estudio, reflexión

considerado 1. respetuoso, mirado, atento, deferente 2. apreciado, estimado

considerar 1. respetar, estimar, apreciar 2. pensar, examinar, reflexionar, meditar

consignar 1. expedir, enviar, mandar, transportar, llevar, remitir, destinar 2. estipular, manifestar, afirmar, asentir, declarar, escribir, determinar (CONSIGNA)

consiguiente por ello, por tanto, por lo tanto, en consecuencia

consistencia densidad, espesor, concentración, duración, estabilidad, solidez *flojedad*

consolar animar, alentar, calmar, aliviar, confortar, reanimar, apaciguar, sosegar *apenar* (CONSOLACIÓN)

consolidar afirmar, fortalecer, afianzar, reforzar, solidificar *ablandar*

conspicuo visible, observable, notable *invisible*

conspirar intrigar, confabularse, conjurarse, intrigar, maquinar, tramar (CONSPIRACIÓN)

constante asiduo, insistente, persistente, continuo, firme, invariable, perseverante (CONSTANCIA)

constantemente asiduamente, invariablemente, continuamente, firmemente

constar componerse, constituir, consistir

consternación pesar, pesadumbre, abatimiento, desánimo, desconsuelo, pena, tristeza, desolación, aflicción, angustia *dicha, júbilo*

consternar abatir, apesadumbrar, afligir, desanimar, apenar, angustiar, desconsolar, acongojar *consolar*

constitucional legal, legítimo, reglamentario, legislativo, normativo (CONSTITUCIÓN)

constituir componer, formar, establecer, ordenar, crear, organizar *descomponer*

constreñir 1. apremiar, compeler, impeler, forzar, obligar 2. apretar, cerrar, oprimir (CONSTREÑIMIENTO)

constructivo positivo, edificante, ejemplar, benéfico, útil, favorable, provechoso, productivo

construir edificar, fabricar, hacer, levantar, elaborar *destruir*

consultar 1. aconsejarse, asesorarse 2. conferenciar, deliberar, examinar

consumar 1. completar, terminar, concluir, acabar 2. perpetrar, cometer

consumido 1. enflaquecido, delgado, gastado 2. utilizado, gastado, acabado, disipado, agotado

consumir 1. acabar, agotar, usar, gastar *guardar* 2. aniquilar, destruir, abatir (CONSUMIDOR)

consumo gasto, consumición, empleo, uso

consunción 1. agotamiento, extenuación 2. consumición, gasto, destrucción, desgaste

contagioso infeccioso, pegadizo, pestilente (CONTAGIAR, CONTAGIO)

contaminar 1. contagiar, infectar, infestar 2. quebrantar, corromper, viciar, pervertir

contar 1. calcular, computar 2. narrar, referir, decir, relatar

contemplar considerar, meditar, mirar, observar, ver (CONTEMPLACIÓN)

contender lidiar, pelear, pugnar, altercar, batallar, combatir, competir, luchar, pelear

contener 1. comprender, incluir, abarcar, encerrar 2. reprimir, refrenar, moderar

contento alegre, jubiloso, divertido, satisfecho, complacido, optimista, gozoso, exaltado

contestar responder, replicar, declarar *preguntar* (CONTESTACIÓN)

contienda lucha, pelea, riña, altercado, ataque, disputa

contiguo inmediato, próximo, junto, limítrofe, lindante, adyacente *separado*

contingencia 1. casualidad, ocasión, eventualidad, posibilidad *certeza* 2. riesgo, peligro *seguridad*

continuamente siempre, inacabadamente, incesante, constantemente

continuar 1. seguir, persistir 2. durar, permanecer 3. prolongar *cesar, interrumpir*

contorno 1. silueta, perfil, sombra, esbozo 2. límite, borde, cerco, cuadro, marco 3. periferia, perímetro

contorsión 1. contracción, convulsión, retorcimiento 2. movimiento, gesto, mueca

contra 1. antagonismo, rivalidad, obstáculo, dificultad, inconveniente 2. oposición *pro*

contradecir objetar, rebatir, impugnar, refutar *asentir, confirmar*

contraer 1. adquirir 2. reducir 3. encoger *estirar, alargar*

contrariar resistir, obstaculizar, contradecir, dificultar, oponer *facilitar* (CONTRARIEADAD)

contrario 1. opuesto, dañoso, dañino, nocivo, perjudicial 2. contradictorio 3. adversario, rival, enemigo, rival, oponente *amigo*

contrarrestar neutralizar, anular, contrabalancear, equilibrar, igualar, contrapesar

contraseña 1. consigna, orden, frase 2. contramarca, marca, señal

contrastar diferenciar, distinguir, discrepar (CONTRASTE)

contratar 1. pactar, acordar, negociar 2. alquilar 3. emplear

contratiempo dificultad, accidente, percance, contrariedad, inconveniente, problema

contribuir 1. ayudar, colaborar, cooperar, aportar, auxiliar 2. pagar, tributar *eximir*

contrito arrepentido, compungido, abatido, triste

control 1. inspección, comprobación, verificación, examen 2. dominio, poder, mando, dominación

controlar 1. comprobar, examinar, inspeccionar, vigilar 2. dominar, mandar

controversia discusión, disputa, polémica, debate

contumaz obstinado, terco, pertinaz, porfiado *dócil*

convalecer mejorarse, recobrarse, recuperarse *empeorar, recaer* (CONVALESCENCIA)

convencer persuadir, sugestionar, sugerir

convencional usual, acostumbrado, corriente, normal, habitual, vulgar, común *inusual, insólito*

conveniente beneficioso, ventajoso, favorable, bueno, provechoso, útil *inconveniente*

convenio acuerdo, pacto, tratado, arreglo, compromiso, contrato *desacuerdo*

conversación charla, diálogo, plática, coloquio, cháchara, entrevista

conversar comunicarse, conferenciar, charlar, dialogar, hablar, murmurar, platicar *callar*

convertir 1. cambiar, transformar, mudar, alterar, enmendar 2. evangelizar, cristianizar, bautizar, propagar

convocar citar, reunir, solicitar, invitar, apelar, llamar *despedir*

convulsión 1. estremecimiento, espasmo, contracción 2. terremoto, agitación, temblor, sacudida

cónyuge esposo, esposa, consorte, casado, compañero, marido, mujer

cooperar participar, colaborar, apoyar, ayudar *impedir*

coordinar ordenar, organizar, arreglar *desordenar, desorganizar*

copa 1. cáliz, taza, vaso 2. premio, galardón

copia reproducción, facsímil, duplicado, imitación, transcripción *original*

copiar 1. reproducir, duplicar, transcribir 2. imitar, plagiar

copioso abundante, cuantioso, exuberante, rico, opulento, numeroso *escaso*

copla 1. tonada, cantar, canción, aire, canto 2. poesía, verso, estrofa

coraje 1. valor, valentía, bravura *cobardía* 2. ímpetu, ánimo, esfuerzo *desánimo* 3. furia, irritación *serenidad*

corazón 1. amor, benevolencia, sentimiento 2. ánimo, espíritu, valor, esfuerzo 3. centro, interior

cordial efusivo, hospitalario, sincero, franco, afable, afectuoso, amable, cariñoso *huraño* (CORDIALIDAD)

corona 1. tiara, diadema, guirnalda, aureola, nimbo 2. reino, monarquía

corporación asociación, compañía, entidad, instituto

corpulento enorme, robusto, voluminoso, gordo, grueso *pequeño*

correa cinturón, ceñidor, cinto, cuero

corrección 1. modificación, enmienda, rectificación, arreglo *ratificación* 2. urbanidad, cortesía, comedimiento *incorrección* 3. castigo, censura, represión *aprobación*

correcto 1. exacto, justo, cabal *incorrecto* 2. cortés, educado, culto, considerado, atento

corredor 1. pasillo, pasadizo, callejón 2. atleta, carrerista, deportista

corregir 1. enmendar, retocar, modificar, reparar 2. amonestar, reprender, reñir

correo 1. correspondencia, carta, misiva 2. cartero, mensajero

correr 1. trotar, apresurarse, precipitarse, ir 2. pasar, transcurrir 3. huir, escapar

corresponder 1. tocar, atañer, incumbir, concernir 2. escribirse (CORRESPONDENCIA)

corriente 1. habitual, ordinario, usual, común, acostumbrado *desacostumbrado* 2. flujo, torrente, río 3. dirección, rumbo, orientación 4. electricidad

corroborar confirmar, ratificar, certificar, aprobar, probar, demostrar *objetar, rechazar*

corroer desgastar, roer, consumir, gastar

corromper 1. alterar, dañar, descomponer, pudrir 2. depravar, viciar, enviciar, pervertir, sobornar

corsario pirata, bucanero, filibustero

cortadura corte, cortada, incisión

cortar 1. seccionar, partir, tajar, rebanar, dividir, separar 2. suspender, interrumpir, atajar, detener

cortejar galantear, enamorar, conquistar

cortés educado, considerado, fino, simpático, amable, atento, afable, refinado *maleducado* (CORTESÍA)

cortesano palaciego, aristócrata, hidalgo, caballero

corto 1. bajo, pequeño, menudo, chico, diminuto, enano *abundante, grande* 2. breve, efímero, fugaz, abreviado, conciso *largo*

cosa objeto, ente, entidad, sujeto, elemento

cosechar recolectar, segar, recoger, cultivar (COSECHA)

coser hilvanar, pespuntear, remendar *descoser*

cosmos universo, mundo, orbe

cosquillear hormiguear, picar, molestar, acariciar (COSQUILLAS)

costa 1. ribera, playa 2. margen, borde 3. costo, precio

costar 1. valer, importar, totalizar, montar, estimar 2. causar, ocasionar, provocar

costumbre 1. hábito, uso, tradición 2. práctica, uso

crear 1. hacer, inventar, engendrar, producir 2. establecer, fundar, instituir (CREACIÓN)

crecer 1. desarrollarse, formarse, aumentar, criarse, madurar *disminuir* 2. adelantar, progresar (CRECIMIENTO)

crédito 1. reputación, fama, autoridad 2. préstamo, empréstito

crédulo nocente, ingenuo, cándido, confiado, creyente, sencillo *desconfiado*

creencia 1. religión, fe, dogma, doctrina 2. confianza, convicción

creer entender, pensar, suponer, imaginar, opinar, sostener

crepúsculo 1. anochecer, atardecer, oscurecer 2. amanecer

crespo rizado, retorcido, caracoleado, ondulado *lacio*

cresta cima, cumbre, pico, cúspide *llano, llanura*

cría hijo, descendiente, cachorro, criatura

criada sirvienta, doncella, camarera, servidora, azafata, asistenta, doméstica

criar 1. alimentar, amamantar, nutrir 2. producir, engendrar 3. educar, instruir

criatura chiquillo, crío, pequeño, muchacho, niño

crimen 1. delito, atentado 2. culpa, falta, infracción, transgresión, violación

criminal malhechor, delincuente, culpable, abusador, ladrón, perpetrador, bandido

crisis aprieto, apuro, dificultad, conflicto, dilema, problema, peligro

criticar 1. juzgar, analizar, opinar, evaluar 2. censurar, desaprobar, satirizar, burlarse (CRÍTICA)

crítico 1. delicado, grave, importante 2. juez, examinador 3. acusador, oponente, detractor

crónica artículo, reportaje, escrito, relato, nota

crónico 1. habitual, acostumbrado, repetido *infrecuente* 2. permanente

cronómetro reloj, medidor

croquis esbozo, diseño, boceto, dibujo

crucial culminante, crítico, decisivo, cumbre, transcendental

crucificar sacrificar, torturar, martirizar, clavar, fijar

crudo 1. verde, inmaduro 2. duro, áspero 3. riguroso, inclemente

cruel brutal, feroz, inhumano, bárbaro, violento, severo, rígido *bondadoso*

crujir chirriar, rechinar, crepitar, rasgarse, chasquear

cruzada 1. expedición, incursión, lucha 2. empresa, campaña

cruzar 1. atravesar, pasar 2. entrelazar, interponer, entrecruzar (CRUCE)

cuaderno libreta, agenda, cartilla, cuadernillo

cuadrar 1. agradar, gustar, complacer, convenir 2. coincidir, conformar, ajustar

cuadrilla grupo, equipo

cuadro 1. pintura, tela, lienzo 2. cuadrado 3. equipo

cualidad 1. aptitud, habilidad, capacidad 2. carácter, condición, característica 3. aspecto

cuarentena aislamiento, incomunicación, retiro, separación

cuarto habitación, pieza, alcoba, cámara, estancia

cubo balde, cubeta, recipiente

cubrir 1. ocultar, disimular, velar, esconder, tapar, envolver 2. abrigar *exponer*

cuchilla cuchillo, hoja, navaja, filo, espada, arma

cuenta 1. cálculo, cómputo 2. suma, total, valor, factura

cuentista 1. chismoso, alcahuete, murmurador 2. novelista, escritor, literato, cronista

cuento 1. relato, narración, fábula, historieta, novela, anécdota 2. chisme, embuste

cuerda cordel, piola, soga, hilo

cuero piel, pellejo

cuerpo 1. cadáver 2. tronco 3. grueso, espesura, densidad, solidez 4. objeto

cuesta pendiente, inclinación, rampa, subida

cuestión 1. asunto, punto, tema, argumento 2. pregunta 3. controversia, disputa, polémica, debate

cueva 1. antro, caverna, madriguera, gruta, guarida 2. subterráneo

cuidado 1. atención, esmero, solicitud *descuido* 2. precaución, cautela, vigilancia *desatención* 3. miedo, temor, inquietud *valentía*

cuidadoso solícito, aplicado, atento, vigilante, esmerado *descuidado* (CUIDADOSAMENTE)

cuidar 1. atender, velar, asistir *descuidar* 2. guardar, mantener, conservar

culebra serpiente, sierpe, reptil, víbora

culebrear zigzaguear, deslizarse, ondular, serpentear

culminante 1. superior, principal, sobresaliente 2. prominente, dominante, eminente, elevado 3. supremo, decisivo, final

culpa 1. delito, falta, infracción 2. responsabilidad

culpable 1. responsable 2. criminal, inculpado, condenado, malhechor

culpar acusar, censurar, achacar, inculpar

cultivado 1. labrado, arado, trabajado, sembrado, plantado (CULTIVO) 2. refinado, culto

cultivar 1. arar, labrar, plantar, sembrar 2. cuidar, atender, mantener, conservar 3. estudiar, ejercitar, desarrollar

cultura erudición, sabiduría, conocimiento, educación, desarrollo, civilización *ignorancia*

cumbre 1. cima, cúspide, pico, punta 2. pináculo, ápice, culminación, apogeo

cumplido 1. completo, entero, perfecto, cabal 2. largo, abundante 3. galante, gentil, correcto, cortés, fino (CUMPLIDOR)

cumplimentar 1. alabar, felicitar, saludar 2. ejecutar, cumplir, efectuar

cumplir 1. llenar, completar, ejecutar 2. concluir, finalizar (CUMPLIMIENTO)

cúmulo montón, multitud, abundancia, infinidad, conjunto, aglomeración

cuna 1. origen, comienzo, principio *tumba* 2. familia, linaje

cuneta badén, zanja, desaguadero, socavón

cuota contribución, cupo, parte, porción, cantidad

curar 1. sanar, aliviar, medicar, atender 2. secar, curtir

curiosear 1. averiguar, indagar, investigar 2. fisgar, espiar

curioso 1. averiguador, indagador, fisgón, espía 2. extraño, interesante

curso 1. camino, recorrido, corriente, orientación, tendencia 2. materia, asignatura, estudio

curva línea, meandro, sinuosidad, vuelta

curvar torcer, encorvar, arquear (CURVATURA)

cúspide pico, cima, cumbre, cresta, copete, altura, corona

custodiar proteger, guardar, vigilar, defender, conservar *abandonar*

D

dadivoso generoso, liberal, pródigo, desprendido *tacaño* (DÁDIVA)

dado 1. cubo 2. ofrecido, donado, regalado, cedido, entregado (DAR)

dama aristócrata, matrona, ama

dañar 1. perjudicar, estropear, menoscabar 2. herir, lesionar *beneficiar, curar*

dañino desfavorable, dañoso, malo, nocivo, perjudicial, pernicioso *beneficioso*

daño 1. perjuicio, deterioro, mal, calamidad 2. golpe, herida, contusión, lesión

dar 1. donar, regalar, ceder, entregar, conceder, otorgar *quitar* 2. pegar, golpear, abofetear *recibir*

dato 1. cantidad, número 2. antecedente, noticia, detalle 3. documento, nota

deambular andar, vagar, errar, caminar, pasear *detenerse*

debajo abajo, inferior, bajo *encima, sobre*

debate discusión, litigio, polémica, controversia

debatir 1. discutir, disputar, tratar, polemizar *acordar* 2. guerrear, pelear, luchar

deber 1. obligación, responsabilidad, compromiso *irresponsabilidad* 2. adeudar, contraer obligaciones, comprometerse 3. deuda

débil 1. endeble, decaído, delicado, enfermizo, frágil 2. escaso, insuficiente *fuerte* (DEBILIDAD)

debilitar 1. agotar, extenuar *fortalecer* 2. declinar, decaer *ascender* 3. apagar, amortiguar

decadencia declinación, declive, descenso, caída *robustez* (DECADENTE, DECAER)

decente 1. respetuoso, digno, decoroso *indecente* 2. limpio, aseado 3. adecuado, idóneo (DECENCIA)

decidido resuelto, audaz, valiente, intrépido *tímido*

decidir 1. mandar, disponer, determinar 2. juzgar, sentenciar, resolver *abstenerse*

decir 1. declarar, hablar, manifestar, mencionar *callar* 2. afirmar, asegurar

decisión 1. resolución, determinación 2. arbitraje, sentencia 3. firmeza, valentía, audacia *indecisión*

decisivo definitivo, concluyente, terminante

declaración 1. afirmación, exposición, manifestación, explicación, testimonio 2. deposición, testificación

declarar 1. explicar, manifestar, decir 2. decidir, resolver 3. deponer, testificar

declinar 1. decaer, debilitarse, menguar *florecer* 2. renunciar, dimitir *aceptar*

decoración adorno, ornamentación, aderezo, atavío

decorar acicalar, adornar, hermosear, ornar, ornamentar *deslucir*

decoro dignidad, decencia, respeto, honor *indignidad*

decretar ordenar, decidir, mandar, determinar, resolver

dedicar 1. consagrar, ofrecer, dar, regalar *negar* 2. emplear, aplicar, asignar, destinar

deducir inferir, derivar, concluir

defecto deficiencia, imperfección, falta, carencia *perfección* (DEFECTUOSO)

defectuoso deficiente, imperfecto, incompleto *perfecto*

defender proteger, preservar, amparar, apoyar, auxiliar, conservar *lastimar, atacar*

deficiencia 1. carencia, falta, insuficiencia, privación 2. irregularidad, anormalidad

deficiente 1. defectuoso, imperfecto, incompleto 2. insuficiente *perfecto*

definido 1. claro, preciso, exacto 2. delimitado, determinado *incierto*

definir 1. delimitar, fijar, precisar 2. fijar, precisar 3. decidir *vacilar*

deformar distorsionar, alterar, desfigurar, torcer, afear, estropear

deforme 1. irregular, anómalo, desproporcionado, imperfecto
2. desfigurado, grotesco

defraudar 1. engañar, estafar, robar *restituir, devolver* 2. desilusionar,
frustrar, decepcionar, desencantar

degradar 1. desposeer, humillar, rebajar *ensalzar* 2. envilecer *ennoblecer*

deidad dios, divinidad, omnipotencia (DEIFICACIÓN, DEIFICAR)

dejar 1. poner, colocar, soltar *tomar* 2. abandonar, desamparar, apartarse
amparar 3. omitir, olvidar 4. consentir, permitir *prohibir*

delante primero, antes, al frente, enfrente *detrás*

delantero primero, inicial, anterior, preliminar, frontal *trasero*

delatar acusar, denunciar, descubrir *encubrir*

delegar facultar, conferir, comisionar, encomendar *asumir* (DELEGADO)

deleite gusto, grado, placer, delicia, encanto, agrado *aburrimiento*
(DELEITABLE, DELEITAR)

delgado 1. estrecho, cenceño, enjuto, flaco, magro *gordo* 2. fino, esbelto,
delicado

deliberadamente adrede, a propósito, aposta, voluntariamente,
intencionalmente *accidentalmente* (DELIBERADO)

deliberar discutir, conversar, considerar, debatir, reflexionar, examinar

delicado 1. débil, enclenque, enfermizo *sano* 2. atento, refinado, cortés,
fino, refinado *brutal* 3. sutil, agudo, ingenioso *obtuso* 4. frágil,
quebradizo *fuerte* (DELICADEZA)

delicioso deleitoso, placentero, gozoso, gustoso, rico, exquisito, grato

delincuente criminal, malhechor, reo

delinear 1. diseñar, trazar, dibujar, pintar 2. establecer, precisar, apuntar, bosquejar

delirio 1. trastorno, perturbación, frenesí, locura, despropósito 2. desvarío, disparate

delito crimen, atentado, violación, transgresión, infracción

demacrado desmejorado, delgado (DEMACRARSE)

demandar 1. pedir, exigir, rogar, solicitar, suplicar, implorar 2. denunciar, litigar (DEMANDA)

demasiado excesivo, profuso, sobrado, exuberante *escaso, poco*

demente loco, perturbado, enajenado *cuerdo* (DEMENCIA)

demoler derribar, arruinar, deshacer, desmantelar, destruir *construir* (DEMOLICIÓN)

demonio 1. diablo 2. malvado, perverso

demorar atrasarse, aplazar, retrasarse, tardar, retardar *adelantarse* (DEMORA)

demostración 1. exhibición, presentación, exposición, muestra 2. prueba, evidencia

demostrar 1. exhibir, manifestar, mostrar, presentar 2. probar, evidenciar *ocultar*

denigrar desprestigiar, difamar, desacreditar *alabar*

denominación designación, nombre, calificación, título, indicación (DENOMINAR)

denotar indicar, significar, señalar, anunciar

denso 1. compacto, espeso, apretado, concentrado 2. oscuro, confuso, incomprensible

dentro internamente, adentro, interiormente *afuera, exteriormente*

denunciar acusar, delatar, revelar, acusar *ocultar, defender* (DENUNCIA, DENUNCIANTE)

depender subordinarse, sujetarse, someterse, conectarse (DEPENDENCIA)

deplorar afligirse, lamentar, sentir *alegrarse*

deporte ejercicio, juego, atletismo

depositar 1. colocar, poner *sacar* 2. guardar, ahorrar *gastar* 3. sedimentar, posar *fluir*

depósito 1. receptáculo, recipiente 2. almacenamiento, acumulación, acopio 3. almacén

depreciar rebajar, abaratar, reducir *encarecer*

depresión 1. baja, descenso *subida* 2. hundimiento, rebajamiento 3. melancolía, desánimo, abatimiento *animación*

deprimido entristecido, decaído, melancólico, triste, desanimado, desalentado *contento*

deprimir abatir, desalentar, desmoralizar, humillar *animar*

derecho 1. directo, recto, seguido 2. fundado, legítimo, razonable 3. facultad, opción, poder *deber* 4. justicia, razón *injusticia*

derivar 1. deducirse, proceder, seguirse (DERIVACIÓN) 2. conducir, dirigir, encaminar 3. desviar (DERIVA)

derramar verter, volcar, esparcir, desparramar, difundir, dispersar (DERRAMAMIENTO, DERRAME)

derretir fundir, licuar, liquidar, disolver *solidificar* (DERRETIMIENTO)

derribar 1. abatir, derrumbar, tumbar, demoler, hundir *alzar* 2. derrocar, destronar, derrotar

derrochar malgastar, desperdiciar, disipar, despilfarrar *ahorrar* (DERROCHE)

derrotar vencer, aventajar, batir, desbaratar, aprisionar, reducir *perder* (DERROTA)

desafiar 1. provocar, amenazar, retar 2. competir, contender, rivalizar

desafío 1. provocación, reto, amenaza 2. lucha, contienda, combate, duelo

desafortunado infeliz, desgraciado, trágico, desastroso, infortunado, desdichado *afortunado*

desagradable antipático, molesto, repelente, insoportable, aburrido *placentero*

desairar desdeñar, despreciar, menospreciar *apreciar, respetar* (DESAIRE)

desalentado decaído, abatido, desanimado, deprimido *animado, envalentonado* (DESALIENTO)

desalentar decaer, desanimar, agobiar, acobardar, abatir *alentar, excitar*

desaliñado descuidado, negligente, desaseado, desarreglado, sucio *arreglado, compuesto, limpio* (DESALIÑAR)

desalojar 1. sacar, arrojar, despedir, desplazar, echar, expulsar *alojar, aposentar* 2. abandonar, dejar, desocupar, irse, marcharse

desamparado 1. desabrigado, desvalido, huérfano, solo *protegido, amparado* 2. abandonado, deshabitado, desierto, solitario *poblado*

desamparar abandonar, dejar, rechazar, desatender, descuidar, despoblar

desanimar desalentar, acobardar *animar*

desaparecer 1. ocultarse, esfumarse *aparecer, manifestarse* 2. huir, perderse *regresar, retornar*

desapercibido 1. inadvertido 2. descuidado, desprevenido *prevenido*

desaprobar 1. reprobar, criticar, reprochar, censurar, condenar 2. suspender

desarmado inerme, indefenso, desvalido

desarmar 1. deshacer, desmontar, desunir 2. despojar, privar, desposeer, quitar *armar*

desarraigar 1. descuajar, desenterrar, extraer, arrancar *arraigar, prender* 2. distanciar, separar, desterrar, expulsar *afincar* 3. eliminar, extinguir

desarreglar desordenar, confundir, descomponer, perturbar *arreglar, componer, reparar*

desarrollar 1. desenrrollar, desdoblar, desenvolver, desplegar 2. acrecentar, ampliar, aumentar, difundir 3. explayar, explicar 4. perfeccionar, progresar

desastre 1. adversidad, ruina, accidente, catástrofe, infortunio *ganancia* 2. bancarrota 3. derrota *triunfo, victoria* 4. devastación, asolamiento, cataclismo

desatar 1. soltar, desanudar, desceñir, desencadenar, desenlazar, desligar, desprender, desunir, soltar *amarrar, anudar, atar* 2. estallar, desencadenarse

desatendido apartado, distante, aislado, abandonado, dejado, olvidado (DESATENDER)

desatento 1. distraído, despreocupado, descuidado 2. desconsiderado, descortés *atento* (DESATENCIÓN)

desazón 1. desabrimiento, insipidez *sazón* 2. picazón 3. congoja, desasosiego, disgusto, inquietud, pesadumbre *sosiego, tranquilidad*

descansar 1. reposar, dormitar, dormir, yacer *trabajar* 2. calmarse, sosegarse *alterarse*

descanso quietud, sosiego, calma, vacación, respiro, reposo *trabajo*

descarado desvergonzado, insolente, sinvergüenza, fresco, atrevido, insolente *respetuoso* (DESCARO)

descargar 1. disparar, tirar 2. aligerar, quitar *cargar* 3. liberar, aliviar, desembarazarse

descarriado extraviado, perdido, sinvergüenza, vicioso

descarriar extraviar, apartar, perder

descartar apartar, desechar, rechazar, eliminar, botar, abandonar *aceptar*

descender 1. bajar, caer, desmontar *ascender, subir* 2. heredar, derivarse 3. rebajarse, caer

descendiente heredero, sucesor, vástago, hijo *antecesor, antepasado*

descifrar 1. traducir, interpretar, transcribir, leer 2. descubrir, elucidar, aclarar, comprender, entender

descolorido incoloro, macilento, pálido, lívido *atezado*

descomponer 1. separar, desunir, dividir 2. estropear, deteriorar, desarreglar, desordenar *arreglar, ordenar, componer* 3. corromper, pudrir

desconcertado 1. turbado, alterado, desorientado 2. desorganizado, desordenado, desarreglado

desconcertar 1. turbar, sorprender, desorientar *tranquilizar* 2. desarreglar, desordenar *arreglar*

desconfiar dudar, recelar, sospechar, temer *confiar*

desconocido ignoto, inexplorado, incógnito, ignorado, incierto *conocido*

desconsiderado despreciativo, descortés, ofensivo, desatento, malcriado, grosero *cortés*

descontar sustraer, disminuir, rebajar, reducir, restar *sumar* (DESCUENTO)

descontento 1. disgusto, desagrado 2. disgustado, resentido, agraviado *contento*

descorazonado acobardado, abatido, triste, desalentado, desanimado, desmoralizado *animoso*

descortés incorrecto, desatento, descarado, incivil, maleducado *cortés, educado*

descortezar 1. debastar, descascarar, mondar, pelar 2. pulir, civilizar, educar

describir 1. narrar, revelar, mostrar, relatar, definir 2. delinear, dibujar

descuidado 1. negligente, desatento 2. desaliñado, sucio, desaseado 3. desconsiderado, inconsiderado 4. abandonado

descuidar dejar, abandonar, desatender, olvidar *atender, cuidar* (DESCUIDO)

desdeñar rechazar, ofender, humillar, menospreciar, despreciar *apreciar, estimar*

desdeñoso soberbio, orgulloso, altanero, altivo, arrogante, despectivo, menospreciador *amable, deferente*

desdicha desventura, adversidad, infelicidad, desastre, desgracia, tristeza

desdichado desventurado, infortunado, infeliz, desgraciado, miserable *afortunado*

desdoblar extender, alisar, desarrollar, desenvolver, desplegar

desear ambicionar, anhelar, ansiar, apetecer, codiciar, envidiar, querer, pretender *rechazar, renunciar*

desecho desperdicio, despojo, residuo, resto, sobra

desempacar desempaquetar, desenvolver, deshacer

desempeñar 1. librar, salvar, rescatar, redimir *empeñar, ignorar* 2. sacar, recuperar 3. cumplir, ejecutar, ocupar, hacer, ejercer, realizar

desempleado parado, desocupado, cesante *empleado*

desencadenar 1. desatar, desligar, liberar, libertar, soltar 2. desatarse, estallar, desenfrenarse *contenerse*

desenfrenado desmandado, inmoderado, desordenado, desmedido

desengañar desilusionar, decepcionar (DESENGAÑO)

desenmarañar 1. desenredar, deshacer, desatar, soltar *complicar, enredar* 2. aclarar, elucidar

desenterrar 1. descubrir, extraer, socavar, exhumar *enterrar* 2. evocar, recordar, revivir

desenvolver 1. desenrrollar, destapar, abrir 2. extender, desplegar, desdoblar *enrollar, envolver* 3. aclarar, descifrar, descubrir *encubrir*

deseo 1. anhelo, ansia, sueño, ambición 2. voluntad, ánimo, intención

desertar abandonar, traicionar, alejarse, desamparar

desesperado desalentado, exasperado, abatido, consternado

desfalcar robar, defraudar, engañar, estafar, timar, escamotear, malversar, falsear *devolver, reintegrar*

desfallecer decaer, desanimarse, debilitarse, desmayarse *animarse*

desfavorable adverso, contrario, hostil, perjudicial *propicio, favorable*

desfigurar deformar, afear, dañar, alterar, distorsionar *embellecer*

desfile parada, revista, procesión, marcha

desgarbado deslucido, torpe, absurdo, ridículo, grotesco

desgarrar rasgar, romper, despedazar (DESGARRAMIENTO)

desgracia adversidad, percance, desastre, pena, desdicha, calamidad

desgraciado 1. desdichado, infeliz, miserable, desventurado, cuitado, desafortunado *afortunado* 2. aciago, infausto, trágico *fausto*

deshabitado despoblado, abandonado, desierto, solitario, vacío, yermo *poblado*

deshacer 1. romper, descomponer, desorganizar 2. derrotar, desbaratar *crear, hacer*

deshelar descongelar, derretir, disolver *congelar*

deshonesto falso, inmoral, desleal, corrompido, truhán, infiel, deshonroso *honesto*

deshonrar calumniar, afrentar, menospreciar, desacreditar, difamar *acreditar, alabar, respetar*

desierto 1. abandonado, desamparado, deshabitado, despoblado, solo, solitario, vacío *poblado, populoso* 2. páramo, sabana

designar 1. llamar, denominar 2. destinar, elegir, escoger, indicar, nombrar, señalar

desigual 1. diferente, distinto, diverso, otro *igual, mismo* 2. inconstante, variable

desigualdad discordancia, divergencia, diferencia, disparidad, distinción, variedad, discrepancia *igualdad*

desilusionar desencantar, desengañar, decepcionar, amargar *ilusionar*

desintegrar deshacer, desunir, descomponer, desgranar, desleír *integrar*

desinteresado 1. altruista, magnánimo, abnegado, desprendido, generoso *egoísta, tacaño* 2. apático, indiferente, insensible

desistir renunciar, abandonar, abdicar, ceder, dejar *continuar, perseverar*

deslindar 1. marcar, señalar, delimitar, demarcar, limitar 2. aclarar, fijar, precisar

deslizarse 1. desplazarse, escurrirse, patinar, resbalar 2. escabullirse, escaparse, fugarse *quedarse, permanecer*

deslucido 1. desaliñado, obscurecido, marchito, estropeado, pálido, decolorado 2. frustrado, fracasado, desgraciado

deslumbrante 1. brillante, destelleante, radiante, resplandeciente, relumbrante *opaco* 2. maravilloso, asombroso, alucinante, espléndido, fascinante

deslumbrar 1. alucinar, cegar, ofuscar 2. maravillar, fascinar, asombrar, impresionar (DESLUMBRAMIENTO)

desmandarse 1. rebelarse, desobedecer 2. propasarse, excederse

desmayarse 1. caerse, marearse, desvanecerse, desplomarse 2. acobardarse, desanimarse

desmentir refutar, rebatir, rechazar, objetar, contradecir, impugnar, negar *aseverar, confirmar*

desmigajar desmenuzar, picar, desintegrar

desmontar 1. desarmar, separar, desacoplar, descomponer, desunir *armar, montar* 2. apearse, descender, bajarse, descabalgar *montar, subir* 3. limpiar, allanar

desnudo 1. despojado, desabrigado, desvestido *vestido* 2. carente, falto, pelado 3. patente, claro

desnutrido debilitado, flaco, enflaquecido, delgado, escuálido, anémico

desobediente rebelde, indócil, reacio *obediente*

desocupado 1. vacuo, hueco, disponible, libre, vacante, vacío *lleno, ocupado* 2. perezoso, inactivo, ocioso, vago 3. desempleado, cesante

desocupar vaciar, evacuar *ocupar*

desolado 1. arruinado, destruido, asolado, devastado, saqueado *reconstruido* (DESOLACIÓN) 2. afligido, atormentado, angustiado, apenado, triste *contento*

desorden 1. confusión, desarreglo, desbarajuste, desconcierto, desorganización *orden, organización* 2. anarquía, anomalía, caos, enredo *armonía* 3. alteración, trastorno

desordenado descuidado, desarreglado, desorganizado *ordenado*

desordenar desorganizar, desarreglar, desquiciar, disturbar, perturbar *ordenar*

desorientar 1. despistar, extraviar *orientar* 2. confundir, ofuscar, turbar

despachar 1. resolver, tramitar, ventilar 2. enviar, expedir, mandar, remesar, remitir 3. atender, vender 4. despedir 5. matar 6. morir

despacho 1. oficina, tienda, local 2. parte, comunicado, informe

despectivo despreciativo, desdeñoso *respetuoso*

despedazar destrozar, romper, trozar, descuartizar, deshacer, desgarrar

despedida 1. adiós *bienvenida* 2. despido *recibimiento, recepción*

despedir 1. arrojar, desprender, disparar, soltar *atraer* 2. destituir, echar, expulsar, largar 3. ausentarse, marcharse, separarse *recibir*

despeinado desgreñado, desmelenado *peinado*

despejado 1. claro, sereno 2. inteligente, listo, perspicaz 3. espacioso

despellejar desollar, cuerear

desperdiciar derrochar, malgastar, desaprovechar, disipar *ahorrar*

desperdicio deshecho, sobra, basura, residuo, resto

despertar 1. desvelar *adormecer* 2. recordar *olvidar* 3. avivar, estimular, excitar *atenuar*

despertarse despabilarse, levantarse (DORMIRSE)

despiadado bárbaro, cruel, desalmado, duro, impío, inclemente *compasivo, bondadoso*

despierto alerta, sagaz, listo, avispado, vivo *obtuso*

despistar desorientar, desconcertar, distraer

desplegar desdoblar, extender, desenrollar, manifestar

desplomarse caerse, derrumbarse *levantarse* (DESPLOME)

despojar 1. privar, confiscar, desposeer *adjudicar* 2. quitar, robar, saquear *reponer, restituir* 3. desprenderse, renunciar *retener*

despojo 1. botín, presa 2. resto, cadáver

déspota 1. tirano, opresor 2. dictador, autócrata

despreciable 1. abyecto, bajo, indigno, miserable, rastrero, ruin, vil *digno, noble* 2. insignificante, desdeñable *importante*

despreciar desairar, desdeñar, menospreciar *distinguir, estimar, valorar*

despreocupado desentendido, indiferente *interesado*

desprevenido descuidado, falto, desprovisto

después luego, más tarde, posteriormente, ulteriormente *antes, delante*

destacado sobresaliente, distinguido, resaltado

destacar 1. realzar, subrayar, acentuar 2. descollar, sobresalir, distinguirse, resaltar

destapar 1. descorchar, abrir *tapar, cerrar* 2. desabrigar, desarropar, descubrir *abrigar* 3. desenmascarar *embozar, ocultar*

destellante brillante, resplandeciente, reluciente

destello brillo, centelleo, fulgor, resplandor

desteñir despintar, decolorar, empalidecer

desterrar 1. deportar, exiliar, expatriar, expulsar 2. alejar, apartar (DESTIERRO)

destinar 1. señalar, determinar 2. designar, nombrar 3. enviar

destino 1. empleo, uso, ocupación 2. hado, sino, fortuna

destituir desposeer, deponer, derrocar, despedir, destronar *designar, instituir*

destreza habilidad, maestría, maña, pericia, arte *torpeza*

destronar deponer, derrocar, echar, quitar *entronizar*

destrozar 1. despedazar, fracturar, quebrar, romper *componer* 2. estropear, maltratar, deteriorar

destruir arruinar, romper, deshacer, aniquilar, arrasar *hacer, construir, reconstruir*

desunir 1. separar, apartar, dividir, desprender *unir* 2. desavenir, enemistar, distanciar *avenir* 3. divorciar

desusado desacostumbrado, inusitado, inusual, insólito *corriente*

desván altillo, buhardilla, guardilla *sótano*

desvanecerse 1. disiparse, desaparecer, evaporarse 2. desmayarse, marearse, perder el conocimiento (DESVANECIMIENTO)

desventaja impedimento, obstáculo, traba, menoscabo

desvergonzado sinvergüenza, descarado, deshonesto

desvestido desnudo, desabrigado *vestido*

desvestir desnudar

desviar 1. alejar, apartar *acercar* 2. extraviar, perder 3. disuadir, descarriar *encaminar*

desvío 1. desviación, alejamiento *encaminamiento* 2. desafecto, desamor, desapego, frialdad *afecto*

detallar explicar, puntualizar, precisar, especificar, pormenorizar *resumir* (DETALLE, DETALLADAMENTE)

detener 1. parar, suspender *seguir* 2. arrestar, aprehender, prender *libertar* 3. retardarse, demorarse, retrasarse, tardar *adelantar*

determinado 1. fijo, establecido, definido 2. preciso, señalado, designado *impreciso* 3. decidido, arrojado, resuelto *indeciso*

detestar aborrecer, despreciar, execrar, odiar *admirar, querer*

detrás atrás, posteriormente *antes, delante*

deuda 1. débito, adeudo 2. obligación

devastación desolación, destrucción, ruina *reconstrucción, restauración*

devastar arrasar, arruinar, asolar, desolar, destruir

devoción 1. fervor, piedad, veneración *irreligiosidad* 2. afición, apego, inclinación *desdén, frialdad*

devolver retornar, restituir, reintegrar

devorar engullir, comer, tragar

devoto 1. beato, fervoroso, piadoso, religioso *impío* 2. aficionado, apegado, entusiasta, partidario

diablo 1. demonio 2. astuto, maligno, perverso 3. sagaz, travieso *ingenuo*

diabólico 1. infernal, satánico, endemoniado, demoníaco *santo* 2. perverso, malvado, malo *bueno*

diagnosticar calificar, determinar, establecer

diagrama bosquejo, esbozo, esquema, croquis, plano

diálogo coloquio, conversación, charla, debate, plática *monólogo* (DIALOGAR)

diario 1. periódico 2. cotidiano

dibujar 1. pintar, trazar, delinear, diseñar, esbozar 2. representar, describir

dicho refrán, proverbio

dichoso afortunado, fausto, feliz, venturoso *infeliz*

dictar 1. expedir, promulgar 2. inspirar, sugerir

diestro 1. derecho 2. hábil, mañoso, sagaz, versado, experto *inhábil, torpe* (DESTREZA)

difamar desacreditar, calumniar, denigrar, infamar *alabar, honrar*

diferente 1. desemejante, desigual, distinto, dispar, diverso, otro *parecido* 2. opuesto *igual*

diferir 1. aplazar, demorar, dilatar, posponer, postergar, retardar, retrasar *adelantar, cumplir* 2. diferenciarse, distinguirse *asemejarse*

difícil 1. arduo, complicado, dificultoso, embarazoso, escabroso, espinoso, fatigoso, penoso, trabajoso *fácil, sencillo* (DIFÍCILMENTE) 2. rebelde, intratable, descontentadizo

dificultad 1. obstáculo, entorpecimiento, estorbo, complicación, inconveniente 2. conflicto, apuro, aprieto *facilidad* (DIFICULTOSO)

dificultar estorbar, embarazar, entorpecer, obstaculizar, complicar *facilitar, ayudar*

digerir asimilar, aprovechar, absorber, nutrirse, alimentarse *eliminar*

digno 1. acreedor, merecedor *indigno* 2. grave, majestuoso, solemne *frívolo* 3. correspondiente, proporcionado 4. decente, decoroso, honorable, honrado (DIGNIDAD)

dilapidado derrochado, malgastado, despilfarrado (DILAPIDAR)

dilatado 1. espacioso, extenso, grande, vasto 2. ensanchado, agrandado

dilatar 1. extender, alargar, agrandar, aumentar, ensanchar, prolongar *achicar, encoger* 2. aplazar, diferir, retrasar *adelantar*

diligente 1. cuidadoso, exacto 2. pronto, activo, rápido *tardo*

diluir desleír, disolver

diluvio 1. inundación, lluvia 2. abundancia

dimensión magnitud, tamaño, extensión, medida, volumen

diminuto minúsculo, ínfimo, pequeñísimo, microscópico *gigantesco*

dinámico activo, diligente, enérgico, rápido *perezoso* (DINAMISMO)

dinero capital, efectivo, moneda

dios deidad, divinidad

diplomático 1. embajador, ministro, enviado, representante 2. astuto, hábil, sagaz *torpe* 3. circunspecto, fino *rudo*

diputado representante, consejero, parlamentario, delegado, legislador

dirección 1. sentido, camino, rumbo 2. señas 3. administración, directorio, gobierno

dirigir 1. conducir, guiar, orientar 2. gobernar, regir, mandar, administrar

discernir distinguir, juzgar, apreciar, comprender, percibir

disciplina 1. doctrina, instrucción 2. asignatura 3. orden, subordinación, dependencia, obediencia

disciplinar castigar, corregir

discípulo alumno, estudiante, escolar *maestro, mentor, guía*

discordia desacuerdo, desavenencia, disconformidad, desunión, disensión, oposición *armonía, concordia*

discrepar 1. divergir, disentir, discordar *consentir* 2. diferenciarse, distar

discreto 1. circunspecto, juicioso, mesurado, moderado, prudente, reservado, sensato *indiscreto* 2. ingenioso, oportuno, agudo

discriminar 1. diferenciar, distinguir, especificar 2. separar, excluir, seleccionar (DISCRIMINACIÓN)

disculpar defender, excusar, justificar *culpar*

discurso alocución, conferencia, charla, disertación

discutir 1. disputar, altercar, controvertir, cuestionar, debatir 2. argumentar, estudiar, examinar (DISCUSIÓN, DISCUTIBLE)

diseminar desparramar, desperdigar, dispersar, esparcir *agrupar, unir*

diseñar 1. delinear, dibujar, trazar 2. idear, representar, modelar

diseño 1. dibujo 2. boceto, croquis, esbozo

disentir discordar, discrepar *asentir* (DISENSIÓN)

disfraz 1. embozo, máscara, tapujo, velo 2. simulación, simulacro

disfrazar desfigurar, encubrir, enmascarar, disimular, ocultar *exhibir, mostrar*

disgustado incomodado, descontento, resentido, agraviado *contento*

disgustar 1. desagradar, incomodar, molestar, enfadar 2. apenar, afligir, apesadumbrar

disimular 1. ocultar, tapar, encubrir *descubrir* 2. fingir, mentir, disfrazar *revelar* 3. permitir, tolerar, disculpar *controlar* (DISIMULO)

disipar 1. desvanecer, disolver, evaporar 2. aclarar 3. derrochar, dilapidar, malgastar *guardar, ahorrar*

disminuir acortar, aminorar, atenuar, debilitar, menoscabar, moderar, rebajar, reducir *aumentar, incrementar*

disolver 1. desleír, diluir *solidificar* 2. deshacer, desunir, disgregar, separar *reunir*

disparar 1. arrojar, despedir, lanzar, tirar, echar, enviar 2. correr, huir, partir

disparate 1. desatino, absurdo 2. atrocidad, demasía, barbaridad *cordura*

dispensar 1. exceptuar, eximir, librar 2. dar, conceder, distribuir, otorgar *denegar* 3. perdonar, absolver *condenar*

dispersar 1. separar, desunir *juntar* 2. desparramar, desperdigar, difundir, diseminar, esparcir *concentrar, juntar* 3. ahuyentar, derrotar, desbaratar desordenar *ordenar*

disponible 1. aprovechable, utilizable *inútil* 2. desocupado *ocupado*

disposición 1. medida, orden, preparativo 2. distribución, colocación *desorden* 3. aptitud, capacidad 4. gusto, idoneidad *incapacidad, ineptitud*

dispuesto apto, capaz, listo, preparado *apático, inepto*

disputa debate, pelea, altercado, litigio, querella

disputar altercar, discutir, litigar, polemizar, contender, reñir *ceder*

distancia 1. espacio, separación 2. apartamiento, lejanía *proximidad* 3. trecho, intervalo 4. alejamiento, desafecto 5. diferencia, disparidad

distante alejado, apartado, lejano, lejos, remoto, retirado *cercano, próximo* (DISTANCIACIÓN)

distinción 1. cortesía, elegancia, educación, refinamiento 2. honor, honra, premio, privilegio 3. miramiento, consideración, deferencia *desconsideración* 4. diferencia

distinguido 1. eminente, esclarecido, ilustre, noble, notable *vulgar* 2. elegante 3. educado

distinguir 1. diferenciar, separar 2. discernir, divisar, ver *confundir* 3. honrar *despreciar* 4. descollar, despuntar, resaltar, sobresalir

distinto 1. diferente, diverso 2. claro, definido

distorsionar deformar, desfigurar, retorcer

distraer 1. alejar, apartar, desviar 2. divertir, entretener *aburrir, agobiar* 3. malversar, sustraer *reponer*

distribuir 1. dividir, partir, repartir *juntar* 2. arreglar, colocar, disponer

distrito demarcación, partido, territorio, zona

disturbar perturbar, alterar, alborotar, molestar

disturbio alboroto, alteración, asonada, desorden, motín, perturbación, tumulto

disuadir desaconsejar, distraer, inducir *acordar*

divagar vagar, errar *precisar*

diversión 1. distracción, entretenimiento, esparcimiento, recreo, solaz *aburrimiento* 2. fiesta, función, espectáculo

diverso diferente, distinto, otro, variado, dispar *igual* (DIVERSIDAD)

divertido jovial, alegre, festivo, jocoso

divertir alegrar, distraer, entretener, recrear, solazar *aburrir, enfadar*

dividir 1. cortar, fraccionar, partir, recortar, seccionar, separar 2. despedazar, romper, trozar 3. compartir, distribuir, repartir

divino sublime, celestial, adorable, perfecto, admirable *terrenal, humano*

divorciar apartar, descasar, desunir, separar *casar*

divorcio disolución, separación, ruptura *matrimonio*

divulgar difundir, propagar, propalar, pregonar, publicar *encubrir, ocultar*

doblar 1. duplicar 2. torcer, arquear, encorvar *enderezar* 3. agacharse, inclinarse, torcerse *erguirse*

dócil 1. manso, obediente, sumiso *rebelde* 2. apacible, flexible, suave *inflexible*

doctor médico, galeno, facultativo

doctrina dogma, enseñanza, escuela, opinión, teoría, disciplina

documento escrito, certificado, diploma, papel, título, carta

dolencia achaque, enfermedad, padecimiento, malestar, mal, indisposición

doliente 1. enfermo 2. dolorido, apenado, desconsolado, afligido

dolor sufrimiento, aflicción, padecimiento, congoja, desconsuelo, pena, pesar *consuelo, gozo*

dolorido doliente, angustiado, apenado, afligido, atribulado

doloroso lamentable, lastimoso, penoso

domesticado amansado, amaestrado, domado

doméstico 1. manso, casero *salvaje* 2. criado, servidor, sirviente *amo, patrón*

domicilio casa, hogar, morada, residencia, vivienda

dominante 1. autoritario, dictatorial, tiránico, imperioso 2. predominante, preponderante

dominar 1. sojuzgar, subyugar, vencer, avasallar 2. sobresalir, destacar, distinguirse, descollar

dominio 1. poder, propiedad, pertenencia 2. superioridad, imperio, predominio, potestad 3. soberanía, imperio

donación don, dádiva, obsequio, regalo

donar dar, legar, obsequiar, regalar *quitar, robar*

dorado 1. amarillo, áureo 2. feliz, esplendoroso *infausto*

dormir 1. descansar, dormitar, reposar *despertar* 2. abandonarse, descuidarse *cuidarse*

dormitar adormecerse, cabecear, dormir

dosis cantidad, porción, toma

dotar dar, donar, proporcionar

dote 1. asignación, caudal, donación, regalo 2. calidad, cualidad, prenda

drástico enérgico, severo, radical, riguroso *suave, indulgente*

droga medicamento, remedio, fármaco, narcótico

dualidad dualismo, coexistencia

duda indeterminación, escrúpulo, hesitación, incertidumbre, perplejidad, recelo, reparo, sospecha, vacilación *certeza, seguridad* (DUDAR)

dudoso 1. improbable, eventual, hipotético, problemático *probable, seguro* 2. dubitativo, equívoco, incierto *cierto* 3. indeciso, inseguro, perplejo, receloso, vacilante *firme*

duelo 1. combate, desafío, pelea 2. aflicción, desconsuelo, dolor, pena

dueño amo, señor, patrón, propietario *inquilino, sirviente*

dulce 1. bombón, confite, pastel 2. dulzón, grato, gustoso, suave *agrio, amargo* 3. afable, apacible, blando, bondadoso, dócil, manso *hosco, rudo* 4. maleable, dúctil

duplicar 1. doblar 2. copiar, reproducir, transcribir

duración 1. permanencia, persistencia, continuación, estabilidad 2. tiempo

duradero durable, perdurable, persistente *breve, efímero, fugaz, pasajero*

duro 1. firme, inflexible, inquebrantable, rígido *blando* 2. porfiado, terco, tenaz *razonable* 3. áspero, cruel, inhumano, insensible, severo *clemente, sensible* 4. doloroso, penoso

E

ebrio borracho, embriagado, bebido *abstemio* (EMBRIAGUEZ)

echar 1. arrojar, lanzar, tirar, impulsar, expulsar, botar 2. despedir, despachar, destituir

eclipsar 1. deslucir, oscurecer, sobrepujar *aclarar, iluminar* 2. desaparecer, escapar, huir *aparecer*

eclipse ocultación, desaparición, ausencia

eco repetición, repercusión, resonancia, retumbo

economía 1. ahorro *despilfarro* 2. moderación, parquedad *suntuosidad* (ECONOMIZAR)

económico 1. economizador, ahorrador *gastador* 2. mezquino, parco, miserable *generoso*

edad duración, tiempo, época

edición impresión, publicación, tirada

edicto decreto, ley, mandato, orden

edificar construir, erigir, levantar, fabricar, obrar *destruir*

edificio construcción, obra

educación 1. enseñanza, instrucción 2. urbanidad, cortesía

educado 1. culto, instruido, erudito *ignorante* 2. correcto, cortés, amable, atento *grosero*

educar 1. enseñar, instruir, formar 2. desarrollar, perfeccionar

efectivo 1. eficaz, confiable *ineficaz* 2. real, seguro, verdadero 3. válido 4. dinero, moneda, billete

efecto 1. resultado, consecuencia, producto 2. impresión, sensación

efectuar realizar, ejecutar, causar, influir, cumplir, hacer, llevar a cabo *dejar, incumplir*

eficacia habilidad, capacidad, competencia, eficiencia, validez *deficiencia*

eficaz 1. efectivo, capaz, hábil, eficiente 2. enérgico, poderoso

efímero pasajero, fugaz, breve, huidizo, perecedero *perpetuo*

egoístaególatra, interesado, egocéntrico, vanidoso *generoso*

ejecutar 1. realizar, efectuar, hacer, llevar a cabo 2. cumplir, obedecer 3. interpretar, tocar (EJECUCIÓN)

ejecutivo 1. dirigente, administrador, director, gerente 2. directivo, administrativo, gerencial

ejemplificar ilustrar, demostrar, dar ejemplo, mostrar

ejemplo modelo, pauta, norma, patrón, regla

ejercer actuar, practicar, ejercitar

ejercicio 1. actuación, práctica *inactividad* 2. adiestramiento, entrenamiento (EJERCITAR)

ejército 1. milicia, tropa, soldados, militares 2. multitud, muchedumbre

elaborar 1. fabricar, forjar, preparar, confeccionar 2. idear, concebir

elástico 1. flexible, ajustable, estirable, deformable *rígido* 2. resorte, muelle (ELASTICIDAD)

electrizar exaltar, inflamar, entusiasmar, fomentar (ELÉCTRICO, ELECTRICIDAD, ELECTRIZANTE)

elegante distinguido, fino, refinado, gentil, gracioso *ordinario* (ELEGANCIA)

elegible electivo, designable, selectivo

elegir 1. escoger, optar, seleccionar, preferir 2. nombrar, designar (ELECCIÓN)

elemental 1. fundamental, básico, primario, esencial, primordial *secundario* 2. obvio, evidente *complejo*

elevación altura, eminencia, prominencia, altitud

elevado 1. alto, eminente, levantado, prominente 2. sublime, noble *bajo*

elevar 1. subir, alzar, levantar *bajar* 2. enaltecer, ennoblecer *humillar*

eliminación 1. expulsión, excreción *alimentación* 2. exclusión, separación *admisión* 3. supresión, exterminio *fomento*

eliminar 1. remover, sacar, quitar 2. descartar, excretar, expulsar 3. excluir, separar *incluir* (ELIMINACIÓN)

elocuente convincente, persuasivo, conmovedor, locuaz (ELOCUENCIA)

elogiar alabar, celebrar, loar, ensalzar, enaltecer *denigrar*

elogio alabanza, enaltecimiento, loa, adulación

elucidar aclarar, explicar, dilucidar

eludir evitar, rehuir, evadir, esquivar *afrontar*

emanar 1. desprenderse, emitir, exhalar, despedir *absorber* 2. provenir, proceder, derivar

emancipar librar, libertar, soltar *esclavizar* (EMANCIPACIÓN)

embalsamar 1. preservar, conservar, momificar 2. perfumar

embarazar 1. preñar, fecundar 2. estorbar, dificultar, entorpecer, obstaculizar *facilitar, desembarazar* (EMBARAZO)

embarcación barco, buque, nave, navío, bote

embarcadero muelle, dique, puerto, escollera

embarcar despachar, fletar, remitir, enviar

embarcarse aventurarse, lanzarse, comprometerse, atreverse

embaucador impostor, charlatán, embustero, tramposo, timador

embaucar engañar, engatusar, estafar, traicionar *desengañar*

embelesar encantar, cautivar, hechizar, arrebatar, extasiar, maravillar *desencantar*

embellecer hermosear, acicalar, adornar, ataviar *afear*

emblema símbolo, representación, insignia, lema, escudo

emboscar ocultarse, acechar, maquinar, conspirar

embotellamiento congestión, obstrucción, inmovilización, obstáculo *fluidez*

embrollar enredar, desordenar, dificultar, confundir, enmarañar

embrollo 1. enredo, confusión, barullo, lío 2. embuste, mentira

embustero mentiroso, enredador, cuentista, falso (EMBUSTE)

embutido 1. encajado, ajustado, incrustado 2. chorizo, longaniza, salchichón, morcilla

embutir 1. llenar, rellenar, atiborrar 2. encajar, ajustar, incrustar

emergencia 1. urgencia, crisis, aprieto 2. brote, manifestación

emerger brotar, surgir, salir, aparecer (EMERGENCIA)

emigrante emigrado, expatriado (EMIGRACIÓN)

emigrar expatriarse, transmigrar, partir *inmigrar, repatriar* (EMIGRANTE, EMIGRACIÓN)

eminente 1. alto, elevado, prominente *bajo* 2. sobresaliente, superior, notable, ilustre *desconocido* (EMINENCIA)

emisario delegado, mensajero, enviado, agente, diplomático, ministro, embajador, espía

emitir 1. difundir, expulsar, echar, lanzar 2. exponer, expresar

emoción turbación, agitación, conmoción, inquietud *tranquilidad* (EMOCIONAL)

emocionante conmovedor, emotivo (EMOCIONAR)

empacar encajonar, empaquetar, embolsar, embalar *desempacar*

empalmar combinar, juntar, ligar, unir, enlazar *separar*

empañar deslustrar, deslucir, manchar, oscurecer *abrillantar*

empapado mojado, remojado, inundado, calado, humedecido *seco*

empapar calar, humedecer, mojar, remojar, inundar *secar*

emparentado similar, conectado, vinculado, relacionado, unido

empeñar hipotecar, depositar

empequeñecer achicar, reducir, aminorar, disminuir

empero no obstante, pero, sin embargo, a pesar de

empezar comenzar, principiar, iniciar, emprender *acabar, terminar*

empleado dependiente, funcionario, oficinista, burócrata *jefe*

emplear ocupar, contratar, colocar, usar, utilizar

empleo 1. ocupación, trabajo, puesto, cargo, oficio 2. uso, utilización *desempleo*

empobrecer desvalorizar, arruinar *enriquecer*

empollar 1. criar, incubar 2. estudiar, memorizar

empolvar 1. espolvorear 2. ensuciar, manchar

emprender acometer, comenzar, empezar, iniciar *acabar, desistir*

empresa 1. intento, obra, operación, proyecto, tarea 2. compañía, sociedad

empujar 1. impeler, impulsar, propulsar 2. presionar, excitar, estimular

empuje 1. impulso, fuerza 2. brío, resolución

empuñar aferrar, asir, coger, tomar *soltar*

emular imitar, copiar, reproducir (EMULACIÓN)

enaltecer ensalzar, exaltar, honrar, elogiar, alabar, encomiar *criticar* (ENALTECIMIENTO)

enamorar conquistar, galantear, cortejar

enano diminuto, minúsculo, pequeñísimo, miniatura, chico *gigante*

encabezamiento 1. comienzo, principio, preámbulo, prefacio, introducción *final* 2. título, epígrafe

encabezar 1. empezar, comenzar, iniciar *terminar* 2. dirigir, acaudillar, capitanear *seguir*

encadenar 1. aherrojar, inmovilizar, sujetar *soltar* 2. avasallar, esclavizar *libertar* 3. enlazar, unir, relacionar, trabar *desatar* (ENCADENAMIENTO)

encajar incrustar, embutir, engastar, unir

encaminar 1. dirigir, guiar, orientar 2. enderezar, encarrilar *desencaminar*

encantado hechizado, agradado, cautivado, deleitado, embelesado, seducido *aburrido, desencantado*

encantador 1. hechicero, brujo, mago 2. agradable, cautivador, atrayente, embelesador, fascinador *desagradable, antipático*

encantar 1. hechizar, embrujar 2. agradar, cautivar, deleitar, embelesar, gustar, seducir *aburrir, desencantar*

encanto 1. encantamiento, hechizo 2. atractivo, belleza, gracia *repulsión*

encapotado nublado, oscurecido, cubierto *despejado* (ENCAPOTARSE)

encaramar subir, trepar, ascender, elevar *bajar*

encarcelar aprisionar, encerrar, arrestar

encargado 1. representante, apoderado, delegado, comisionado 2. gerente, jefe, director *subordinado, empleado*

encargar 1. confiar, encomendar 2. pedir, ordenar *renunciar*

encargo encomienda, recado, mandado, misión, pedido

encender 1. incendiar, inflamar, prender *extinguir* 2. enardecer, entusiasmar *calmar*

encerar brillar, pulir, frotar, lustrar

encerrado 1. aprisionado, recluído, prisionero *libre* 2. guardado *suelto* 3. cercado, vallado

encerrar 1. aprisionar, recluir *libertar* 2. contener, confinar 3. guardar (ENCIERRO)

encima 1. arriba, sobre *debajo* 2. además

encoger 1. estrechar, achicar, contraer *estirar* 2. atemorizarse, acobardarse, apocarse *envalentonarse* (ENCOGIMIENTO)

encolar adherir, fijar, unir, engrudar, pegar

encolerizar enojar, irritar, enfurecer, exacerbar, provocar

encontrar hallar, tropezar, topar, chocar, dar con

encorvar doblar, curvar, arquear, torcer, inclinar *enderezar* (ENCORVADURA)

encubrir ocultar, esconder, disimular, tapar *descubrir*

encuentro 1. combate, lucha, rivalidad, contienda, competencia 2. entrevista, reunión 3. coincidencia

encuesta indagación, investigación, opinión

encumbrar 1. enaltecer, engrandecer, ensalzar *denigrar* 2. alzar, elevar, levantar, erguir, izar *bajar* (ENCUMBRAMIENTO)

endeble débil, delicado, frágil, enclenque, flojo *duro, fuerte*

enderezar 1. erguir, alzar, levantar, subir *agachar* 2. dirigir, guiar, orientar, encaminar 3. corregir, rectificar, reformar, arreglar *desviar*

endeudado adeudado, entrampado, empeñado, alcanzado

endosar 1. ceder, transferir, traspasar, firmar 2. endilgar, encajar

endurecer robustecer, acerar, fortalecer *ablandar* (ENDURECIDO, ENDURECIMIENTO)

enemigo rival, oponente, adversario, competidor, contrario *amigo, camarada*

enemistad malquerencia, rencor, aversión, hostilidad, odio *amistad, fraternidad*

enemistar indisponer, antagonizar, oponer, malquistar, desunir, separar

energía potencia, fuerza, poder, vigor, actividad, fortaleza, firmeza, voluntad, capacidad *debilidad*

enérgico activo, poderoso, vigoroso, fuerte, firme (ENÉRGICAMENTE)

enervar debilitar, embotar, agotar *fortalecer*

enfadar enojar, irritar, fastidiar, incomodar, desagradar *amistar* (ENFADO, ENFADOSO)

énfasis intensidad, vehemencia, viveza, importancia, realce, afirmación

enfermedad dolencia, achaque, malestar, afección, indisposición, mal, padecimiento *salud*

enfermizo débil, delicado, enclenque, morboso, achacoso, malsano *sano*

enfermo 1. doliente, indispuesto, malo, achacoso, afectado *repuesto, sano* 2. paciente

enflaquecer adelgazar, demacrarse *engordar* (ENFLAQUECIMIENTO)

enfocar 1. analizar, estudiar, examinar 2. encaminar, apuntar, dirigir (ENFOQUE)

enfrentar 1. afrontar, encarar, resistir, oponerse 2. desafiar, confrontar

enfrente 1. delante, frente a, opuesto 2. contra, en contra, en pugna *detrás*

enfurecer encolerizar, enojar, irritar, exasperar

engañar 1. mentir, estafar, embaucar 2. engatusar, fascinar, ilusionar 3. seducir *desengañar* (ENGAÑO)

enganchar 1. unir, sujetar, juntar, enlazar 2. agarrar 3. alistar, reclutar

engaño falsedad, fraude, mentira, estafa *verdad, realidad* (ENGAÑOSO)

engarzar 1. enganchar, trabar, encadenar *desenganchar* 2. enlazar, relacionar *soltar* 3. engastar (ENGARCE)

engendrar 1. procrear, producir 2. causar, formar, ocasionar, originar, generar

englobar abarcar, incluir, comprender, reunir, contener

engrapar fijar, coser, unir, juntar, asegurar

engreído envanecido, altanero, orgulloso, presumido, vanidoso, arrogante, presuntuoso *modesto* (ENGREÍRSE, ENGREIMIENTO)

engrillar aherrojar, encadenar, sujetar, inmovilizar, aprisionar *soltar*

engrudo goma, cola, pasta, pegamento, adhesivo

engullir tragar, devorar *ayunar*

enigma 1. adivinanza, acertijo, rompecabezas 2. misterio, secreto, interrogante

enigmático secreto, misterioso, inexplicable, incomprensible, oscuro *claro, evidente*

enjabonar 1. jabonar, limpiar, lavar 2. adular

enjambre muchedumbre, multitud, cantidad, abundancia

enjuto 1. delgado, magro, flaco, cenceño *gordo* 2. seco 3. parco

enlace 1. unión, conexión, relación *desenlace* 2. boda, matrimonio, nupcias, casamiento *divorcio*

enlazar 1. juntar, ligar, atar 2. unir, relacionar, encadenar *desenlazar*

enlodar 1. manchar, encenagar, salpicar 2. degradar, envilecer, calumniar

enmarañar embrollar, enredar, complicar

enmascarar disimular, ocultar, disfrazar, tapar, cubrir

enmendar corregir, revisar, mejorar, reformar, reparar, subsanar (ENMIENDA)

enmudecer callar, guardar silencio, silenciarse

enmugrar ensuciar, tiznar, manchar

enojadizo irritable, enfadadizo, airable

enojado irritado, enfurecido, molesto, enfadado, colérico *tranquilo*

enojar enfadar, enfurecer, irritar, encrespar *apaciguar* (ENOJO)

enorme gigantesco, inmenso, formidable, monumental, desmedido, titánico, colosal *pequeño* (ENORMIDAD)

enredar 1. embrollar, liar, enmarañar, confundir *desenredar, dilucidar* 2. intrigar, complicar, entorpecer 3. comprometer, implicar

enredo lío, embrollo, intriga, confusión, trama

enriquecer 1. adinerarse, acaudalar *empobrecer* 2. adornar, engrandecer 3. prosperar, progresar 4. aumentar

enrolar alistar, reclutar, registrar, matricular, inscribir

enrollar arrollar, liar, envolver, enroscar *desenrollar*

enroscar retorcer, atornillar, arrollar, envolver

ensanchar ampliar, dilatar, extender, agrandar *angostar, estrechar* (ENSANCHAMIENTO)

ensayar 1. intentar, probar 2. experimentar, investigar, comprobar

ensayo 1. prueba, experimento, investigación, examen 2. escrito, esquema, estudio

enseñar 1. educar, instruir, adiestrar, aleccionar 2. indicar, mostrar, revelar, señalar *ocultar* (ENSEÑANZA, ENSEÑANTE, ENSEÑABLE)

ensuciar manchar, tiznar, enmugrecer, salpicar, embadurnar *limpiar*

entender comprender, percibir, saber, conocer, intuir, inferir, alcanzar *ignorar* (ENTENDIDO, ENTENDIMIENTO)

enteramente totalmente, completamente, plenamente, perfectamente

enterar informar, comunicar, avisar, revelar *ocultar*

enterarse oír, saber, conocer, descubrir, averiguar *ignorar*

entero 1. completo, total, cabal 2. íntegro, perfecto (ENTERAMENTE)

enterrar soterrar, sepultar, ocultar, inhumar (ENTIERRO)

entorpecer estorbar, dificultar, obstaculizar, embarazar, retardar, impedir (ENTORPECIMIENTO)

entrada 1. ingreso, acceso 2. pórtico, puerta, vestíbulo 3. billete, boleto, cupón

entrar 1. meterse, ingresar, penetrar, introducirse *salir* 2. encajar, caber

entre en medio, de por medio, dentro

entregar dar, ceder, transferir, transmitir, prestar, suministrar *recibir* (ENTREGA)

entregarse 1. rendirse, resignarse, someterse, abandonarse 2. dedicarse, aplicarse, afanarse, consagrarse

entrelazar enlazar, trabar, entretejer

entremeterse 1. mezclarse, injerirse, meterse 2. entrometerse, inmiscuirse

entrenar ejercitar, adiestrar, habituar, ensayar

entretanto mientras, mientras tanto

entretener distraer, divertir, recrear, solazar *aburrir*

entretenido divertido, grato, ameno, interesante *aburrido*

entretenimiento diversión, distracción, pasatiempo

entrevista conferencia, reunión, conversación, diálogo

entristecer apenar, afligir, apesadumbrar, acongojar *alegrar*

entrometerse inmiscuirse, introducirse, meterse

entrometido indiscreto, curioso, intruso *discreto*

entumecer impedir, entorpecer, insensibilizar, adormecer

entumecido impedido, paralizado, adormecido, dormido *dinámico*

entusiasmar apasionar, exaltar, arrebatar, emocionar, inspirar

entusiasmo exaltación, arrebato, fervor, frenesí, pasión, emoción *indiferencia*

entusiasta apasionado, fanático, admirador, devoto *indiferente*

enunciar expresar, mencionar, declarar, explicar, exponer, manifestar (ENUNCIADO)

enviado mensajero, representante, agente, emisario, delegado, diplomático

enviar mandar, despachar, expedir, remitir *retener, guardar* (ENVÍO)

envidiar codiciar, rivalizar, desear (ENVIDIA)

envilecer deshonrar, corromper, degradar, rebajar *ennoblecer* (ENVILECIMIENTO)

envolver 1. cubrir, tapar, empaquetar, liar *destapar* 2. implicar, involucrar, mezclar

épico heroico, glorioso, grandioso, legendario

epidemia endemia, pandemia, peste, plaga, azote, enfermedad infecciosa

epidémico pandémico, contagioso, endémico

epílogo conclusión, término, recapitulación *prólogo*

episodio hecho, suceso, caso, acontecimiento, ocurrencia

época era, período, tiempo, etapa, siglo

equilibrado 1. armónico, igualado, balanceado *desequilibrado* 2. ecuánime, ponderado, prudente, sensato

equilibrio 1. armonía, igualdad, proporción *desequilibrio* 2. ecuanimidad, mesura, sensatez

equilibrista funámbulo, acróbata, trapecista, gimnasta

equipaje 1. bagaje, bultos, maletas 2. tripulación, tripulantes

equipar proveer, surtir, aprovisionar, suministrar, dotar, pertrechar

equipo 1. grupo, conjunto 2. equipaje 3. tripulación, bando

equitativo imparcial, justo, ecuánime, igual, recto *desigual, injusto* (EQUIDAD)

equivalente 1. igual 2. semejante, parecido, similar

equivocación falta, error, yerro, descuido

equivocado incorrecto, errado, desacertado, inexacto, erróneo *cierto, exacto*

equivocarse confundirse, errar, engañarse, desacertar *atinar*

era época, periodo, temporada, tiempo, fase, etapa

erguir levantar, alzar, enderezar (ERGUIMIENTO)

erigir 1. construir, levantar, elevar, alzar 2. fundar, establecer, instituir *demoler*

ermitaño eremita, asocial, solitario, asceta

errabundo errante, vagabundo, nómada *estable, sedentario*

erradicar arrancar, suprimir, descuajar, eliminar, aniquilar, exterminar

errar 1. equivocarse, fallar, fracasar, desacertar *acertar* 2. deambular, desviarse, pasearse, vagabundear, vagar *pararse*

erróneo equivocado, incorrecto, errado, falso, inexacto *fiel, verdadero*

error falta, equivocación, yerro, descuido, errata, inexactitud *acierto*

erudito sabio, instruido, culto, docto *inculto*

escabullirse escaparse, huir, irse, escurrirse, eludir, desaparecer (ESCABULLIMIENTO)

escalar subir, trepar, montar, ascender *bajar* (ESCALADA)

escaldar abrasar, cocer, caldear, quemar, hervir, escocer *helar, enfriar*

escamotear quitar, robar, hurtar *devolver* (ESCAMOTEO)

escandalizar 1. vocear, alborotar, gritar, chillar 2. indignar, enojar, encolerizar

escándalo 1. alboroto, griterío, inquietud, ruido, tumulto *calma, silencio* 2. deshonestidad, inmoralidad *decencia* (ESCANDALOSO)

escapar huir, fugarse, evadirse, arrancar, escabullirse

escaparate 1. vitrina, vidriera, mostrador 2. armario

escape 1. fuga, huida, evasión, salida 2. pérdida, derrame

escaramuza riña, pelea, disputa, refriega, combate, contienda *paz* (ESCARAMUZAR)

escarcha 1. helada 2. cristalización

escarnecer burlarse, mofarse, afrentar, humillar *respetar* (ESCARNIO)

escasez 1. insuficiencia, carencia, falta *abundancia* 2. pobreza, mezquindad, tacañería *riqueza*

escaso poco, insuficiente, limitado *abundante* (ESCASEZ)

escatimar acortar, limitar, disminuir, economizar, ahorrar, regatear *prodigar*

escena 1. escenario, tablas 2. hecho, suceso, acontecimiento 3. panorama, ambiente

esclavitud cautiverio, servidumbre, opresión, sujeción, yugo *libertad* (ESCLAVO)

esclavizar oprimir, subyugar, sujetar *libertar*

escoger elegir, optar, preferir, seleccionar

escolar alumno, estudiante, colegial, educando, discípulo

escollera rompeolas, muelle, malecón, dique

escolta acompañamiento, custodia, guardia, vigilancia

escombro cascajo, cascote, desecho, restos, ruinas

esconder ocultar, tapar, recatar, encerrar, encubrir *revelar*

escondido 1. oculto, guardado 2. secreto, disimulado

escribir redactar, transcribir, copiar, expresar, componer

escrito artículo, nota, texto, apunte, crónica, documento, manuscrito, carta, impreso

escritura 1. escrito, manuscrito, carta, documento 2. caligrafía

escrupuloso 1. cuidadoso, meticuloso, puntilloso, particular, preciso *despreocupado* 2. aprensivo, receloso, dudoso

escrutar 1. indagar, examinar, observar, averiguar, escudriñar, explorar *ignorar* 2. reconocer, contabilizar (ESCRUTINIO)

escuálido flaco, raquítico, demacrado, consumido, enclenque, macilento *sano* (ESCUALIDEZ)

escuchar atender, oír, estar atento, hacer caso, prestar atención

escudriñar averiguar, escrutar, examinar, inquirir, rebuscar

escuela 1. colegio, liceo, facultad 2. enseñanza, instrucción, método

esculpir cincelar, tallar, labrar, grabar, modelar

escultura figura, estatua, imagen, modelo, torso, busto (ESCULTOR)

escurrirse deslizarse, resbalar, huir, correrse, escabullirse, escaparse

esencia 1. ser, naturaleza, carácter, sustancia 2. aroma, olor, perfume, fragancia

esencial 1. sustancial, característico, invariable 2. importante, necesario, indispensable, principal, básico *secundario*

esencialmente fundamentalmente, básicamente, principalmente

esfera 1. bola, globo, pelota 2. alcance, campo

esforzarse pugnar, luchar, intentar, querer, trabajar

esfuerzo ánimo, trabajo, empeño, lucha, brío, valor, vigor

esfumarse huir, desvanecerse, desaparecer, escabullirse, evaporarse *aparecer*

esmerado cuidadoso, atento, aplicado, metódico, diligente, exacto, meticuloso, escrupuloso, preciso *descuidado*

espacio 1. compo, sitio, ámbito, zona 2. capacidad, amplitud, extensión 3. dimensión, anchura, medida

espacioso amplio, ancho, dilatado, extenso, vasto *pequeño*

espada sable, acero, estoque, arma

espantado aterrado, sobresaltado, alarmado, sorprendido, asustado

espantar asustar, aterrorizar, horrorizar, atemorizar, aterrar

espanto 1. miedo, terror, consternación, pavor, temor 2. fantasma, aparecido, ánima

espantoso horrendo, aterrador, horrible, horroroso, pavoroso, terrible, terrorífico, asombroso, pasmoso

esparcir 1. separar, desparramar, extender, dispersar, espaciar *agrupar* 2. divulgar, difundir, diseminar

espasmo contracción, convulsión, contorsión (RELAJACION)

especial 1. particular, singular, personal, único, notable *ordinario, común* 2. propio, adecuado

especialista experto, perito, versado, técnico, diestro

especialmente particularmente, principalmente, singularmente

especie familia, grupo, clase, tipo, género

específico propio, exclusivo, preciso, especial, típico *genérico* (ESPECIFICAR)

espécimen ejemplar, modelo, tipo, muestra

espectacular dramático, fabuloso, maravilloso, magnífico, espléndido *aburrido, tedioso*

espectáculo 1. función, diversión, fiesta, representación 2. contemplación, visión

espectador concurrente, oyente, asistente

espectral fantasmal, sombrío, aterrador, estremecedor, espantoso, fantasmagórico, alucinante

espectro aparecido, fantasma, aparición, visión, espíritu

especular 1. examinar, estudiar, observar 2. meditar, reflexionar, contemplar 3. comerciar, traficar, negociar (ESPECULACIÓN)

esperanza fe, confianza, creencia

esperar 1. anticipar, aguardar (ESPERA) 2. confiar, creer *desesperar*

espeso 1. denso, condensado 2. apretado, aglomerado, cerrado 3. grueso, recio

espiar acechar, atisbar, observar, vigilar (ESPÍA, ESPIONAJE)

espinoso 1. puntiagudo, punzante, punzado *romo* 2. arduo, difícil, comprometido *fácil*

espionaje acechanza, acecho, vigilancia

espiral espira, circunvolución, viruta, caracol (ESPIROIDAL)

espíritu 1. alma, esencia, ánima *carne, cuerpo* 2. ingenio, agudeza 3. ánimo, brío, valor

espiritual 1. inmaterial, incorpóreo 2. eclesiástico, religioso

espita canuto, llave, válvula, grifo, canilla

espléndido 1. regio, fabuloso, brillante, magnífico, maravilloso, estupendo, soberbio (ESPLENDIDEZ) 2. generoso, desprendido, dadivoso

esplendor 1. magnificencia, gloria 2. resplandor, brillo, lustre

espolear picar, avivar, estimular, excitar, pinchar, punzar

espontáneo natural, sincero, indeliberado *planeado*

esposa cónyuge, señora, pareja, compañera *soltera*

esposo marido, compañero, pareja, cónyuge *soltero*

espuma burbujeo, burbujas, hervor, efervescencia

esqueleto 1. osamenta 2. armazón, montura, soporte 3. plan, proyecto, esbozo

esquilar trasquilar, afeitar, pelar, cortar

esquivar eludir, evitar, rehuir, escaparse

estable invariable, constante, duradero, firme, seguro, permanente *inestable* (ESTABILIDAD)

establecer 1. fijar, fundar, crear, organizar 2. comprobar, demostrar, determinar (ESTABLECIMIENTO)

estación 1. tiempo, temporada, época, período 2. parada, terminal

estacionario 1. fijo, inmóvil 2. estable, inalterable, invariable *móvil, variable*

estadio 1. coliseo, campo, cancha, pista 2. período, fase

estado 1. condición, situación 2. gobierno, nación, país

estafa fraude, trampa, engaño, robo, timo

estallar 1. reventar, explotar, detonar 2. sobrevenir, iniciarse

estallido 1. explosión, detonación, reventón, estruendo 2. inicio, comienzo

estampar imprimir, marcar, grabar, formar

estampida fuga, desbandada, carrera

estampilla sello, timbre

estancado detenido, fijo, inmovilizado, parado, estacionario *activo*

estancia 1. cuarto, habitación 2. mansión, residencia 3. estadía, permanencia

estante armario, repisa, anaquel

estar 1. ser, existir 2. hallarse, encontrarse, habitar, morar

estático fijo, inmóvil, parado, quieto, estacionario *móvil*

estatua escultura, figura, imagen, busto, monumento

estatura altura, alzada, talla

estatuto ley, regla, reglamento, mandato, decreto, disposición, norma

estera alfombra, tapiz, tapete, moqueta, cubierta

estéril 1. improductivo, infecundo, árido, yermo *fértil, fecundo*
2. aséptico, esterilizado *infectado*

esterilizar desinfectar, limpiar, higienizar, hervir (ESTERILIZADO)

estigma 1. marca, señal, llaga, huella 2. deshonra, afrenta, infamia, vergüenza *honra*

estimar 1. considerar, juzgar, creer 2. tasar, valorar, evaluar
3. respetar, amar, apreciar

estimular excitar, vigorizar, alentar, animar, picar, punzar, aguijonear, interesar *suprimir* (ESTIMULANTE, ESTÍMULO)

estipendio remuneración, paga, honorarios, salario, sueldo, emolumento

estirar alargar, prolongar, extender, dilatar, ensanchar *encoger*
(ESTIRAMIENTO)

estómago vientre, abdomen, panza, barriga, buche

estorbar 1. dificultar, impedir, obstaculizar, entorpecer *facilitar*
2. incomodar, molestar *ayudar* (ESTORBO)

estrangular ahogar, sofocar, ahorcar, asfixiar

estrategia coordinación, táctica, habilidad, pericia (ESTRATÉGICO)

estrechar 1. ceñir, apretar, abrazar 2. angostar, reducir *aflojar*

estrecho 1. angosto, apretado, ajustado *ancho* 2. canal, paso, pasaje 3. cercano, íntimo *lejano*

estregar frotar, restregar, refregar *acariciar*

estrella 1. artista, actor, 2. hado, destino, fortuna, suerte

estrellar arrojar, lanzar, tirar, impulsar, proyectar

estrellarse chocar, caerse, pegarse, golpearse

estremecer 1. vibrar, temblar 2. sobresaltar, alterar, conmover

estrépito ruido, estruendo, fragor, tumulto *silencio*

estricto exacto, preciso, riguroso, rígido, severo, austero

estrofa verso, estancia

estropear dañar, lastimar, destruir, arruinar, menoscabar, ajar, deteriorar

estructura 1. edificio, construcción, casa 2. armadura, armazón, esqueleto 3. orden, organización, regularización

estruendo ruido, fragor, estrépito *silencio*

estrujar apretar, exprimir, prensar, comprimir

estuche cajita, caja, cofrecito, funda, envase

estudiante alumno, discípulo, educando, escolar

estudiar 1. aprender, ilustrarse, educarse, instruirse, cursar 2. investigar, observar, escrutar, examinar (ESTUDIO)

estudioso 1. aplicado, diligente, afanoso 2. investigador, sabio, especialista

estupendo asombroso, pasmoso, maravilloso, magnifico, soberbio, extraordinario

estúpido idiota, tonto, bobo, simple, torpe, necio *inteligente, listo* (ESTUPIDEZ)

estupor 1. insensibilidad, sopor, adormecimiento, letargo 2. asombro, pasmo *serenidad* (ESTUPEFACCIÓN)

etéreo ligero, fluido, tenue, delicado, sutil, sublime *denso*

eterno infinito, perpetuo, permanente, constante, sempiterno, perdurable (ETERNIDAD)

etiqueta 1. rótulo, marbete 2. ceremonial, protocolo, reglamento

evacuar 1. abandonar, desocupar, desalojar *llegar* 2. expulsar, vaciar (EVACUACIÓN)

evadir evitar, escapar, eludir, esquivar (EVASIÓN)

evaporar 1. vaporizar 2. disipar, desvanecer (EVAPORACIÓN)

evento acontecimiento, suceso, incidente

eventualidad casualidad, accidente, posibilidad *certeza* (EVENTUAL)

evidencia hechos, datos, prueba, testimonio, demostración

evidente claro, manifiesto, patente, visible, obvio, cierto, indudable *dudoso, incierto*

evitar prevenir, eludir, evadir, esquivar, impedir, rehuir

evocar recordar, revivir, llamar

exacerbar 1. enfadar, enojar, exasperar, encolerizar, irritar 2. agravar, agudizar

exactamente precisamente, justamente, correctamente

exacto puntual, cabal, fiel, preciso, justo *impreciso*

exagerar abultar, agrandar, aumentar, amplificar *atenuar* (EXAGERACIÓN)

exaltado entusiasta, apasionado, frenético, histérico *tranquilo* (EXALTACIÓN)

exaltar elevar, realzar, alabar, glorificar, loar, ensalzar, enaltecer *denigrar*

examen 1. indagación, observación, estudio 2. prueba, inspección

examinar 1. investigar, indagar, analizar, observar, estudiar 2. probar, verificar, reconocer

exasperante enojoso, insoportable, irritable, difícil, molesto

exasperar irritar, enojar, desesperar, enfurecer (EXASPERACIÓN)

excavar ahondar, cavar, profundizar, perforar, socavar (EXCAVACIÓN)

excelente notable, superior, sobresaliente, espléndido, óptimo *inferior*

excéntrico raro, extravagante, incongruente, ridículo *normal*

excepcional insólito, raro, único, extraordinario, notable, singular *ordinario*

excepto a menos, salvo, fuera de

exceso 1. demasía, excedente, sobra, superabundancia *carencia, escasez* (EXCESIVO) 2. abuso, desorden

excitado entusiasmado, apasionado, animado, ansioso, agitado *indiferente*

excitar activar, entusiasmar, estimular, exaltar, animar, instigar, incitar, mover, provocar *desanimar*

excluir 1. separar, apartar, omitir 2. echar, descartar, eliminar, rechazar, prohibir *incluir* (EXCLUSIVO, EXCLUSIVAMENTE, EXCLUSIVIDAD)

excursión viaje, paseo, salida, caminata

excusa pretexto, disculpa, motivo, justificación

excusar 1. eximir, disculpar, absolver 2. justificar, defender

exhalar emanar, emitir, desprender, despedir *inhalar*

exhausto extenuado, cansado, fatigado, agotado *enérgico*

exhibir mostrar, manifestar, demostrar, exponer, presentar, ostentar *ocultar* (EXHIBICIÓN)

exhortar aconsejar, animar, incitar, rogar, inducir

exigir 1. pedir, requerir, necesitar *dar* 2. mandar, ordenar *acatar*

exiliar desterrar, expulsar, desarraigar, proscribir, apartar, echar *admitir*

eximir librar, liberar, dispensar, exceptuar, exonerar, exculpar *condenar*

existir ser, vivir (EXISTENCIA)

exitoso próspero, afortunado, victorioso, triunfador *fracasado* (ÉXITO)

éxodo emigración, marcha, salida, huida, partida *entrada*

exonerar 1. absolver, dispensar, liberar, perdonar *culpar* 2. destituir, disponer

exorbitante excesivo, exagerado, caro, desmesurado *escaso*

exótico 1. extranjero, forastero, foráneo *indígena* 2. extraño, extravagante, desusado, raro, chocante *tradicional*

expandido hinchado, extendido, estirado, abultado, aumentado, dilatado *reducido, estrecho*

expandir extender, ensanchar, hinchar, crecer, agrandar, aumentar, dilatar *reducir* (EXPANSIÓN)

expansivo 1. expansible, dilatable 2. comunicativo, tratable, sociable, extravertido

expedición 1. excursión, viaje, exploración, peregrinaje 2. despacho, envío, remesa

expeler arrojar, echar, lanzar, exiliar, expulsar, desalojar, descargar *admitir*

expender 1. vender, despachar *comprar* 2. gastar, pagar

experiencia 1. evento, ocurrencia, incidente, episodio, aventura 2. sensación, emoción 3. práctica, conocimiento, habilidad *inexperiencia*

experimental nuevo, práctico, empírico

experimentar 1. probar, ensayar, comprobar, verificar 2. percibir, sentir

experto entendido, perito, versado, diestro, hábil, apto, idóneo *inexperto*

expiar reparar, compensar, pagar, purgar, purificarse, sacrificarse (EXPIACIÓN)

expirar morir, finalizar, concluir, terminar *nacer, empezar* (EXPIRACIÓN)

explicar resolver, aclarar, simplificar, ilustrar, exponer, demostrar (EXPLICACIÓN)

explícito claro, determinado, manifiesto, directo, abierto

explorar 1. investigar, inspeccionar, examinar, buscar 2. reconocer, revisar (EXPLORACIÓN)

explosión estallido, reventón, detonación, estruendo

explotar 1. reventar, estallar 2. aprovechar, utilizar, beneficiarse, extraer

exponer 1. exhibir, manifestar, mostrar, presentar *ocultar* 2. expresar, explicar 3. revelar

exportar mandar, transportar, enviar, expedir *importar*

expresamente explícitamente, claramente

expresar 1. afirmar, manifestar, declarar, decir, enunciar, comunicar 2. escribir, anotar *callar*

expreso 1. claro, explícito 2. rápido, pronto, directo *lento*

expulsar echar, desterrar, desalojar, despedir, arrojar, expeler *admitir*

expulsión desalojo, destierro, despido *admisión*

exquisito delicado, refinado, magnífico, maravilloso, bonito, encantador, atractivo *tosco*

éxtasis arrobo, arrebato, encantamiento, arrobamiento, embeleso

extender 1. ampliar, dilatar, ensanchar *disminuir, reducir* 2. desenvolver, desplegar, estirar *encoger*

extensión 1. vastedad, amplitud, inmensidad, anchura 2. propagación, difusión, desarrollo

extenso vasto, ancho, amplio, espacioso, inmenso

exterior 1. externo *interior* 2. superficie, periferia 3. apariencia, figura, aspecto

exterminar destruir, aniquilar, eliminar, matar, extinguir

extinguir apagar, agotar, sofocar, suprimir

extinto 1. apagado 2. muerto, finado, difunto 3. pasado, obsoleto (EXTINCIÓN)

extra 1. extraordinario, óptimo 2. complemento, suplemento, sobra

extranjero 1. foráneo, forastero *indígena, nativo* 2. extraño, exótico

extraño insólito, curioso, chocante, desusado, infrecuente, raro, singular *común, vulgar*

extraordinario insólito, especial, excepcional, maravilloso, fantástico *ordinario* (EXTRAORDINARIAMENTE)

extravagante original, raro, peculiar, incongruente, excéntrico, ridículo (EXTRAVAGANCIA)

extraviado 1. desordenado, descarriado, corrupto 2. perdido, errado, desviado, despistado, desorientado

extraviar perder, olvidar, dejar, abandonar *encontrar*

extraviarse perderse, descaminarse, errar, desviarse, despistarse

extremar exagerar, aumentar, incrementar, reforzar, recargar

extremo 1. último, intenso 2. extremidad, límite, borde, frontera, fin *centro* 3. excesivo, sumo, exagerado *moderado*

exudar rezumar, salirse, perder

exultar regocijarse, gozar, alborozarse, alegrarse *lamentarse* (EXULTACIÓN)

F

fábrica manufactura, fabricación, industria, taller

fabricar 1. confeccionar, elaborar, hacer, manufacturar 2. crear, forjar, imaginar, inventar

fábula cuento, leyenda, mito, ficción, cuento de hadas *verdad, realidad*

fabuloso 1. mítico, legendario 2. increíble, maravilloso, fenomenal, magnífico, extraordinario, excepcional 3. imaginario, inventado

facción 1. bando, partida, partido, grupo 2. faz, rostro

faceta 1. lado, cara, canto 2. aspecto, apariencia

fachada frente, cara, exterior

fácil 1. sencillo, simple, factible, hacedero *complicado* 2. dócil, tratable, bondadoso, sociable *difícil* (FÁCILMENTE)

facilitar 1. posibilitar, simplificar *impedir, dificultar* 2. proporcionar, entregar, ayudar (FACILIDAD)

facsímil reproducción, imitación, copia

factible posible, hacedero, realizable, viable *imposible*

facultad 1. talento, aptitud, capacidad, poder 2. universidad, colegio, escuela 3. autoridad, licencia, permiso

facultar autorizar, permitir, capacitar, licenciar, otorgar, delegar, comisionar

faena trabajo, labor, deber, quehacer, tarea, ocupación *ocio*

faja 1. ceñidor, corsé 2. banda, tira, franja, cinta

fallar 1. fracasar, errar, frustrarse *lograr* 2. sentenciar, resolver, determinar (FALLO)

fallecer morir, expirar, extinguirse, finar *nacer* (FALLECIMIENTO)

fallo 1. defecto, falla, fracaso 2. decisión, dictamen, resolución, decreto, sentencia, disposición, determinación

falsificado adulterado, engañoso, simulado, ilegítimo *auténtico, verdadero* (FALSIFICAR)

falso 1. irreal, ficticio 2. engañoso, equivocado, fingido *genuino* 3. traidor, desleal, infiel, alevoso *sincero, fiel* (FALSEDAD)

falta 1. defecto, imperfección, error, equivocación, culpa, descuido 2. ausencia, carencia, escasez

fama reputación, nombre, renombre, gloria, celebridad, popularidad *oscuridad*

famélico hambriento, hambrón

familia 1. parentela, familiares, parientes 2. linaje, estirpe, dinastía 3. prole, hijos

familiar 1. conocido, popular *desconocido* 2. amistoso, íntimo, personal *distante*

familiarizar acostumbrar, adaptar, habituar

famoso renombrado, popular, célebre

fanático 1. apasionado, entusiasmado, aficionado *indiferente* 2. exaltado, intolerante *tolerante*

fantasía 1. imaginación, visión, ilusión 2. ficción, mito, fábula, leyenda, cuento, cuento de hadas

fantasma espíritu, espectro, aparición, visión, sombra (FANTASMAL)

fantástico irreal, increíble, imaginario, ilusorio *ordinario, usual*

fardo bulto, paquete, saco, lío, bala

farmacéutico boticario, químico

farmacia botica, droguería

faro fanal, proyector

farol linterna, lámpara, foco

farsa 1. comedia, drama, parodia *realidad* 2. engaño, enredo *sinceridad*

farsante engañoso, embaucador, embustero *sincero*

fascinador atractivo, alucinante, encantador, hechicero, atrayente, simpático, gracioso, interesante *repulsivo* (FASCINACIÓN)

fascinar atraer, cautivar, seducir, deslumbrar, encantar, hechizar

fase estado, etapa, período, aspecto

fastidiar aburrir, cansar, importunar, molestar *interesar*

fastidioso tedioso, aburrido, pesado, importuno *interesante*

fatal 1. inevitable, irrevocable, predestinado 2. mortal 3. funesto, adverso, nefasto, fatídico

fatalidad 1. destino, sino 2. desgracia, adversidad

fatalmente 1. irremediablemente, inevitablemente 2. mortalmente

fatiga cansancio, agitación, agotamiento (FATIGOSO)

fatigar 1. cansar, agotar 2. aburrir, molestar

fausto afortunado, venturoso, dichoso, feliz

favor 1. ayuda, socorro 2. amparo, protección, patrocinio, beneficio 3. concesión

favorable propicio, benévolo, conveniente *desfavorable*

favorecer 1. amparar, ayudar, socorrer 2. proteger, apoyar *perjudicar*

favorito preferido, predilecto, privilegiado, protegido

faz 1. cara, rostro 2. superficie, exterior

fe 1. confianza, creencia, esperanza *incredulidad* 2. religión (FIEL, INFIEL)

fealdad desproporción, deformidad, imperfección, desfiguración *belleza*

febril 1. calenturiento, ardiente, ardoroso, enfermo 2. intenso, vehemente

fecha data, momento, día, tiempo

fecundación fertilización, concepción, inseminación *aborto*

fecundo prolífico, fértil, productivo *estéril* (FECUNDIDAD)

felicidad 1. contento, dicha, gusto, alegría, satisfacción 2. suerte, ventura

felicitación enhorabuena, parabién, congratulación

felicitar alabar, saludar, aprobar, congratular, cumplimentar

feliz 1. dichoso, contento, venturoso, afortunado, satisfecho (FELIZMENTE, FELICIDAD) 2. acertado, oportuno, atinado

femenino 1. mujeril, femenil 2. afeminado

fenomenal extraordinario, excepcional, fantástico, maravilloso, milagroso (FENÓMENO)

feo 1. repulsivo, desagradable, feúcho, mal parecido *hermoso* 2. desagradable, antipático, espantoso, vergonzoso *simpático*

feria mercado, exhibición, exposición

feriado 1. descanso, vacación 2. fiesta, celebración, festejo

fermentar 1. descomponerse, agriarse, transformarse, degradarse, pudrirse 2. agitarse, excitarse, inquietarse *calmarse, apaciguarse* (FERMENTO)

feroz cruel, brutal, salvaje, violento *manso, bondadoso* (FEROCIDAD)

fértil productivo, fructuoso, fructífero, fecundo, rico, abundante *infecundo, estéril* (FERTILIDAD, FERTILIZACIÓN, FERTILIZAR, FERTILIZANTE)

ferviente fervoroso, devoto, apasionado, ardoroso, entusiasta, fanático *indiferente*

fervor 1. devoción, piedad 2. impetuosidad, pasión, entusiasmo

festejar 1. halagar, lisonjear 2. cortejar, galantear, enamorar 3. conmemorar, celebrar

festín banquete, convite, festejo

festividad fiesta, celebración, solemnidad

festivo 1. libre, vacación, feriado 2. jovial, alegre, chistoso, jocoso, regocijado (FESTIVAL)

fetidez pestilencia, hedor, hediondez

fiar 1. confiar, prestar, dar 2. garantizar, asegurar

fiarse confiar, tener confianza *desconfiar*

ficción 1. invención, fantasía, leyenda, mito, fábula, cuento 2. mentira, fingimiento *verdad*

ficticio 1. falso, fraudulento 2. aparente, fingido, imaginado, artificial *auténtico, genuino*

fidedigno 1. feaciente 2. auténtico, cierto, verdadero *incierto*

fidelidad 1. lealtad, firmeza, constancia *deslealtad* 2. exactitud, puntualidad *inexactitud, impresición*

fiebre calentura, temperatura, destemplanza

fiel 1. leal, firme, constante *desleal, infiel* 2. exacto, verídico

fiero violento, brutal, feroz, cruel *tranquilo, bondadoso*

fiesta 1. solemnidad, festividad 2. celebración, acontecimiento, conmemoración, gala 3. alegría, regocijo, diversión

figura 1. forma, imagen, representación, exterior, silueta 2. personalidad, personaje

figurar 1. representar, conformar, configurar, delinear, dibujar (FIGURA) 2. aparentar, fingir 3. imaginarse, fantasear, suponer, creer

figurarse suponer, pensar, creer, imaginar

fijar 1. sujetar, asegurar, pegar, clavar *soltar* 2. establecer, determinar, decidir, precisar (FIJACIÓN)

fijarse 1. observar, atender, contemplar *omitir* 2. establecerse, asentarse, domiciliarse *mudarse*

fijo asegurado, firme, inmóvil, invariable, permanente *temporal, transitorio, móvil*

fila cola, hilera, columna, línea, ringlera

filantrópico benefactor, caritativo, altruista, generoso, magnánimo, humanitario (FILÁNTROPO, FILANTROPÍA)

filete 1. solomillo, tajada, lonja 2. faja, lista

filigrana 1. adorno, decorado 2. exquisitez, sutileza 3. marca

filmar fotografiar, rodar, reproducir

filtrar separar, lavar, pasar, purificar, colar, refinar

fin 1. conclusión, término, final *comienzo* 2. extremidad, límite, cabo 3. propósito, intención

final acabamiento, conclusión, término *comienzo* (FINALMENTE)

finalidad objetivo, fin, motivo, propósito

finalizar acabar, concluir, rematar, poner fin *empezar*

financiar subvencionar, respaldar, invertir, fomentar (FINANCIERO, FINANCISTA)

finca 1. terreno, inmueble, propiedad, posesión, hacienda 2. casa, vivienda, palacio

fingir aparentar, simular, engañar, ocultar (FINGIMIENTO)

fino 1. delgado, esbelto *grueso* 2. liso, suave *áspero* 3. atento, cortés, educado, delicado *grosero, tosco* (FINURA)

firma 1. rúbrica, nombre, autógrafo, signatura 2. compañía, empresa, negocio

firmamento cielo, cosmos, espacio, vacío, bóveda celeste

firmar rubricar, signar, suscribir, autografiar

firme 1. sólido 2. fijo, resistente, inmóvil, rígido *flexible* (FIRMEZA)

fisgar curiosear, indagar, husmear, espiar, atisbar

físico 1. figura, forma, constitución 2. corporal, material, corpóreo

fisonomía 1. semblante, rostro, cara, rasgos 2. aspecto, imagen, apariencia

fisura grieta, hendidura, rendija, corte, fractura

fláccido blando, flojo, laxo, relajado *rígido* (FLACCIDEZ)

flaco delgado, enjuto, demacrado, cenceño *gordo* (FLACURA)

flagelar azotar, fustigar, vapulear

flagrante evidente, claro, cierto, indudable

flamante 1. brillante, resplandeciente *oscuro* 2. nuevo, reciente *viejo*

flanco costado, lado

flaqueza 1. debilidad, fragilidad *fortalaza* 2. flacura *gordura*

flexible 1. doblable, elástico *rígido* 2. dúctil, tolerante, acomodadizo *inflexible*

flexionar doblar, torcer, curvar, arquear *enderezar*

flojo 1. suelto, desatado, laxo, libre *apretado* 2. desanimado, fláccido, débil, indolente, perezoso *laborioso*

florecer 1. progresar, mejorar, prosperar *decaer* 2. brotar, abrirse, desarrollarse, aparecer

florero búcaro, jarrón, vaso, cántaro, tiesto, maceta

flotar 1. nadar, boyar 2. ondear, ondular *hundirse* (FLOTACIÓN)

fluctuar 1. variar, oscilar *fijar* 2. dudar, vacilar, titubear *decidir* (FLUCTUACIÓN)

fluir manar, correr, salir, chorrear (FLUIDEZ)

flujo corriente, circulación, movimiento, chorro, salida

fobia temor, repulsión, repugnancia, aversión *atracción*

foco 1. lámpara, fanal, faro, luz, linterna 2. bombilla, bombillo, ampolleta 3. núcleo, centro, meollo

fogoso ardiente, apasionado, vehemente, acalorado, impetuoso, arrebatado *pasivo*

folleto impreso, prospecto, panfleto

fomentar 1. vigorizar, apoyar, proteger *descuidar* 2. excitar, atizar, avivar *calmar*

fondo base, raíz, apoyo, fundamento, arranque, asiento, término profundidad

forastero 1. extranjero, extraño 2. ajeno, foráneo

forjar 1. fraguar, fabricar, moldear, formar 2. crear, inventar, imaginar (FORJA)

forma 1. figura, imagen, modelo, apariencia 2. modo, manera, estilo 3. estructura, plan

formal serio, juicioso, severo, cumplidor, exacto, preciso, correcto, puntual *informal* (FORMALIDAD)

formar 1. hacer, moldear, trabajar, labrar, crear *destruir* 2. componer, constituir, integrar 3. educar, instruir, adiestrar

formidable 1. colosal, enorme, gigantesco, monstruoso *insignificante* 2. temible, espantoso, pavoroso 3. estupendo, magnífico, fantástico

formular expresar, exponer, decir, manifestar, recetar

foro 1. escena, plaza 2. tribunal, juzgado, corte 3. reunión, auditorio

forro revestimiento, abrigo, resguardo, cubierta

fortalecer 1. vigorizar, robustecer, reanimar *debilitar* 2. defender, fortificar (FORTALECIMIENTO)

fortaleza 1. robustez, fuerza, vigor *debilidad* 2. alcázar, castillo, ciudadela, fuerte, fortificación

fortuito accidental, casual, eventual, imprevisto *premeditado*

fortuna 1. riqueza, caudal, dinero, capital *pobreza* 2. suerte, ventura, providencia, azar, destino

forzar 1. obligar, imponer 2. violar, violentar 3. conquistar (FORZAMIENTO)

forzoso obligatorio, necesario, imprescindible

forzudo hercúleo, musculoso, recio, robusto *débil*

fósil 1. resto, huella, vestigio, traza 2. viejo, anticuado

foso hoyo, cavidad, fosa, excavación, pozo, fosa

fotografía retrato, reproducción, imagen

fracasar frustrarse, malograrse, fallar, arruinarse, estropearse *triunfar* (FRACASO)

fracción 1. división, fraccionamiento 2. parte, porción, división, fragmento, sección *conjunto*

fractura rotura, fragmentación, quiebra, ruptura

fracturar romper, quebrar, fragmentar, quebrantar, destrozar *soldar, rehabilitar*

fragancia olor, aroma, perfume, emanación *hedor*

fragante aromático, perfumado, oloroso *pestilente*

frágil 1. débil, delicado *fuerte* 2. quebradizo, caduco, perecedero

fragmento parte, porción, segmento, sección, fracción, trozo *íntegro*

franco 1. sincero, afable, leal 2. patente, indudable, claro 3. libre, desembarazado (FRANQUEZA)

frase expresión, enunciado, oración, locución

fraternal fraterno, cordial, cariñoso, amistoso, solidario (FRATERNIDAD)

fraude engaño, defraudación, estafa, timo, trampa *verdad*

frecuentar asistir, concurrir, acostumbrar, repetir

frecuente repetido, reiterado, común, habitual, usual, corriente, ordinario *insólito* (FRECUENCIA)

frecuentemente continuamente, comúnmente, a menudo, con frecuencia, repetidamente *raramente, pocas veces*

fregar restregar, frotar, friccionar, limpiar, lavar

freír cocinar, sofreír, cocer, rehogar, guisar

frenar 1. detener, parar, refrenar *acelerar* 2. contener, reprimir, aminorar (FRENO)

frenesí arrebato, furia, exaltación, furor, pasión, rabia, cólera, locura, delirio *serenidad, tranquilidad*

frenético exaltado, arrebatado, furioso, violento, deliriante, loco (FRENÉTICAMENTE)

frente 1. cara, rostro 2. vanguardia, avanzada 3. fachada, portada, delantera

fresco 1. nuevo, reciente, original *viejo* 2. frescor, frío *calórico* 3. desvergonzado, sinvergüenza, insolente *honrado* 4. sano, juvenil 5. descansado, vigoroso (FRESCURA)

frescura 1. atrevimiento, insolencia *timidez* 2. pureza, novedad 3. frialdad, frescor *calor*

fricción 1. frotamiento, roce, estregadura 2. conflicto, desaveniencia

friccionar frotar, restregar, fregar, rozar

frígido 1. frío, helado *cálido* 2. indiferente, apático, altanero, hostil *amable, cordial*

frigorífico nevera, refrigerador, congelador

frío 1. fresco, frescura, frialdad *caliente* 2. insensible, impasible *agitado*

frívolo ligero, superficial, insustancial, trivial, voluble *serio, importante*

frontera límite, linde, confín, borde

frotar friccionar, refregar, restregar, desgastar

frugal parco, sobrio, económico, sencillo, escaso *pródigo* (FRUGALIDAD)

fruncir arrugar, encoger, doblar, estrechar *alisar*

frustrar malograr, fallar, fracasar, dificultar

fruto 1. fruta 2. producto, resultado, efecto, consecuencia

fuego 1. incendio 2. hogar, lumbre 3. vivacidad, ardor, pasión

fuente 1. fontana, manantial, surtidor 2. origen, procedencia

fuerte 1. robusto, poderoso, vigoroso, potente *débil* 2. animoso, esforzado, enérgico, dinámico *tímido* 3. concentrado, intenso 4. sonoro, ruidoso

fuerza 1. vigor, potencia, ánimo, energía 2. resistencia, solidez, fortaleza 3. poder, autoridad *debilidad*

fugarse evadirse, huir, escapar (FUGA)

fugaz efímero, pasajero, transitorio, breve

fugitivo 1. fugaz, perecedero *permanente* 2. prófugo, evadido

fulgurar destellar, brillar, centellear, resplandecer (FULGURACIÓN)

fulminante 1. repentino, súbito 2. rápido, galopante *lento*

fumigar desinfectar, limpiar, sanear

función 1. oficio, empleo, ejercicio 2. diversión, espectáculo 3. actividad, funcionamiento

funcionar trabajar, marchar, andar, operar, maniobrar

funda cubierta, envoltura, sobre

fundación 1. establecimiento, creación 2. principio, origen 3. instituto, institución, organización

fundamental esencial, básico, primordial, principal

fundar 1. establecer, erigir, instituir 2. apoyar, basar

fundición fusión, derretimiento, licuación *solidificación*

fundir 1. derretir, fusionar, licuar 2. reunir, unir, juntar, amalgamar

funeral entierro, exequias

furia furor, ira, cólera, rabia, irritación *calma*

furioso airado, colérico, furibundo, rabioso *sereno, calmo* (FURIOSAMENTE)

furtivo escondido, oculto, sigiloso, disimulado, cauteloso *abierto, honesto*

fustigar azotar, flagelar, hostigar

fútil insignificante, insustancial, trivial, inútil *valioso* (FUTILIDAD)

futuro 1. venidero, porvenir, mañana *pasado* 2. destino

G

gabán abrigo, sobretodo, gabardina, capote

gabinete 1. sala, estancia, cuarto 2. oficina, despacho 3. gobierno, ministerio, administración

gaceta periódico, boletín, diario, publicación

gafas lentes, anteojos, espejuelos, antiparras

gala 1. festejo, ceremonia, fiesta, recepción, convite 2. adorno, joyas 3. esmerado, exquisito, selecto

galán 1. apuesto, hermoso *feo* 2. actor, estrella, artista 3. pretendiente, novio

galante amable, cortés, educado, atento, obsequioso, caballeroso *grosero* (GALANTEAR, GALANTERÍA)

galardón distinción, recompensa, premio, medalla

galería 1. pasillo, corredor, pasaje 2. museo, exhibición, exposición

gallardo 1. valiente, osado, audaz 2. garboso, airoso, apuesto, arrogante, elegante *desgarbado* (GALLARDÍA)

galleta bizcocho, barquillo, golosina

galopar trotar, cabalgar, correr

gama escala, progresión, gradación, grado, serie

gana deseo, avidez, ansia, anhelo, afán, apetito *desgana*

ganado ganadería, rebaño, manada

ganancia lucro, beneficio, fruto, ventaja, rendimiento *pérdida*

ganar 1. vencer, triunfar, conquistar, aventajar 2. cobrar, beneficiarse, lucrar, obtener *perder* 3. prosperar, mejorar

gancho 1. anzuelo, garfio, ancla, broche, garabato 2. atractivo, habilidad, don, gracia

gandul holgazán, ocioso, vago, indolente, perezoso *trabajador*

gandulear holgazanear, haraganear, vagabundear

ganso 1. oca, ánsar 2. torpe, perezoso

garabatear garrapatear, escarabajear, trazar, rayar, desdibujar (GARABATO, GARRAPATO)

garaje 1. cochera, parqueadero, aparcamiento 2. taller, estación, gasolinera

garantía afianzamiento, fianza, prenda, aseguramiento

garantizar afianzar, asegurar, certificar, confirmar

garganta cuello, gaznate, gola, garguero

gárgola canalón, desagüe

gárrulo charlatán, verboso, locuaz, hablador *parco*

gas fluido, vapor, emanación (GASEOSO)

gasolina combustible, bencina

gastado 1. usado, deteriorado, arruinado *nuevo* 2. cansado, acabado, consumido, debilitado, decaído *dinámico*

gastar 1. comprar, pagar, expender *ahorrar* 2. desgastar, consumir, usar *aumentar*

gasto 1. desembolso, expendio, inversión, pago 2. consumo, desgaste, uso

gatear arrastrarse, deslizarse, escurrirse, trepar

gaucho vaquero, jinete, caballista

géiser surtidor, manantial, chorro

gélido helado, frígido, glacial, frío *cálido*

gema piedra preciosa, joya, alhaja

gemelo 1. hermano, mellizo 2. igual, idéntico, parejo

gemir sollozar, quejarse, lamentarse, llorar (GEMIDO)

general 1. común, frecuente, usual 2. universal, global, vago (GENERALMENTE) 3. militar, oficial

generar producir, causar, engendrar, crear, originar

género 1. especie, grupo, orden, tipo 2. condición, naturaleza, clase, categoría 3. tejido, tela 4. mercancía

generoso 1. dadivoso, desinteresado, noble, filántropo, magnánimo *avaro* 2. abundante, fértil, productivo *escaso* (GENEROSIDAD)

génesis origen, principio, creación, comienzo, raíz

genio 1. carácter, indole, disposición, inclinación 2. ingenio, talento, inteligencia, capacidad

genocidio matanza, masacre

gente 1. gentío, sociedad, público 2. tribu, nación, pueblo, raza

gentil 1. idólatra, pagano 2. cortés, apuesto, educado, amable, atento (GENTILEZA)

gentío multitud, muchedumbre

genuino auténtico, puro, legítimo, real, sincero *falso*

gerente ejecutivo, administrador, director, jefe *subordinado*

germen 1. embrión, huevo, semilla 2. principio, causa, origen, génesis *final*

germinar crecer, desarrollarse, brotar, florecer

gestación 1. embarazo, preñez, concepción, parto 2. preparación, elaboración

gesticulación gesto, mueca, ademán, mímica (GESTICULAR)

gesto señal, seña, movimiento, ademán, moción

gigante 1. titán, cíclope, hércules, coloso 2. enorme, colosal, inmenso *enano*

gigantesco desmesurado, formidable, monumental, gigante *minúsculo*

gimnasia deporte, ejercicio, atletismo, práctica, entrenamiento

gimnasta deportista, atleta, acróbata

gimotear gemir, sollozar, lloriquear

gira expedición, excursión, viaje

girar voltear, virar, rodar, rondar, circular

giro rotación, vuelta, volteo, circulación, movimiento

gitano bohemio, nómada

glaciar helero, ventisquero (GLACIAL)

gladiador combatiente, competidor, púgil, pugilista, luchador

globo 1. bola, esfera, pelota 2. aeronave 3. planeta, orbe, mundo (GLOBAL)

gloria 1. celebridad, reputación, fama, honor 2. paraíso, cielo

glorificar alabar, loar, honrar, ensalzar *degradar, rebajar*

glorioso 1. magnífico, espléndido, brillante, memorable, soberbio, maravilloso, estupendo 2. honroso, famoso, prestigioso, ilustre

glosa 1. comentario, explicación, aclaración, nota 2. verso, poesía (GLOSAR)

glosario léxico, catálogo, vocabulario, diccionario

glotón comilón, voraz, insaciable

gobernar mandar, regir, dirigir, encabezar, conducir, guiar, manejar, administrar (GOBERNADOR)

gobierno 1. gobernación, régimen, dirección 2. gabinete, ministerio

goce gozo, disfrute, placer *dolor*

gola 1. garganta, gaznate 2. canal

golfo 1. pícaro, vago, vagabundo 2. bahía, ensenada

golpe 1. choque, caída, porrazo, golpazo 2. puñetazo, bofetón 3. asalto, atraco 4. infortunio, desgracia

golpear 1. pegar, percutir, chocar, batir 2. apalear, pisotear, abofetear

goma 1. adhesivo, cola, pegamento 2. elástico 3. caucho

gordo 1. graso, rollizo, carnoso, abultado, voluminoso *magro* 2. considerable, grave, importante 3. premio

gorjear trinar, silbar, balbucear, canturrear

gorra birrete, bonete, gorro, boina

gota 1. glóbulo 2. pizca, pequeñez

gotear escurrir, filtrarse, salir

gozar disfrutar, deleitarse, complacerse, regocijarse *sufrir* (GOZO)

gozoso complacido, satisfecho, contento, alegre, jubiloso (GOZOSAMENTE)

grabar 1. labrar, cortar, esculpir, cincelar, tallar 2. registrar

gracia 1. gentileza, soltura, garbo, belleza *tosquedad* 2. indulto, perdón, indulgencia *castigo* 3. don, cualidad, habilidad, arte

gracioso 1. chistoso, ingenioso, bromista, cómico 2. atractivo, encantador, agradable, simpático

grado 1. jerarquía, rango, título, categoría 2. nivel, límite, extremo, altura

gradual paulatino, progresivo, escalonado *brusco*

graduarse diplomarse, titularse, licenciarse (GRADUACIÓN)

gráfico 1. diagrama, esquema, dibujo, boceto 2. claro, expresivo, descriptivo, explícito

grande 1. considerable, superlativo, extraordinario, monumental, grandioso 2. vasto, enorme, espacioso, extenso *chico, minúsculo, pequeño* 3. notable, ilustre, distinguido, célebre *anónimo* (GRANDIOSIDAD) 4. adulto

grandeza 1. majestad, honor, dignidad, nobleza 2. vastedad, amplitud, enormidad

grandioso admirable, espléndido, magnífico, maravilloso, impresionante, tremendo

granito piedra, roca, mineral

granja finca, quinta, hacienda, estancia, rancho (GRANJERO)

grano 1. hinchazón, bulto, forúnculo 2. semilla, fruto, cereal 3. partícula, corpúsculo

grasa 1. cebo, tocino, manteca, gordo 2. obesidad, gordura

gratificación paga, recompensa, suplemento, estipendio (GRATIFICAR)

gratis gratuitamente, gratuito

gratitud agradecimiento, reconocimiento, retribución *ingratitud*

grato agradable, gustoso, placentero, amable, dulce, respetuoso, afectuoso, generoso *desagradable*

gratuito 1. gratis 2. arbitrario, infundado, injustificado *justo*

grava gravilla, pedregullo, piedrecillas, balasto

gravar 1. imponer, obligar 2. pesar, cargar

grave 1. serio, solemne, sombrío, severo, formal *alegre, jocoso* 2. pesado, difícil, arduo, peligroso, dificultoso *fácil* 3. enfermo, delicado, malo, morboso *sano*

gravedad 1. peso, pesadez, pesantez 2. seriedad, formalidad 3. importancia, transcendencia

gravitar 1. cargar, imponer 2. descansar, pesar, pender

gravoso 1. oneroso, caro, costoso *barato* 2. molesto, aburrido, fastidioso *interesante*

graznido chirrido, grito, chillido, canto, llamada

gremio sindicato, hermandad, asociación, corporación

grieta abertura, hendidura, raja, rendija, ranura

grifo espita, válvula, canilla, llave

gripe catarro, influenza, resfriado

gritar vocear, vociferar, abuchear, chillar, pregonar

griterío alboroto, clamor, escándalo, rugido, protesta

grito chillido, alarido, aullido, bramido, llamada, lamento

grosería tosquedad, descortesía, incivilidad, descaro, rudeza *delicadeza*

grosero 1. tosco, áspero, desagradable 2. descarado, incivil, descortés

grotesco 1. extravagante, ridículo, fantástico, increíble, risible, absurdo 2. deformado, desfigurado, raro, feo

grueso 1. gordo, obeso, rollizo, corpulento *delgado* 2. espesura, anchura, grosor *delicado, leve* (GROSOR)

gruñido bufido, graznido, ronquido

gruñir 1. gañir, mugir, bufar 2. rezongar, refunfuñar

grupo 1. conjunto, unión, asociación, clan, pandilla 2. género, clase

gruta cavidad, cueva, caverna, sima, mina

guante mitón

guapo 1. hermoso, apuesto, airoso, elegante, bello *feo* 2. fanfarrón, valentón

guardar 1. embolsar, recoger, almacenar *botar* 2. cuidar, vigilar, proteger, defender, preservar *descuidar* 3. ahorrar, conservar, retener *gastar*

guardián custodio, guarda, defensor, cuidador, vigilante

guarnición 1. adorno, ornato, accesorio 2. guardia, tropa, cuartel 3. aderezo, condimento

guerra 1. pugna, pleito, discordia, hostilidad 2. contienda, conflicto, combate, lucha, batalla, pelea

guerrero 1. combatiente, soldado, militar 2. bélico, belicoso

guía 1. conductor, guiador 2. director, mentor, consejero 3. manual 4. norma, pauta, regla, modelo

guiar 1. dirigir, mostrar, indicar, encaminar, orientar 2. manejar, conducir 3. instruir, enseñar, aconsejar

guiñar bizquear, cucar

guisar 1. cocinar, cocer 2. tramar, maquinar

gustar 1. saborear, probar, comer, catar 2. probar, experimentar 3. deleitar, agradar, atraer *desagradar*

gusto 1. sabor, regusto 2. delicadeza, gracia, elegancia 3. deleite, placer, satisfacción 4. capricho, deseo

gustoso 1. sabroso, rico, delicioso 2. agradable, grato, placentero

H

hábil apto, capaz, competente, diestro, habilidoso, mañoso *inhábil* (HABILIDOSO)

habilidad aptitud, destreza, competencia, arte, inteligencia, capacidad *inhabilidad*

habilitar capacitar, facultar, autorizar, licenciar *inhabilitar*

habitación 1. cuarto, pieza, alcoba, cámara, salón 2. piso, apartamento, domicilio, hogar, casa

habitante poblador, residente, ciudadano, morador

habitar residir, vivir, ocupar, alojarse, aposentarse, domiciliarse

hábito costumbre, uso, estilo, práctica, usanza

habitual usual, común, corriente, ordinario, frecuente (HABITUALMENTE)

hablador 1. charlatán, locuaz, verboso, garrulo 2. indiscreto, chismoso

hablar 1. conversar, charlar, decir, comunicar, expresar 2. confesar, admitir, revelar

hacedero factible, practicable, posible, realizable, viable *imposible*

hacer 1. producir, formar, crear 2. trabajar, fabricar, construir 3. ejecutar, realizar, practicar 4. disponer, componer, aderezar 5. obligar

hacha hachuela, segur, azuela

hacienda 1. finca, propiedad 2. bienes, capital, cuadal

hada hechicera, maga

halagar 1. adular, lisonjear, festejar, mimar *desdeñar* 2. agradar, deleitar, satisfacer *desagradar* (HALAGO)

halar atraer, recoger, tirar, jalar

hallar 1. encontrar, topar, dar con, descubrir 2. observar, notar, entender, juzgar (HALLAZGO)

halo 1. nimbo, aureola 2. resplandor, fulgor

hambriento 1. famélico 2. deseoso

hambruna hambre, apetito, gana, voracidad

haragán gandul, holgazán, vago, flojo, perezoso *trabajador* (HARAGANERÍA)

haraganear holgazanear, gandulear, vagar *trabajar*

harapiento andrajoso, astroso, roto, rotoso *elegante, galano*

hartar 1. saciar, satisfacer, ahitar 2. molestar, fastidiar, aburrir

harto 1. saciado, saturado, ahíto 2. cansado, hastiado, aburrido 3. bastante, sobrado (HARTAZGO)

hastiar fastidiar, molestar, aburrir, cansar *divertir*

hastío 1. aburrimiento, fastidio, tedio, cansancio 2. repugnancia, rechazo

haz 1. fajo, gavilla 2. cara, faz, rostro *fondo*

hazaña heroísmo, proeza, gesta, heroicidad *cobardía*

hebilla broche, pasador, prendedor

hebra filamento, hilo, fibra

hechicera sibila, hada, maga, ensalmadora, bruja

hechicería magia, brujería, encantamiento, maldición

hechicero brujo, mago, encantador, ensalmador

hechizado 1. embrujado, encantado, ensalmado 2. maravillado, fascinado

hechizar 1. embrujar, encantar 2. fascinar, cautivar

hecho 1. acto, acción, obra 2. acontecimiento, suceso, caso 3. logro, hazaña

hedor hediondez, pestilencia, fetidez, peste, mal olor

hegemonía predominio, dominio, supremacía, superioridad *sumisión*

helado 1. glacial, congelado, frío, gélido 2. sorbete, mantecado 3. esquivo, desdeñoso

helar congelar, enfriar, refrigerar (HELAMIENTO)

hembra mujer *macho*

hender rajar, partir, abrir, agrietar, resquebrajar, romper

hendidura grieta, abertura, división, raja, fractura

heno hierba, pasto, forraje

heredad predio, finca, hacienda

heredar adquirir, recibir, obtener (HERENCIA)

hereditario sucesorio, patrimonial, heredable

herejía 1. sacrilegio, heterodoxia, error 2. disparate, desacierto (HEREJE, HERÉTICO)

herencia 1. sucesión, patrimonio, bienes 2. transmisión

herida 1. lesión, contusión, golpe 2. ofensa, agravio, pena

herir 1. dañar, lesionar, lastimar *sanar* 2. agraviar, provocar, enojar, ofender, humillar *apaciguar*

hermandad 1. fraternidad, amistad, unión, afinidad 2. asociación, cofradía, congregación

hermético 1. impenetrable, cerrado, estanco 2. incomprensible, difícil

hermoso bello, bonito, precioso, lindo, maravilloso *feo* (HERMOSURA)

héroe 1. valeroso, noble, triunfador, vencedor 2. superhombre, semidiós

heroico valiente, intrépido, osado, atrevido, audaz *cobarde* (HÉROE, HEROÍNA, HEROÍSMO)

herramienta instrumento, utensilio, útil, aparato

herrumbroso enmohecido, oxidado, mohoso

hervir 1. bullir, cocer, escaldar 2. agitarse, picarse, alborotarse

hibernar 1. dormir 2. esconderse

híbrido cruzado, mestizo, mezclado

hidalgo 1. generoso, íntegro, digno 2. señor, noble, caballero, aristócrata

hidrofobia rabia

hielo escarcha, granizo, nieve

higiénico sano, limpio, puro, aseado, sanitario, desinfectado *sucio* (HIGIENE)

hilera 1. fila, línea 2. columna, orden, serie

hilo 1. hebra, fibra, filamento 2. serie, continuación, secuencia

himno 1. canción, cántico (HIMNARIO) 2. poema, poesía

hincar 1. clavar, introducir, plantar 2. colocar, apoyar 3. arrodillarse

hinchado 1. abultado, inflado, tumefacto *desinflado* 2. enfático, presumido, presuntuoso

hinchar 1. abultar, henchir, inflar, inflamar, llenar *deshinchar* 2. ampliar, exagerar, abultar, aumentar *disminuir*

hipnotizar sugestionar, fascinar, hechizar (HIPNOTISMO, HIPNOTIZADOR)

hipocresía fingimiento, insinceridad, simulación, falsedad *sinceridad*

hipócrita fingidor, engañoso, simulador, falso *sincero*

hipótesis suposición, presunción, creencia, supuesto, conjetura, proposición

histérico convulso, excitado, perturbado, trastornado, agitado *calmo* (HISTERIA)

historia anales, crónica, relato (HISTÓRICO, HISTORIAL)

hito mojón, poste, pilar, señal, marca

hogar casa, domicilio, morada, residencia, vivienda (HOGAREÑO)

hoja 1. pétalo 2. lámina, chapa 3. folio, página 4. cuchilla, espada, tizona

hojear repasar, examinar, revisar, trashojar, leer, mirar

hola saludo, salutación, cortesía

holgado cómodo, espacioso, amplio, sobrado *apretado* (HOLGURA)

holgazán perezoso, ocioso, vago, indolente *ambicioso*

holgazanear gandulear, vagar, haraganear, holgar (HOLGAZANERÍA)

holgura amplitud, anchura, desahogo, comodidad *estrechez*

hombre varón, macho, persona

hombría fortaleza, energía, virilidad, valor

homenaje admiración, respeto, honor, reverencia, estima, veneración *desacato*

homicidio muerte, asesinato, crimen, atentado

honesto 1. honrado, justo 2. decente, decoroso, pudoroso 3. razonable, moderado (HONESTIDAD)

honor gloria, fama, renombre, celebridad, estima, homenaje *deshonra* (HONORABLE, HONORARIO)

honrado 1. recto, leal, íntegro, honesto *deshonesto* 2. respetado, venerado, distinguido, honorable *deshonrado* (HONRADEZ)

horadar perforar, taladrar, agujerear

horario guía, lista, programa, itinerario

horca cadalso, patíbulo, soga

horda multitud, muchedumbre, masa

horizontal tendido, plano, yacente, echado *vertical*

hormiguear 1. cosquillear, picar 2. bullir, agitarse, pulular (HORMIGUEO)

horno cocina, cocinilla, hogar, fogón

horrible pavoroso, horrendo, horroroso, espantoso, repulsivo, repugnante *espléndido*

horrorizar horripilar, espantar, repeler, estremecer

horroroso horripilante, espantoso, aterrador, repugnante *atractivo*

hosco ceñudo, brusco, grosero, áspero, antipático, huraño *simpático*

hospital dispensario, clínica, sanatorio, nosocomio

hospitalario acogedor, generoso, anfitrión *inhóspito* (HOSPITALIDAD)

hostería hostal, albergue, alojamiento, hotel, parador, posada

hostigar 1. acosar, perseguir, molestar, fastidiar 2. azotar, fustigar

hostil contrario, adverso, enemigo, desfavorable, oponente, agresivo, beligerante *amistoso* (HOSTILIDAD)

hotel hostería, albergue, alojamiento, hostal, posada

hoyo 1. depresión, foso, socavón, cavidad, concavidad 2. sepultura, hoya

hueco 1. cavidad, espacio, vacío 2. presumido, vanidoso, orgulloso 3. vacante

huella 1. señal, pisada, impresión, rastro 2. evocación, recuerdo

huésped 1. invitado, convidado, visita, visitante, alojado 2. anfitrión, hostelero, hotelero

huevo óvulo, embrión, germen, célula

huir 1. desaparecer, fugarse, escapar, evadirse *quedarse, permanecer* 2. esquivar, eludir, evitar

humano 1. persona, hombre, individuo, ser (HUMANIDAD) 2. solidario, benévolo, compasivo

humedecer empapar, mojar, remojar, regar, bañar, rociar *secar*

húmedo mojado, remojado, impregnado, rociado, bañado, empapado seco (HUMEDAD)

humilde 1. modesto, manso, sencillo *vano, ostentoso* 2. pobre, indigente *rico* (HUMILDEMENTE, HUMILDAD)

humillado sometido, abatido, desdeñado, avergonzado, ofendido

humillar someter, abatir, desdeñar, avergonzar, ofender, insultar, deshonrar *enaltecer, ensalzar* (HUMILLACIÓN)

humor 1. carácter, genio, disposición, temperamento 2. gracia, ingenio, agudeza, humorismo

humorístico cómico, gracioso, chistoso, jocoso, ingenioso

hundido 1. sumergido, sumido 2. caído, derrumbado, desplomado 3. arruinado, perjudicado

hundir 1. sumergir, sumir 2. meter, introducir 3. derrumbar 4. arruinar, perjudicar

hundirse 1. sumergirse, sumirse 2. naufragar, zozobrar, abismarse 3. arruinarse, perjudicarse

huracán ciclón, tornado, tifón, tormenta, borrasca

huraño hosco, huidizo, arisco, esquivo

hurtar robar, sustraer, sisar, despojar *regalar*

hurto robo, rapiña, sustracción, despojo

I

ida marcha, viaje, traslado, caminata *venida* (IR)

idea 1. pensamiento, concepto, concepción, noción, opinión 2. esquema, proyecto, plan, designio 3. creencia, doctrina

ideal 1. perfecto, ejemplar, excelente *imperfecto* 2. irreal, imaginario *real* 3. modelo, prototipo

idealista optimista, altruista, espiritual, desinteresado

idear pensar, inventar, concebir, conceptuar, crear, discurrir, imaginar

idéntico igual, equivalente, semejante *diferente*

identificar 1. reconocer, determinar, distinguir, describir 2. acreditar, nombrar, designar (IDENTIFICACIÓN, IDENTIDAD)

idioma lengua, lenguaje, habla, locución

idiota imbécil, retrasado, necio (IDIOTEZ)

ídolo fetiche, dios, deidad (IDOLATRAR, IDOLATRÍA)

idóneo adecuado, apropiado, apto, competente, hábil, capaz, diestro, talentoso

iglesia 1. congregación, comunidad 2. santuario, templo, catedral, basílica

ignorancia insuficiencia, incultura, atraso, rusticidad *cultura*

ignorante inculto, iletrado, ineducado, desconocedor *culto, educado*

ignorar desconocer, desatender, desoír *conocer, saber*

igual 1. idéntico, semejante, equivalente 2. constante, invariable, parejo *desigual* (IGUALDAD)

igualar emparejar, empatar, equilibrar, nivelar, compensar (IGUALDAD)

igualmente asimismo, también, indistintamente

ilegal 1. ilícito, ilegítimo, prohibido 2. injusto, arbitrario *legal*

ilegible indescifrable, incomprensible, ininteligible *comprensible, legible*

ilegítimo 1. ilegal, ilícito, fraudulento, falsificado, adulterado 2. bastardo, natural *legítimo*

ilógico irracional, absurdo, contradictorio, desatinado, disparatado *lógico*

iluminar 1. alumbrar, irradiar *apagar* 2. aclarar, explicar, simplificar, enseñar, ilustrar *oscurecer* (ILUMINACIÓN)

ilusión 1. irrealidad, ficción, confusión *realidad* 2. confianza, esperanza *decepción*

ilusionarse 1. esperar, soñar 2. confiarse, engañarse, deslumbrarse

ilustrar 1. aclarar, explicar, enseñar, demostrar 2. representar, dibujar, adornar 3. instruir, civilizar (ILUSTRACIÓN)

ilustre 1. famoso, celebrado, distinguido, eminente, glorioso, prestigioso, renombrado 2. noble, aristócrata

imagen 1. figura, pintura, representación, retrato 2. reflejo

imaginación idea, ilusión, invención, representación, pensamiento, fantasía

imaginar 1. idear, pensar, representar 2. proyectar, planear, inventar, crear (IMAGINABLE, IMAGINARIO, IMAGINATIVO)

imbécil idiota, retrasado, necio, tonto, estúpido *inteligente*

imitación 1. emulación, remedo, reproducción 2. falsificación, plagio

imitar copiar, parodiar, repetir, duplicar, remedar

impaciencia ansiedad, inquietud, nerviosidad, prisa

impaciente 1. inquieto, ansioso, ardoroso 2. exasperado, irritado, intolerante *paciente*

impacto 1. colisión, choque, golpe, percusión 2. señal, efecto

impar non, desigual, dispar *par, igual*

imparcial justo, neutral, ecuánime, equitativo *parcial*

impasible indiferente, imperturbable, insensible, inalterable, inexpresivo *sensible, conmovedor* (IMPASIBILIDAD)

impávido imperturbable, sereno, impertérrito, impasible, valiente, arrojado *manso, temeroso* (IMPAVIDEZ)

impecable 1. perfecto, irreprochable, intachable 2. puro, pulcro, limpio

impedir imposibilitar, dificultar, obstaculizar, estorbar, frenar, limitar *facilitar* (IMPEDIMENTO)

impeler 1. empujar, impulsar *sujetar* 2. estimular, incitar, instigar, mover *calmar*

impenetrable 1. inaccesible, inalcanzable *abierto, permeable* 2. incomprensible, inexplicable, misterioso, inescrutable *claro*

imperativo 1. dominante, autoritario, perentorio 2. urgente, necesario *innecesario*

imperceptible indiscernible, insensible, indefinido *manifiesto, perceptible*

imperecedero eterno, inmortal, perpetuo, indestructible *mortal, perecedero*

imperfecto defectivo, defectuoso, incompleto, inadecuado, deficiente *perfecto* (IMPERFECCIÓN)

imperioso 1. altanero, despótico, orgulloso, soberbio *sumiso* 2. urgente, necesario, crucial, crítico, imperativo *innecesario*

impersonal indefinido, impreciso, ambiguo, corriente *personal*

impertinencia insolencia, imprudencia, descaro, osadía *respeto, cortesía* (IMPERTINENTE)

ímpetu fuerza, arranque, vehemencia, impulso, intensidad *pasividad*

impetuoso apasionado, arrebatado, fogoso, precipitado, violento *tranquilo*

implementar realizar, cumplir, llevar a cabo

implicar 1. envolver, comprometer, enredar 2. significar, incluir

implícito tácito, manifiesto, incluido *explícito*

implorar pedir, rogar, suplicar, invocar, rezar

imponente impresionante, magnífico, formidable, enorme, grandioso, majestuoso, maravilloso, soberbio *insignificante*

imponer 1. obligar, forzar 2. predominar, sobresalir (IMPOSICIÓN)

impopular desprestigiado, malquisto, odiado *popular, simpático*

importancia valor, significación, consideración, interés, alcance, magnitud

importante valioso, necesario, trascendental, fundamental, principal, substancial, básico, vital *insignificante*

importar 1. introducir, recibir, entrar, adquirir *exportar* 2. interesar, convenir, atañer *desinteresar* (IMPORTACIÓN)

importe suma, cuantía, precio, valor, cantidad

importunar insistir, fastidiar, molestar, enfadar, irritar, incomodar

importuno inoportuno, indiscreto, molesto, fastidioso

imposibilitar obstaculizar, excluir, impedir, prohibir *permitir*

imposible 1. irrealizable, impracticable *posible* 2. inaguantable, intratable (IMPOSIBILIDAD)

imposición obligación, orden, mandato, fuerza, coerción

impostor 1. simulador, falso, embaucador, mentiroso 2. calumniador, difamador

impreciso confuso, vago, indefinido, inexacto, incierto *preciso*

impregnar mojar, empapar, embeber

impresión 1. sensación, emoción, recuerdo 2. marca, huella, señal 3. edición, tirada

impresionar afectar, conmover, emocionar, maravillar, turbar *serenar*

imprevisto 1. accidental, casual, inesperado, impensado *esperado* 2. repentino, súbito

imprimir estampar, grabar, editar, publicar

improbable remoto, dudoso, inseguro *probable*

impropio 1. incorrecto, inadecuado, inconveniente, inoportuno *adecuado* 2. indecoroso, grosero *propio*

improvisar repentizar, crear, innovar, inventar

imprudente temerario, arriesgado, indiscreto, insensato, precipitado, descuidado *prudente*

impuesto carga, gravamen, tributo, contribución

impulsar 1. impeler, mover, empujar *sujetar* 2. fomentar, desarrollar, organizar *frenar, contener*

impulsivo vehemente, impetuoso, brusco, precipitado, arrebatado *sereno*

impulso 1. empuje, impulsión, movimiento, promoción 2. estímulo, incentivo, instigación, sugestión, ánimo

impureza mezcla, mancha, suciedad *pureza*

impuro 1. mezclado, manchado, sucio *puro* 2. indecente, deshonesto, vicioso *decente*

inaccesible inalcanzable, cerrado, aislado *accesible*

inaceptable inadmisible, increíble *aceptable, creíble*

inactivo inerte, ocioso, parado, quieto *activo* (INACTIVIDAD)

inadecuado impropio, inconveniente, incorrecto, inoportuno *adecuado*

inadvertencia 1. imprevisión, distracción 2. error, descuido, negligencia, omisión

inadvertidamente impensadamente, inesperadamente, imprevisiblemente *conscientemente*

inadvertido 1. inesperado, impensado, desapercibido 2. ignorado, omitido, olvidado *sabido*

inagotable inacabable, interminable, eterno, perpetuo, infinito, abundante *poco, breve*

inalcanzable impracticable, inaccesible, imposible

inalterado invariado, permanente, constante *alterado*

inamovible firme, fijo, estable, estático *movible*

inapreciable 1. incalculable, inestimable, invalorable, valiosísimo 2. imperceptible, indiscernible

inaudito 1. sorprendente, extraordinario, nuevo, raro *corriente* 2. atroz, escandaloso, increíble, monstruoso

inaugurar abrir, estrenar, iniciar, principiar, comenzar *clausurar*

incansable infatigable, resistente, tenaz, vigoroso, activo

incapacidad 1. ineptitud, inhabilidad, incompetencia *aptitud, competencia* 2. insuficiencia, escasez

incapacitar 1. mutilar, herir, baldar 2. inhabilitar, anular, invalidar *capacitar*

incapaz inepto, inhábil, ineficaz, torpe, incompetente *capaz*

incendiar quemar, inflamar, incinerar, cremar, abrasar

incendio quema, fuego, conflagración, abrasamiento, incineración

incentivo estímulo, acicate, aguijón, incitación, ánimo, impulso

incertidumbre duda, indecisión, inseguridad, perplejidad *certeza*

incesante constante, continuo, perenne, persistente *discontinuo, intermitente*

incidente suceso, ocurrencia, accidente, situación

incierto inseguro, desconocido, impreciso, dudoso *cierto, seguro*

incinerador horno, quemador

incipiente naciente, nuevo, principiante *veterano*

incisión tajo, corte

incitar estimular, instigar, persuadir, mover, provocar *calmar, tranquilizar* (INCITACIÓN)

incivilizado bárbaro, salvaje, feroz, bestial, inculto, descortés, grosero *civilizado, culto*

inclemente riguroso, frío, duro, helado *agradable* (INCLEMENCIA)

inclinación 1. pendiente, ángulo, declive 2. afición, propensión, tendencia 3. reverencia

inclinar 1. desviar, torcer, bajar, ladear, acostar *enderezar* 2. doblegar, agachar, flexionar 3. tender, propender

inclinarse agacharse, doblarse, saludar

incluir contener, abarcar, comprender, englobar, encerrar *excluir* (INCLUSIÓN, INCLUSIVE)

incoherente incomprensible, confuso, desordenado, absurdo *coherente*

incomible indigesto, podrido

incomodar desagradar, disgustar, enojar, fastidiar, molestar, estorbar, enfadar *agradar*

incómodo desagradable, dificultoso, embarazoso, fastidioso, molesto *cómodo, grato* (INCOMODIDAD)

incomparable insuperable, perfecto, óptimo, impar, excelente *comparable*

incompatible opuesto, contrario, disconforme, inadecuado *compatible* (INCOMPATIBILIDAD)

incompetente inepto, ineficaz, inhábil, torpe, ignorante *competente* (INCOMPETENCIA)

incompleto insuficiente, imperfecto, inacabado, parcial, fragmentario *completo*

incomprensible 1. inconcebible, indescifrable 2. difícil, obscuro *claro, inteligible*

inconcebible incomprensible, inimaginable *comprensible*

incondicional absoluto, ilimitado, total, completo, definitivo *condicional, limitado*

inconsciente 1. indeliberado, irreflexivo 2. descuidado, imprudente, irresponsable *consciente* (INCONSCIENCIA)

inconsiderado 1. desconsiderado, desatento, irreflexivo 2. descortés, irrespetuoso *considerado*

inconsistente flojo, frágil, blando, maleable, dúctil, endeble *consistente, duro*

incontestable incuestionable, indiscutible, cierto, evidente, irrefutable, probado *discutible*

inconveniente 1. inadecuado, incorrecto, inoportuno *compatible, oportuno* 2. obstáculo, dificultad

incorporar admitir, afiliar, agregar, fusionar, juntar, mezclar, reunir, unir *desunir, echar*

incorrecto 1. errado, defectuoso, equivocado 2. descortés, inoportuno

incrédulo 1. suspicaz, escéptico, desconfiado *crédulo, confiado* 2. irreligioso, ateo, impío *creyente*

increíble inconcebible, inverosímil, sorprendente, raro *creíble, verosímil*

incrementar aumentar, añadir, agrandar, intensificar, reforzar *disminuir*

incrustar 1. embutir, encajar, meter, introducir 2. engastar, cubrir

incubar 1. empollar, calentar 2. desarrollar, crear

inculto 1. analfabeto, ignorante, iletrado 2. descuidado, rústico, tosco 3. yermo, baldío

incurable 1. insalvable, mortal 2. irremediable, irreparable *curable*

incurrir 1. incidir, caer, errar 2. merecer

incursión correría, irrupción, invasión, ataque, saqueo

indagar buscar, averiguar, investigar (INDAGACIÓN)

indecente 1. irrespetuoso, indecoroso 2. impúdico, desvergonzado 3. sucio, asqueroso

indeciso 1. dudoso, vacilante, inseguro 2. vago, indeterminado, incierto *decidido*

indecoroso indecente, incorrecto, indigno *decente, honesto*

indefinido ilimitado, impreciso, indeterminado, vago *definido, preciso*

indeleble imborrable, perdurable, permanente, inalterable *alterable*

independencia 1. emancipación, libertad, autonomía, soberanía 2. entereza, firmeza, resolución

independiente libre, autónomo, emancipado, libre, liberado, soberano

indescriptible inexpresable, fabuloso, maravilloso, extraordinario, increíble, fantástico, sublime *descriptivo*

indeseable 1. criminal, truhán, maleante 2. peligroso, amenazador, indigno

indicar mostrar, señalar, demostrar, presentar, expresar, sugerir, insinuar (INDICACIÓN)

índice catálogo, lista, tabla, indicio, muestra, señal

indicio 1. asomo, manifestación 2. señal, signo 3. muestra

indiferente impasible, insensible, despreocupado, desinteresado, frío, apático *entusiasta* (INDIFERENCIA, INDIFERENTEMENTE)

indígena originario, natural, nativo, autóctono *extranjero, foráneo*

indigente pobre, menesteroso, pordiosero

indignado irritado, encolerizado, furioso, colérico *calmo*

indignar enfadar, irritar, enojar, enfurecer *agradar, calmar*

indignidad ultraje, ofensa, infamia *respeto*

indirecto mediato, desviado, ambiguo, furtivo *directo*

indisciplinado desobediente, indócil, ingobernable, insumiso, rebelde *dócil, disciplinado* (INDISCIPLINA)

indiscreto curioso, entrometido, insensato, imprudente, importuno *cauteloso, discreto*

indispensable esencial, necesario, obligatorio, imprescindible *innecesario*

indispuesto doliente, enfermo, achacoso *sano*

indistinto confuso, borroso, esfumado, imperceptible, indistinguible *claro*

individual particular, personal, singular, propio *colectivo, común* (INDIVIDUALIDAD, INDIVIDUALMENTE)

individuo sujeto, tipo, persona, ser

indivisible unitario, uno, inseparable, indiviso *divisible* (INDIVISIBILIDAD)

indolente apático, inactivo, perezoso, negligente *activo*

indómito indomable, rebelde, indisciplinado, incorregible *obediente*

inducir 1. alentar, incitar, persuadir, estimular, instigar 2. deducir, inferir

indudable indubitable, cierto, evidente, seguro, inequívoco

indulgente benévolo, benigno, paciente, comprensivo, suave *severo, estricto*

indumentaria ropa, traje, vestido, vestidura, vestimenta

industria 1. fabricación, manufactura, producción, construcción, oficio 2. destreza, habilidad (INDUSTRIAL)

industrioso trabajador, diligente, hábil, aplicado, dedicado *perezoso*

ineficaz inútil, inservible, inoperante, incompetente *eficaz*

inepto incapaz, incompetente, desmañado, improductivo *capaz*

inequívoco claro, evidente, indudable, indiscutible, seguro, probado, cierto *discutible, dudoso*

inerte 1. inactivo *activo* 2. apático, flojo, indolente, perezoso *dinámico* 3. inmóvil *móvil*

inescrupuloso deshonesto, corrupto, embaucador, criminal *honesto, recto*

inesperado imprevisto, insospechado, accidental, casual, repentino, súbito *previsto, esperado*

inestable inseguro, vacilante, inconstante, precario, voluble, variable *estable, constante*

inestimable precioso, valioso, inapreciable *desdeñable*

inevitable 1. ineludible, ineluctable 2. necesario, obligatorio, forzoso

inexacto incorrecto, erróneo, falso, equivocado *exacto*

inexcusable 1. ineludible, inevitable 2. imperdonable, injustificable, inaceptable, vergonzoso *justificable*

inexorable 1. implacable, severo, estricto, inflexible, duro, austero *flexible, manso* 2. inevitable, ineludible *evitable*

inexperto principiante, novicio, aprendiz, inepto, inhábil, torpe *experto, hábil*

inexplicable misterioso, incomprensible, increíble *explicable*

inexpugnable inconquistable, invencible, indomable *débil*

infalible seguro, cierto, firme *dudoso*

infame malo, malvado, perverso, ruin, vil, detestable *bondadoso* (INFAMIA)

infancia 1. niñez, puericia *vejez* 2. inicial, preliminar (INFANTE, INFANTIL)

infantería ejército, tropa, soldadesca

infectar contaminar, contagiar, infestar, transmitir, enfermar (INFECCIÓN, INFECCIOSO)

infecundo improductivo, estéril, árido, yermo *fértil, fecundo*

infelicidad desdicha, desventura, adversidad, desgracia *felicidad*

infeliz 1. desdichado, infortunado, desgraciado, entristecido, atribulado, afligido 2. apocado, desventurado, mísero, oprimido *feliz*

inferior 1. peor, malo, menor *mejor* 2. dependiente, subordinado, subalterno *superior* (INFERIORIDAD)

inferir 1. concluir, deducir, derivar 2. causar, ocasionar, producir (INFERENCIA)

infernal 1. demoníaco, satánico *celestial* 2. malvado, pérfido

infestar contaminar, corromper, apestar, inficionar, plagar

infidelidad deslealtad, ingratitud, vileza, engaño *lealtad, fidelidad*

infiel 1. desleal, ingrato, traidor, engañoso *leal, fiel* 2. inexacto, incorrecto

infiltrar impregnar, embeber, introducir, infundir, penetrar

infinito ilimitado, incalculable, inmenso, innumerable, interminable, perdurable, perpetuo, eterno *limitado* (INFINIDAD)

inflamar 1. encender, incendiar, arder, quemar *apagar* 2. enardecer, apasionar, irritar, entusiasmar *tranquilizar*

inflar hinchar, agrandar, abultar, crecer, aumentar *desinflar* (INFLACIÓN)

inflexible 1. fieso, firme, tenaz, rígido 2. implacable, inexorable *flexible*

infligir 1. imponer, aplicar, castigar 2. causar, producir, ocasionar

influencia influjo, predominio, poder, efecto (INFLUENCIAR)

influir causar, actuar, intervenir, afectar, contribuir, ayudar

influyente poderoso, importante, respetado, prestigioso

información informe, noticia, notificación, novedad, rumor, declaración

informal descuidado, despreocupado, impreciso *cumplidor*

informar decir, declarar, comunicar, advertir, aconsejar, anunciar, notificar

informe 1. declaración, noticia, información 2. opinión, dictamen 3. deforme

infortunio desventura, desgracia, dificultad, desastre, catástrofe, calamidad, tragedia, accidente *felicidad*

infrecuente desusado, inusual, raro, insólito, irregular *frecuente*

infringir transgredir, quebrantar, vulnerar *obedecer, acatar*

infructuoso estéril, improductivo, ineficaz, inútil, vano *eficaz, fecundo*

ingenio 1. talento, capacidad, inteligencia, agudeza, imaginación 2. maña, artificio 3. máquina, molino

ingenioso talentoso, agudo, diestro, sagaz, listo, inteligente, genial

ingenuo 1. cándido, franco, abierto, sincero *furtivo* 2. crédulo, inocente, simple *astuto*

ingrato desagradecido, desleal *agradecido* (INGRATITUD)

ingrediente parte, elemento, factor, componente

ingreso 1. ganancia, beneficio, renta 2. entrada, examen

inhábil inepto, torpe, desmañado, incapaz *hábil, capaz*

inhalar absorber, aspirar, inspirar, respirar *exhalar* (INHALACIÓN)

inherente propio, innato, nativo, intrínseco, inseparable

inhospitalario inhóspito, descortés, incivil, desatento, duro, grosero *cortés, atento* (INHOSPITALIDAD)

inhumano bárbaro, brutal, cruel, despiadado, feroz *bondadoso*

inicial 1. primero, original, primordial, inaugural *final* 2. letra

iniciar 1. comenzar, empezar, originar, inaugurar *acabar* 2. enseñar, aleccionar, instruir (INICIACIÓN, INICIATIVO)

inicio comienzo, principio, origen, apertura, iniciación

iniquidad injusticia, maldad, perversidad, vileza *justicia*

injertar aplicar, meter, introducir, agregar, añadir

injuriar deshonrar, desacreditar, menospreciar, perjudicar *proteger*

injusticia iniquidad, arbitrariedad, parcialidad, ilegalidad *justicia*

injusto arbitrario, inicuo, parcial, ilegal, inmoral *legal, moral*

inmaculado limpio, puro, impoluto *manchado*

inmaduro tierno, nuevo, verde, prematuro *maduro*

inmaterial incorpóreo, irreal, etéreo, abstracto *material, real*

inmediatamente prontamente, rápidamente, urgentemente, en seguida *luego*

inmenso extenso, vasto, grande, enorme, ancho, monumental, gigantesco, gigante *pequeño* (INMENSIDAD, INMENSAMENTE)

inmensurable inmenso, ilimitado, infinito *mesurable*

inmigrar llegar, migrar, trasladarse *emigrar* (INMIGRANTE, INMIGRACIÓN)

inminente cercano, inmediato, próximo, urgente

inmoral deshonesto, licencioso, obsceno, vicioso *casto*

inmortal eterno, imperecedero, perpetuo *mortal* (INMORTALIDAD)

inmóvil inerte, quieto, clavado, fijo, firme *móvil*

inmune 1. exento, protegido, libre 2. invulnerable, inatacable *vulnerable* (INMUNIDAD, INMUNIZAR)

innato congénito, natural, propio, instintivo

innecesario inútil, superfluo, sobrante, redundante *necesario, esencial*

innegable indudable, irrefutable, indiscutible, incuestionable, irrebatible *dudoso*

innovación creación, novedad, invención, idea

innovar cambiar, renovar, transformar (INNOVACIÓN)

innumerable incontable, incalculable, ilimitado, infinito *limitado*

inocente 1. honesto, honrado *culpable* 2. sencillo, ingenuo, cándido *malicioso* (INOCENCIA)

inocular inmunizar, vacunar (INOCULACIÓN)

inofensivo inocuo, pacífico, inocente *dañino, ofensivo*

inolvidable 1. imborrable, imperecedero, memorable *olvidadizo* 2. extraordinario, excepcional *ordinario*

inoportuno inesperado, extemporáneo, inadecuado, inconveniente, incorrecto, tardío, temprano, incómodo

inquietar desasosegar, alarmar, angustiar, turbar, intranquilizar, incomodar *sosegar, apaciguar, tranquilizar*

inquieto agitado, desasosegado, excitado, intranquilo, nervioso, revoltoso, turbado, turbulento *calmo, tranquilo*

inquietud agitación, ansiedad, intranquilidad, perturbación, turbación *quietud, serenidad*

inquilino ocupante, arrendatario, habitante

inquirir averiguar, indagar, preguntar, interrogar

inquisitivo averiguador, indagador, interrogador, investigador, curioso

insaciable ávido, voraz, ambicioso, ansioso

inscribir 1. grabar, esculpir, trazar 2. alistar, anotar, apuntar, matricular

inseguridad incertidumbre, inestabilidad, indecisión, duda, vaguedad

inseguro inestable, incierto, dudoso, vacilante, indeciso *resoluto, seguro*

insensato desatinado, extravagante, disparatado, incoherente, tonto, necio *cuerdo*

insensible 1. inanimado, inconsciente 2. imperturbable, impasible, frío 3. imperceptible *sensible* (INSENSIBILIDAD)

inseparable fijo, unido, indivisible *separable*

insertar incluir, intercalar, introducir, meter (INSERCIÓN)

insignia señal, signo, emblema, escudo, símbolo, lema

insignificante despreciable, pequeño, escaso, poco, insuficiente *importante*

insincero deshonesto, falso, engañoso, desleal *sincero*

insinuar aludir, sugerir

insistir instar, exhortar, perseverar, apremiar, repetir (INSISTENTE, INSISTENCIA)

insolente desprectivo, descortés, descarado, fresco, desvergonzado, ofensivo, soberbio *respetuoso* (INSOLENCIA)

insólito desusado, inusitado, inusual, desacostumbrado, extraordinario, asombroso *común, habitual*

insoluble 1. inexplicable, irresoluble 2. indisoluble *soluble*

insoportable intolerable, inaguantable, insufrible *tolerable*

inspeccionar examinar, observar, estudiar, reconocer, contemplar (INSPECCIÓN, INSPECTOR)

inspiración 1. iluminación, idea, sugerencia, intuición 2. inhalación, aspiración

inspirar 1. causar, sugerir, entusiasmar, fomentar, iluminar 2. inhalar, aspirar

instalar 1. colocar, poner, disponer 2. acomodar, alojar, establecer (INSTALACIÓN)

instantáneo súbito, repentino, rápido, fugaz *lento* (INSTANTÁNEAMENTE)

instante momento, segundo

instar urgir, apremiar, insistir, apresurar, solicitar, presionar

instilar infiltrar, infundir, inspirar, provocar, causar

instinto impulso, inclinación, propensión (INSTINTIVO)

institución instituto, establecimiento, fundación, centro, organismo, asociación

instituir fundar, crear, establecer, formar, instaurar *abolir*

instrucción enseñanza, adiestramiento, educación

instruido culto, educado, erudito, estudioso, sabio *ignorante*

instruir 1. enseñar, educar, aleccionar, enterar, ilustrar 2. informar, dirigir, mandar, advertir (INSTRUCCIÓN, INSTRUCTIVO, INSTRUCTOR)

instrumento 1. aparato, herramienta, máquina, utensilio 2. medio (INSTRUMENTAL)

insuficiente corto, deficiente, escaso, falto *suficiente, bastante*

insultar ofender, afrentar, humillar *alabar*

insulto afrenta, ofensa, agravio, injuria *alabanza*

insurgente insurrecto, rebelde, sublevado, levantado

insurrección levantamiento, alzamiento, rebelión, motín, sedición, sublevación *disciplina, orden*

insustancial 1. trivial, ligero, frívolo 2. insípido, desabrido, insulso

intachable honesto, honrado, íntegro, irreprochable, recto *despreciable*

intacto 1. inalterado, completo, entero, íntegro 2. indemne, ileso

intangible impalpable, intocable *tangible*

integrar incorporar, completar, componer, unir, totalizar (INTEGRACIÓN)

integridad 1. honradez, decencia, rectitud, honestidad *deshonestidad* 2. todo, totalidad

íntegro 1. completo, total *parcial* 2. honrado, recto, irreprochable, decente *deshonesto*

intelectual 1. estudioso, ilustrado, instruido, educado, erudito *ignorante* 2. mental, cerebral

inteligencia 1. juicio, intelecto, entendimiento, inteligibilidad 2. talento, agudeza, capacidad

inteligente talentoso, agudo, sagaz, ingenioso, despierto, listo

intemperante excesivo, inmoderado, abusador

intensidad fuerza, energía, vigor, poder

intenso fuerte, enérgico, vigoroso, poderoso

intentar tratar, probar, procurar, emprender

intercalar interponer, mezclar, interpolar, combinar (INTERCALACIÓN)

intercambiar canjear, trocar, cambiar, alternar, reemplazar

intercambio trueque, cambio, canje

interceder mediar, intervenir, rogar, abogar

interceptar apoderarse, interrumpir, detener, impedir, cortar, obstruir

interés 1. beneficio, ganancia, dividendo *pérdida* 2. consideración, importancia *desatención* 3. atracción, curiosidad, inclinación *desinterés*

interesante atrayente, fascinante, encantador, seductor, cautivante

interesar atraer, cautivar, fascinar, seducir

interferir 1. intervenir, interponerse, mezclarse 2. estorbar, interrumpir (INTERFERENCIA)

interior interno, central, íntimo *exterior*

intermedio 1. intervalo, pausa 2. entreacto, entremés, interludio

interminable inacabable, inagotable, eterno, infinito *breve*

intermisión pausa, interrupción, interludio, intervalo, descanso

intermitente discontinuo, interrumpido, recurrente *continuo*

interno interior, central, íntimo *externo*

interponer entremezclar, intercalar, insertar, interpolar, meter

interpretar 1. explicar, aclarar, traducir, analizar 2. representar, ejecutar (INTERPRETACIÓN)

interrogar examinar, inquirir, preguntar, sondear, indagar (INTERROGACIÓN)

interrumpir 1. cortar, suspender, parar, impedir, detener *continuar* 2. interferir, obstaculizar *seguir* (INTERRUPCIÓN)

intervalo 1. intermedio, ínterin, interrupción, pausa 2. entreacto, interludio

intervención 1. mediación, participación, interposición, intercesión 2. intromisión, intrusión 3. ayuda, respaldo 4. operación (INTERVENIR)

intimar requerir, exhortar, conminar, notificar, ordenar, exigir

intimidar amenazar, asustar, atemorizar

íntimo 1. interior, profundo 2. familiar, personal 3. acogedor, tranquilo

intolerable inaguantable, insoportable, insufrible *tolerable, soportable*

intolerante irrespetuoso, obstinado, terco, rígido, pertinaz *tolerante, comprensivo*

intranquilo nervioso, excitado, inquieto, agitado, perturbado *tranquilo* (INTRANQUILIDAD)

intransigente fanático, intolerante, obstinado, terco, severo, rígido, pertinaz *flexible*

intransitable tortuoso, obstaculizado, quebrado, difícil, impracticable

intrépido atrevido, esforzado, osado, valeroso, valiente, heroico, audaz *tímido, cobarde* (INTREPIDEZ)

intriga enredo, maniobra, complot, confabulación

intrigante maquinador, chismoso, enredador

intrigar

intrigar confabular, conspirar, enredar, maquinar, tramar

intrincado confuso, enmarañado, enredado, laberíntico, oscuro, inextricable *sencillo* (INTRINCACIÓN)

intrincar enmarañar, enredar, complicar, confundir

introducir meter, insertar, colocar, embutir, penetrar *sacar*

inundación 1. anegación, aluvión, torrente, diluvio, desbordamiento 2. plenitud, abundancia

inundar 1. anegar, sumergir, encharcar, diluviar 2. abrumar, colmar, llenar, cargar

inusitado desacostumbrado, insólito, inusual, raro *común, frecuente*

inútil inservible, ineficaz, inepto, superfluo, incapaz *útil*

invadir entrar, irrumpir, penetrar, asaltar, violentar, acometer (INVASIÓN)

inválido lisiado, minusválido, baldado, impedido, lesionado

invariable constante, estable, fijo, firme, inalterable, inmutable, permanente *variable, cambiante* (INVARIABILIDAD)

invasión ocupación, conquista, asalto, captura, toma

invencible insuperable, invulnerable, inquebrantable, invicto, victorioso, indomable, triunfador *vencido*

inventar 1. crear, idear, concebir, hacer 2. imaginar, fingir, mentir (INVENCIÓN, INVENTOR)

inventario compilación, descripción, catálogo, lista

invernadero invernáculo

inverosímil increíble, improbable, dudoso, extraño, imposible *verosímil, probable*

invertir voltear, volver, revertir

investigación 1. estudio, averiguación, examen 2. pesquisa, búsqueda, indagación (INVESTIGADOR)

investigar estudiar, averiguar, examinar, pesquisar, buscar, indagar, inspeccionar, averiguar, inquirir

investir conferir, otorgar, conceder, dispensar

invitar convidar, ofrecer, hospedar, incitar (INVITACIÓN)

invocar solicitar, rezar, suplicar, implorar, llamar (INVOCACIÓN)

involuntario espontáneo, instintivo, inconsciente, impensado, automático, reflejo *voluntario*

inyectar introducir, inocular, meter *extraer* (INYECCIÓN)

ir moverse, dirigirse, caminar, partir, salir, recorrer, irse *venir*

ira cólera, enojo, furia, indignación, irritación, rabia *serenidad*

irascible irritable, colérico, excitable, iracundo

ironía sarcasmo, burla

irracional absurdo, insensato, ilógico, incoherente *racional, lógico*

irradiar radiar, propagar, difundir, esparcir *absorber*

irreal fantástico, engañoso, ficticio, fingido, ilusorio, imaginario, inexistente *real*

irregular anormal, asimétrico, desigual *regular*

irresoluto inseguro, indeciso, tímido *decidido, decisivo*

irreverente irrespetuoso, desconsiderado, descarado *respetuoso*

irritable iracundo, colérico, excitable, impaciente, irascible *plácido*

irritado enojado, colérico, airado, furioso *calmo* (IRRITACIÓN)

irritar enfurecer, enojar, indignar, impacientar, fastidiar, exasperar

irse marcharse, alejarse, salir, partir, mudarse *volver*

itinerario camino, recorrido, trayecto, ruta

izar subir, levantar, alzar, elevar, ascender *bajar*

izquierdo siniestro, zurdo *derecho*

J

jaca rocín, caballo, yegua *jamelgo*

jactancia alarde, vanidad, presunción, alabanza, orgullo *modestia*

jactarse presumir, alardear, ostentar, alabarse, pavonearse, preciarse

jadear resollar, sofocarse, resoplar, ahogarse

jalar halar, tirar, atraer *empujar*

jamás nunca, ninguna vez, de ningún modo

jarana diversión, bullicio, fiesta, alboroto, jolgorio

jardín parque, huerto, vergel (JARDINERO)

jarra vasija, recipiente, jarro, jarrón, cacharro, cántaro

jaspeado veteado, moteado, salpicado, pintado

jefatura autoridad, dirección, gobierno, superioridad *dependencia*

jefe dirigente, director, caudillo, guía, superior, líder *dependiente*

jerarquía orden, clase, categoría, clasificación, organización

jinete caballista, caballero, vaquero, gaucho

jira gira, excursión, viaje, vuelta, visita, salida, paseo

jocoso gracioso, chistoso, cómico, divertido *triste*

jornada 1. día, tiempo, fecha 2. camino, caminata, viaje, recorrido, excursión

jornal pago, salario, sueldo, estipendio, remuneración

jornalero trabajador, labriego, labrador, obrero

joroba corcova, giba, deformidad

joven 1. adolescente, muchacho, mozo 2. reciente, nuevo *viejo*

jovial contento, alegre, radiante, animado, divertido, entretenido, dichoso, feliz, optimista *triste, pesimista, melancólico, desanimado, infeliz*

joya alhaja, adorno, prenda, gema, piedra preciosa (JOYERÍA)

jubilado retirado, pensionado, pensionista

jubilar retirar, pensionar (JUBILACIÓN)

jubiloso alegre, gozoso, contento, jovial, radiante *triste, melancólico* (JÚBILO)

judía alubia, habichuela, frijol, poroto

juego 1. diversión, recreación, entretenimiento, pasatiempo 2. colección, serie, conjunto 3. equipo

juez magistrado, árbitro, mediador, intermediario

jugar divertirse, recrearse, retozar, entretenerse

juguetón retozón, travieso, bullicioso, inquieto *serio, quieto*

juicio 1. inteligencia, razón, entendimiento *torpeza* 2. cordura, discreción, prudencia, sensatez *insensatez* 3. criterio, apreciación, opinión, parecer 4. sentencia, veredicto

juicioso 1. cuerdo, lógico 2. discreto, prudente, sensato *insensato, irreflexivo*

juntar 1. agrupar, reunir, acopiar 2. unir, acoplar, conectar 3. acumular, amontonar, aglomerar *separar*

junto adjunto, adyacente, cercano, inmediato, próximo, vecino, unido *lejano, separado*

juntura 1. acoplamiento, articulación, ensambladura, coyuntura 2. unión, costura *separación*

jurado tribunal, junta, cuerpo, comisión, comité

juramento 1. promesa, afirmación, voto, fe 2. imprecación, blasfemia, maldición

jurar 1. afirmar, asegurar, certificar, prometer *renegar* 2. imprecar, blasfemar, maldecir, insultar

jurista abogado, jurisconsulto

justicia derecho, ley, equidad, ecuanimidad, rectitud *injusticia*

justificar 1. probar, confirmar, testimoniar 2. disculpar, defender, excusar

justo 1. equitativo, imparcial, recto *injusto, parcial* 2. exacto, cabal, preciso 3. legal, lícito, legítimo *ilegal, ilegítimo* 4. ajustado, apretado *suelto*

juvenil joven, verde, tierno, adolescente *viejo*

juventud adolescencia, mocedad, pubertad *vejez*

juzgado tribunal, audiencia, corte

juzgar 1. creer, estimar, considerar, opinar, apreciar, calificar 2. arbitrar, dictaminar, sentenciar, fallar

L

laberinto 1. dédalo 2. confusión, enredo, maraña

labor 1. trabajo, tarea, faena, quehacer, ocupación 2. labranza, cultivo

laborar 1. trabajar, ocuparse, aplicarse, afanarse 2. labrar, cultivar

laborioso 1. industrioso, trabajador, diligente, aplicado 2. trabajoso, penoso

labranza cultivo, labor, siembra, agricultura

labrar 1. trabajar, grabar, esculpir 2. arar, cultivar, plantar, sembrar 3. coser, bordar

lacerar golpear, herir, lastimar, magullar, dañar

lacónico breve, corto, sucinto, conciso *locuaz*

ladearse 1. inclinarse, torcerse *enderezarse* 2. esquivar, evitar (LADEO)

ladera cuesta, declive, pendiente

lado 1. costado, borde, flanco, orilla 2. lugar, sitio, paraje

ladrar aullar, alborotar, gañir

ladrón carterista, ratero, salteador, bandido, saqueador, bandolero *bienhechor*

lago laguna, estanque, marisma, pantano

lagrimoso lacrimal, lacrimoso, lloroso, triste, lastimero

lamentable penoso, deplorable, lastimoso, triste, aflictivo

lamentarse 1. deplorar, quejarse, dolerse 2. gemir, llorar *celebrar, alegrarse, reír* (LAMENTACIÓN)

lamento queja, gemido, clamor, lloro, sollozo

lámina 1. plancha, placa, hoja 2. ilustración, estampa, pintura, grabado

lámpara 1. foco, bombilla, bombillo 2. farol, candil

lancha bote, barca, embarcación, nave

languidecer abatirse, extenuarse, desanimarse, debilitarse, enflaquecer, flojear *fortalecer*

lánguido flojo, desanimado, desmayado, debilitado, extenuado, abatido *enérgico, activo* (LANGUIDEZ)

lanzar 1. tirar, arrojar, botar, expulsar, impulsar *tomar* 2. proferir, emitir, exhalar 3. divulgar, propagar

lapso 1. espacio, tiempo, curso 2. desliz, falta, descuido

largar soltar, aflojar, tirar, arrojar, deshacerse, lanzar, echar

largo 1. longitud, largura 2. extenso, extendido, amplio *corto*

lascivo sensual, lujurioso, libidinoso, lúbrico *casto, pudoroso* (LASCIVIA)

lástima piedad, compasión, ternura, conmiseración, misericordia *desprecio*

lastimar 1. herir, dañar, contusionar *curar* 2. ofender, agraviar, injuriar *alabar*

lata 1. fastidio, pesadez, molestia 2. hojalata, pote, envase

latente potencial, disimulado, oculto, furtivo, subrepticio (LATENCIA)

latido palpitación, pulsación, golpe, pulso

látigo azote, flagelo, fusta, correa, vergajo

latir palpitar, pulsar, percutir

lavabo 1. baño, servicio, excusado, retrete 2. lavatorio, pila, fuente

lavado limpieza, enjuague, irrigación, riego

lavar limpiar, fregar, jabonar, enjuagar, bañar, duchar (LAVADO)

laxar ablandar, suavizar, aflojar *endurecer*

laxo distendido, flojo, relajado *tenso, tieso*

lazo 1. atadura, ligadura, nudo 2. ardid, asechanza, trampa 3. afinidad, conexión, unión, vínculo

leal fiel, confiable, honrado, sincero, franco, noble, devoto *desleal, traidor*

lealtad devoción, fidelidad, apego *deslealtad, infidelidad*

lección 1. clase, conferencia, asignatura, materia, enseñanza 2. explicación, ejemplo 3. advertencia, aviso, consejo

lecho 1. cama, catre, litera, tálamo 2. cauce, álveo, madre, conducto 3. capa, estrato

lectura 1. obra, libro, composición, escrito 2. leída

leer interpretar, estudiar, repasar, descifrar

legal lícito, permitido, legítimo, autorizado, admitido *ilegal*

legalizar legitimar, autenticar, autentificar, sancionar, certificar

légamo cieno, lodo, barro, fango, limo

legar ceder, donar, dar, dejar *quitar*

legendario famoso, fabuloso, fantástico, maravilloso *real, común*

legible inteligible, leíble, descifrable, claro *ilegible*

legión 1. conjunto, tropel, masa, profusión, multitud 2. falange, tropa, batallón (LEGIONARIO)

legislación código, ley, jurisprudencia, cuerpo, régimen, reglamentación, leyes (LEGISLATIVO, LEGISLATURA)

legislar reglamentar, legalizar, decretar, ordenar, constituir, proclamar

legítimo 1. lícito, reglamentario, legal 2. verdadero, genuino, auténtico *ilegítimo* (LEGITIMIDAD)

legumbre hortaliza, vegetal, verdura, fruto, semilla

lejano apartado, distante, remoto, alejado, lejos *cercano* (LEJANÍA)

lejos allí, allá, remotamente, lejano

lema 1. divisa, letrero, emblema, sentencia, expresión 2. rótulo, encabezamiento

lengua habla, idioma, lenguaje

leño madera, tabla, palo, poste

lente cristal, vidrio, cristalino, lupa

lento tardo, pausado, despacioso, perezoso, calmoso *rápido, activo*

lesión 1. herida, llaga, magulladura, contusión, tumor 2. daño, perjuicio

lesionar 1. herir, golpear, magullar 2. dañar, perjudicar, menoscabar, arruinar *proteger*

letra signo, carácter, rasgo, trazo

letrero anuncio, título, cartel, rótulo, aviso, escrito

levantamiento 1. revolución, sublevación, rebelión, alzamiento, motín 2. subida, elevación

levantar 1. alzar, elevar, izar, subir *abatir, bajar* 2. enderezar, erguir 3. exaltar, engrandecer *humillar* 4. arrancar, despegar, separar *adherir* 5. construir, edificar, erigir, fundar *arruinar* 6. amotinar, rebelar, sublevar *aplacar*

levantarse 1. alzarse, pararse, erguirse 2. sublevarse, amotinarse, rebelarse

levante este, oriente, naciente

leve 1. ligero, liviano *pesado* 2. fino, sutil *tosco* 3. imperceptible, intrascendente *importante*

léxico diccionario, terminología, vocabulario, glosario, palabras

ley regla, norma, legislación, reglamento, decreto, ordenanza, estatuto

leyenda cuento, ficción, historia, fábula, mito

liar 1. atar, devanar, ligar *desatar* 2. envolver, involucrar, enredar

liberal 1. tolerante, indulgente *intolerante* 2. espléndido, generoso, dadivoso, pródigo *mezquino*

liberar libertar, soltar, salvar, rescatar, librar *capturar* (LIBERACIÓN)

libertad 1. autonomía, independencia, autodeterminación *esclavitud* 2. confianza, soltura, familiaridad

libre 1. autónomo, independiente, emancipado *dependiente* 2. liberado, rescatado, suelto *sujeto* 3. disoluto, desenfrenado, atrevido, osado 4. vacante, disponible, vacío *ocupado* 5. expedito, franco, desembarazado *gravado*

librería 1. estante, armario, repisa 2. biblioteca

libro escrito, obra, tomo, volumen, manual

licencia 1. autorización, facultad, permiso, venia *prohibición* 2. abuso, atrevimiento, libertinaje *continencia* 3. patente, documento, título

lícito legal, autorizado, permitido, legítimo *ilícito*

licor bebida, poción, elixir, néctar

líder caudillo, guía, jefe, conductor, dirigente, cabecilla

lidia 1. batalla, pelea, lucha 2. toreo, corrida, becerrada, novillada

liga 1. unión, alianza, asociación, sociedad, federación, grupo 2. mezcla, aleación

ligar 1. unir, atar, sujetar *separar* 2. relacionar, juntar 3. combinar, mezclar, alear, fundir 4. trabar

ligero 1. leve, liviano *pesado* 2. ágil, listo, rápido, vivo *lento, tardo* 3. somero, superficial *profundo* 4. inconstante, irreflexivo, voluble *constante, firme* (LIGEREZA)

lijar pulir, raspar, alisar, suavizar

limar 1. alisar, raspar, pulir, lijar 2. enmendar, corregir, mejorar

limitado 1. escaso, poco, pequeño, reducido 2. restringido, impedido, prohibido 3. ignorante, incapaz (LIMITACIÓN)

limitar 1. restringir, reducir, acortar *permitir* 2. delimitar, circunscribir, demarcar

límite 1. frontera, confín, borde, linde, lindero 2. meta, fin, término, final

limosna ayuda, caridad, dádiva, donativo, socorro

limpiar 1. asear, bañar, barrer, cepillar, desempolvar, fregar, lavar, purificar *ensuciar, manchar* 2. eliminar, echar, expulsar (LIMPIEZA)

límpido 1. limpio, puro *sucio* 2. claro, cristalino, transparente *turbio*

limpieza 1. aseo, pulcritud, lavado, fregado, barrido, cepillado, baño, ducha, purificación *suciedad* 2. exactitud, precisión, perfección, destreza *torpeza*

linaje 1. ascendencia, casta, descendencia, línea, familia 2. clase, especie, índole

lindo bonito, bello, hermoso, atractivo, grato, fino *feo*

línea 1. raya, lista, trazo 2. límite, linde 3. fila, columna, orden, serie 4. linaje

lío 1. embrollo, confusión, enredo, trastorno, complicación, dificultad *orden* 2. envoltorio, fardo

líquido fluido *sólido*

lírico musical, poético (LÍRICA)

lisiar lesionar, impedir, herir, estropear

liso terso, fino, parejo, suave, igual, llano, plano, raso *abultado, áspero, rugoso*

lisonja alabanza, adulación, halago, galantería (LISONJERO)

lista 1. catálogo, inventario, nómina 2. cinta, tira 3. banda, franja

listar enumerar, inventariar, registrar, inscribir

listo 1. inteligente, astuto, despierto *tonto* 2. hábil, diligente 3. dispuesto, preparado

literalmente exactamente, fielmente

literato autor, escritor, novelista, intelectual, poeta

literatura letras, obras, escritos

litigio pleito, disputa, contienda

liviano 1. leve, tenue, suave, sutil, ligero *pesado* 2. inconstante, voluble, informal *serio* (LIVIANDAD)

lívido 1. amoratado, cárdeno, azulado, morado 2. pálido

llaga herida, úlcera, lesión, absceso

llama flama, lumbre, fuego, brasa

llamada 1. llamamiento, voz, grito 2. cita, aviso

llamar 1. vocear, gritar, reclamar *callar* 2. convocar, citar 3. designar, denominar, nombrar 4. atraer, incitar

llamativo 1. atractivo, interesante, atrayente 2. sugestivo, provocador *ordinario, sencillo*

llamear flamear, centellear, arder, inflamarse, encenderse, refulgir, brillar

llano 1. plano, liso, raso, igual, terso *escabroso* 2. sencillo, familiar, sincero, franco *complicado*

llave 1. grifo, válvula, espita 2. herramienta, instrumento 3. llavín

llegar 1. arribar, venir 2. alcanzar, durar 3. obtener, lograr *irse, marcharse*

llenar colmar, rellenar, cargar, atestar *vaciar*

lleno 1. colmado, saturado, relleno *vacío* 2. saciado, satisfecho *hambriento*

llevar 1. transportar, trasladar, acarrear 2. dirigir, administrar 3. usar, vestir, ponerse

llorar 1. gimotear, lagrimear, sollozar, implorar, lamentarse *reír* 2. destilar, fluir

lloriquear gimotear, sollozar, llorar *reír*

llover lloviznar, garuar, chispear

lluvia 1. chaparrón, chubasco, aguacero, diluvio, temporal 2. abundancia, profusión *escasez*

loar alabar, glorificar, encomiar, aplaudir, exaltar *denostar* (LOA)

local 1. regional, municipal, lugareño 2. parcial, limitado 3. establecimiento, sitio, tienda

localidad región, población, lugar, sitio, área, zona, territorio, distrito, sección, barrio

loción 1. colonia, perfume 2. fricción

loco 1. demente, orate, enajenado *cuerdo* 2. imprudente, insensato *razonable*

locomoción traslación, transporte, traslado, tránsito, marcha, desplazamiento

locuaz verboso, gárrulo, charlatán, hablador

locura 1. demencia, insania, sicosis *cordura, razón* 2. aberración, disparate, insensatez *sensatez*

lodo barro, cieno, légamo, fango, limo

lógico 1. razonable, sensato *irracional* 2. natural, normal *ilógico* 3. evidente, justo *ilógico* (LÓGICA)

lograr alcanzar, conquistar, adquirir, conseguir, obtener, captar, realizar *perder* (LOGRO)

loma cerro, colina, otero

longitud largo, largura

lonja loncha, tajada

loro papagayo, cotorra, perico

lotería sorteo, rifa

lozano fresco, vigoroso, juvenil, sano *mustio*

lubricar engrasar, lubrificar, aceitar (LUBRICANTE)

luchar batallar, combatir, competir, contender, pelear, reñir, lidiar, disputar *pacificar* (LUCHA, LUCHADOR)

lúcido 1. claro, inteligible 2. inteligente, perspicaz, sagaz *rudo, tonto*

lucir 1. refulgir, brillar, resplandecer, fulgurar 2. mostrar, exhibir, ostentar

lucro ganancia, utilidad, provecho, producto, beneficio *pérdida*

luego 1. pronto, prontamente, inmediatamente 2. después

lugar 1. sitio, punto, puesto 2. ciudad, pueblo, aldea

lujo opulencia, ostentación, pompa, suntuosidad, riqueza, magnificencia, grandiosidad *pobreza*

lujoso suntuoso, ostentoso, grandioso, fastuoso, rico, opulento, magnífico, pomposo, espléndido

lujurioso 1. libidinoso, lascivo, voluptuoso, sensual 2. exuberante, lujuriante (LUJURIA)

luminoso brillante, fulgurante, esplendoroso, radiante, refulgente, resplandeciente *apagado*

lunar 1. mancha, lentigo, peca 2. tacha, defecto, imperfección

lustrar abrillantar, bruñir, glasear, pulir, frotar *oscurecer*

lustre 1. brillo, fulgor, pátina, resplandor *opacidad* 2. gloria, fama, esplendor, prestigio, honor

lustroso brillante, bruñido, pulido, fulgurante, refulgente, brillante

luz 1. claridad, resplandor, luminosidad, iluminación *oscuridad* 2. fuego, candil, vela, bombilla, foco

M

macerar machacar, ablandar, remojar, bañar, estrujar, exprimir (MACERACIÓN)

maceta tiesto, vasija, vaso, pote, florero, jarrón

machacar 1. moler, triturar, aplastar, quebrantar 2. insistir, importunar, porfiar (MACHACAMIENTO)

macho 1. varón, hombre *hembra* 2. viril, robusto, vigoroso

macizo sólido, compacto, firme, duro, lleno *débil, frágil*

mácula 1. mancha, marca, sombra 2. defecto, tacha, imperfección *perfección*

madera madero, leña, astillas

madre 1. progenitora, mamá, matrona, señora *padre, papá* 2. monja, religiosa, hermana, sor 3. causa, origen, raíz 4. cauce, lecho

madriguera guarida, cueva

madrugada amanecer, alba, aurora, mañana (MADRUGAR)

maduro 1. crecido, hecho, sazonado *verde* 2. sensato, prudente, experimentado 3. preparado, listo *inmaduro* (MADURAR, MADUREZ)

maestría 1. pericia, arte, habilidad, destreza 2. superioridad

maestro 1. profesor, preceptor, educador, tutor, pedagogo 2. perito, hábil, diestro, sabio 3. excelente, perfecto

magia 1. brujería, hechicería, ocultismo 2. fascinación, encanto

mágico sorprendente, asombroso, extraordinario, increíble, fantástico, pasmoso, espléndido *corriente, normal*

magistrado juez

magistral 1. meritorio, espléndido *imperfecto* 2. preciso, exacto

magnánimo altruista, desinteresado, noble, digno, generoso, magnífico, compasivo *ruín* (MAGNANIMIDAD)

magnético 1. imantado 2. atrayente, cautivador, atractivo *repelente* (MAGNETISMO)

magnificar 1. engrandecer, alabar, ensalzar, honrar *humillar, rebajar* 2. agrandar, aumentar, ampliar *reducir*

magnífico 1. espléndido, generoso 2. suntuoso, ostentoso, fastuoso 3. admirable, excelente, soberbio

magnitud 1. dimensión, tamaño, medida, grandor 2. alcance, importancia, trascendencia

magno importante, grande

magro delgado, enjuto, descarnado, flaco, cenceño, demacrado *gordo*

magullar golpear, machucar, maltratar, pegar

majestuoso solemne, admirable, respetable, espléndido, imponente, magnífico, sublime (MAJESTAD)

majo guapo, bonito, hermoso

mal 1. daño, perjuicio, ruina, pérdida *beneficio* 2. enfermedad, achaque, dolencia, padecimiento *salud* 3. desolación, aflicción, dolor, tristeza *alegría* 4. desgracia, calamidad *bien*

malcriado 1. consentido, mimado 2. desatento, descortés, grosero *educado, fino* (MALCRIANZA)

maldad perjuicio, daño, perversidad, villanía, vileza, crueldad, vicio, daño *bondad*

maldecir 1. renegar, blasfemar, insultar 2. ofender, denigrar, calumniar

maleable dócil, dúctil, flexible, elástico, manejable *resistente*

malecón rompeolas, dique, escollera, muralla, tajamar

maléfico dañino, perjudicial, pernicioso, nocivo, maligno *benéfico*

malentendido equivocación, confusión, error

malestar incomodidad, desazón, inquietud, pesadumbre, ansiedad, molestia *bienestar*

malgastar disipar, derrochar, dilapidar, despilfarrar, malbaratar, tirar *ahorrar*

malhechor maleante, delincuente, bandido, rufián, criminal *bienhechor*

malhumorado irritable, enojadizo, irascible, impaciente, airado, disgustado *contento*

malicia 1. maldad, perfidia *bondad* 2. picardía, astucia *sinceridad*

maligno dañino, malo, malévolo, perverso, malvado *benigno*

malla red, tejido, rejilla

malo 1. dañino, perverso, maligno, perjudicial *bueno* 2. difícil, trabajoso *fácil* 3. desagradable, molesto *agradable* 4. enfermo, indispuesto *bueno* 5. deslucido, deteriorado

malsano dañino, enfermizo, nocivo, perjudicial *salubre, sano*

maltratar 1. abusar, dañar, molestar, golpear 2. estropear

malvado malo, perverso, maligno, ruin *bondadoso*

maña destreza, habilidad, pericia, maestría

manada rebaño, hato, bandada

manar brotar, fluir, nacer, salir, surgir *parar*

mancebo muchacho, mozo, joven, adolescente

mancha 1. pinta, lunar, peca, mácula 2. deshonra, deshonor, desprestigio

manchado sucio, mugriento, tiznado *limpio*

manchar 1. ensuciar, tiznar, enlodar *limpiar* 2. deshonrar, desprestigiar

mandar 1. ordenar, exigir, obligar *acatar* 2. enviar, remitir, despachar *recibir* 3. gobernar, administrar, regir, dirigir *obedecer* (MANDO)

mandato disposición, dictamen, orden, precepto, encargo

mando autoridad, poder, poderío, imperio, señorío, dirección, gobierno

manejable 1. simple, sencillo, fácil 2. dócil, manso, obediente, disciplinado, sumiso

manejar 1. usar, emplear, utilizar 2. conducir, manejar, guiar 3. regir, dirigir, dominar, gobernar

manera 1. forma, método, modo, estilo, procedimiento 2. porte, modales

manguera manga, tubo, conducto, pasarela

maní cacahuete

manía 1. obsesión, aprensión, adicción *mesura, sensatez* 2. antipatía, tirria *simpatía*

manifestar exponer, declarar, revelar, expresar, mostrar, señalar, exhibir (MANIFESTACIÓN)

manifiesto 1. evidente, cierto, claro, descubierto, expuesto *disimulado, encubierto, escondido, latente, oculto, recóndito* 2. declaración, proclama 3. lista, documento

maniobrar manejar, operar, encausar, controlar

manipular manejar, maniobrar, operar, ejecutar (MANIPULACIÓN)

manosear ajar, sobar, tocar, toquetear

mañoso hábil, diestro, ágil, experto, maestro, perito, capaz

mansión palacio, residencia, morada, edificio, casa, vivienda

manso dócil, tranquilo, quieto, apacible *bravo, rebelde* (MANSEDUMBRE)

manta frazada, cobertor, colcha, cubrecama, abrigo, cubierta

manteca grasa, mantequilla, nata, lardo, sebo

mantener 1. sostener, sustentar, alimentar 2. conservar, preservar 3. proseguir, perseverar 4. defender, apoyar (MANTENIMIENTO)

mantilla velo, rebozo, manto, pañuelo

manto túnica, toga, hábito, capa, mantilla

manual 1. compendio, sumario, directorio, guía, texto 2. manuable, manejable

manufacturar fabricar, hacer, crear, producir, elaborar, construir, confeccionar (MANUFACTURA)

manuscrito escrito, documento, original, papel, libro, copia

mapa plano, carta

maquinar tramar, urdir, intrigar, enredar, conspirar, forjar

mar 1. océano, agua 2. abundancia, multitud, infinidad

maratón competencia, carrera

maravillarse admirarse, fascinarse, sorprenderse, asombrarse, entusiasmarse, deslumbrarse

maravilloso sorprendente, admirable, asombroso, extraordinario, espléndido, deslumbrante, fascinante *ordinario*

marca 1. signo, nombre 2. señal, huella, traza

marcado notable, manifiesto, evidente, acentuado, pronunciado, subrayado, recalcado

marcar 1. sellar, timbrar, rotular, etiquetar 2. distinguir, señalar, apartar, seleccionar

marcha 1. paso, movimiento, desfile, caminata, desplazamiento, jornada, expedición 2. pieza, himno, música

marchar 1. andar, caminar 2. funcionar, realizarse *parar*

marcharse ausentarse, huir, irse, partir, retirarse, alejarse

marchitarse agostarse, secarse, ajarse, deslucirse, acabarse, consumirse, gastarse, envejecer *fortalecerse, rejuvenecer*

marcial 1. bélico, castrense, guerrero, militar *pacífico* 2. firme, erguido, gallardo

marco 1. recuadro, cerco, cuadro, moldura, soporte, bastidor 2. fondo, ambiente, campo

mareado descompuesto, desfallecido, aturdido, atontado (MAREO)

margen 1. canto, arista, orilla, borde, ribera 2. ocasión, motivo

marido esposo, cónyuge, consorte, compañero

marina 1. navegación, náutica, flota, armada, escuadra, flotilla 2. costa, litoral

marinero marino, navegante, tripulante

marino 1. navegante, tripulante, marinero 2. náutico, marítimo, naval

marioneta fantoche, muñeco, títere, polichinela

marisco molusco, crustáceo

marisma marjal, pantano, ciénaga, charca

marítimo náutico, marino, naval, oceánico, marinero

marjal pantano, ciénaga, marisma

marrón castaño, pardo, trigueño, café

martillar martillear, batir, golpear, percutir, machacar, clavar

mártir atormentado, sacrificado, inmolado

masacre matanza, exterminio, aniquilación, holocausto *perdón*

masaje fricción, friega, frotación, frotamiento, frote

máscara 1. antifaz, careta, mascarilla, 2. disimulo, fingimiento 3. pretexto, excusa

masculino 1. macho, varonil, viril *femenino* 2. enérgico, fuerte *delicado*

mascullar farfullar, balbucir, tartajear, barbotear, murmurar, musitar *vociferar*

masivo grande, enorme, fuerte, concentrado

masticar mascar, rumiar, morder, comer, triturar

matanza holocausto, hecatombe, mortandad, exterminio

matar ejecutar, asesinar, sacrificar

matemática cálculo, cómputo, operación

material 1. corpóreo, físico, sustancial *inmaterial, espiritual* 2. palpable, sensible, tangible *intangible* 3. maquinaria, herramientas, utensilios

materialista práctico, utilitario, concreto *espiritual*

maternal materno, afectuoso *paternal*

matiz 1. tinte, tono, rasgo 2. gradación, grado

matizar 1. teñir, colorear, graduar, variar 2. armonizar, amenizar, realzar

matrícula registro, lista, alistamiento, inscripción

matrimonio boda, enlace, nupcias, unión, casamiento (MATRIMONIAL)

matrona 1. madre, dama, señora 2. comadrona, partera

mausoleo panteón, sepulcro, tumba, monumento, sepultura

máxima aforismo, sentencia, axioma, dicho, refrán, proverbio, frase, moraleja

máximo 1. extremo, tope, límite 2. apogeo, cúspide, sumo *mínimo*

mayor 1. grande, importante, significativo *menor* 2. adulto, añoso, anciano *joven* 3. jefe, superior *subordinado*

mazo martillo, mallo, martinete, maza

mecánico técnico, maquinista

mecanismo dispositivo, artificio, aparato, instrumento, artefacto

mecanógrafa dactilógrafa, copista, secretaria, oficinista

mecer columpiar, cimbrar, oscilar, acunar, bambolear *parar*

mediano 1. intermedio, promedio 2. mediocre, regular

medalla condecoración, distinción, premio, honor, galardón

mediar interceder, arbitrar, negociar, conciliar, intervenir, interponer (MEDIACIÓN)

medicina remedio, medicamento, fármaco

medicinal curativo, saludable, terapéutico, beneficioso

médico doctor, clínico, galeno, facultativo

medida 1. medición 2. tamaño, dimensión 3. precaución, prevención 4. moderación, prudencia, mesura

medidor contador, comprobador

medio 1. mitad, centro 2. método, manera 3. ambiente, espacio

mediocre 1. común, mediano, regular 2. limitado, escaso *excelente, óptimo, sobresaliente* (MEDIOCRIDAD)

medios recursos, ahorros, bienes, capital *pobreza*

medir mesurar, calcular, calibrar, computar, tasar, evaluar, determinar, apreciar (MEDICIÓN)

meditar pensar, cavilar, reflexionar, ponderar, considerar (MEDITACIÓN)

medrar crecer, incrementar, ascender, mejorar, aumentar, prosperar, florecer (MEDRO)

médula meollo, tuétano, centro, corazón, esencia

mejora 1. perfeccionamiento, progreso, adelanto, crecimiento, prosperidad 2. mejoría, restablecimiento *empeoramiento*

mejorar 1. prosperar, medrar, adelantar, progresar 2. aumentar, incrementar 3. perfeccionar 4. superar 5. sanar, restablecerse, aliviarse *empeorar*

melancolía tristeza, pesadumbre, depresión, aflicción

melancólico triste, afligido, deprimido, apesadumbrado, apenado

mella 1. hendidura, hueco, rotura 2. merma, menoscabo

mellizo 1. gemelo, hermano 2. idéntico, parejo

melodía música, composición, canto, aria

melodrama 1. tragicomedia, drama 2. sentimentalismo, exageración

membrana lámina, hoja, tela, piel, tegumento

memorable recordable, célebre, famoso

memorándum comunicación, nota, agenda, informe, memorando

memoria 1. reminiscencia, recuerdo, evocación *olvido* 2. retentiva 3. escrito, estudio, autobiografía

mención cita, recuerdo, referencia, citación, alusión

mencionar citar, nombrar, recordar, referir, aludir

mendigar limosnear, pedir, implorar, solicitar

menear agitar, mover, accionar, sacudir

menester 1. ocupación, trabajo, empleo 2. falta, necesidad, escasez (MENESTEROSO)

menguar disminuir, amenguar, consumirse, decrecer, mermar *aumentar, crecer* (MENGUA)

menor 1. inferior, pequeño, mínimo, chico 2. niño, criatura *mayor*

menoscabar 1. mermar, disminuir 2. quitar, estropear, dañar, perjudicar 3. herir, ofender

menospreciar 1. subestimar, desestimar *estimar* 2. desdeñar, despreciar *apreciar*

menosprecio subestimación, desdén, desprecio *aprecio*

mensaje aviso, recado, nota, comunicación, carta, misiva

mental cerebral, intelectual, imaginativo, espiritual

mente inteligencia, entendimiento, comprensión, cerebro, cabeza, intelecto

mentir engañar, falsear, falsificar, fingir, mistificar

mentira engaño, falsedad, embuste *verdad*

mentiroso embustero, engañoso, mendaz, falaz, falso *sincero*

menú minuta, carta, lista

menudo chico, pequeño, diminuto, minúsculo *enorme* (MENUDENCIA)

meollo 1. substancia, médula, núcleo, corazón, base 2. entendimiento, juicio, inteligencia 3. seso

mercado 1. feria, plaza, zoco (MERCAR) 2. comercio

mercancía mercadería, efectos, productos, artículos, existencias

merecer 1. ganar, lograr 2. estimarse, valer

merecido castigo

mérito 1. merecimiento, estimación, derecho 2. valor, interés, atractivo

meritorio 1. valioso, estimado, preciable 2. laudable, encomiable, loable, ensalzable *despreciable*

mermar disminuir, aminorar, menguar, decrecer *aumentar* (MERMA)

mermelada confitura, jalea, conserva

mero puro, simple, solo, único, exclusivo (MERAMENTE)

mesero camarero, mozo

meseta mesa, altura, altiplano

mesura 1. circunspección, seriedad 2. moderación, compostura (MESURADO)

meta 1. fin, término, final 2. objetivo, propósito, intento

metáfora comparación, traslación

meter introducir, entrar, insertar, entremeter, encajar *sacar*

método procedimiento, norma, sistema, modo, forma

metro medida, medidor

metropolitano 1. ciudadano, urbano (METRÓPOLI) 2. metro, ferrocarril

mezclar juntar, unir, combinar, componer, incorporar *separar* (MEZCLA)

mezcolanza revoltijo, amasijo

mezquino 1. tacaño, avaro, egoísta *generoso* 2. pequeño, escaso, miserable

microscópico diminuto, minúsculo, pequeñísimo *gigante* (MICROSCOPIO)

miedo temor, susto, alarma, pavor, pánico, terror, espanto

miembro 1. asociado, socio, integrante 2. extremidad, apéndice

milagroso 1. divino, prodigioso 2. asombroso, pasmoso, maravilloso, misterioso, extraordinario (MILAGRO)

milicia tropa, ejército, guardia, banda, cuerpo, facción

militante luchador, combativo, agresivo

militar guerrero, soldado, combatiente

millonario rico, adinerado, acaudalado, opulento

mimar condescender, malcriar, consentir, malacostumbrar (MIMO)

minar 1. perforar, excavar, socavar 2. consumir, debilitar, destruir

miniatura pequeño, pequeñez, reducción

mínimo minúsculo, imperceptible, diminuto, microscópico, ínfimo *máximo*

ministro 1. diplomático, administrador, consejero 2. pastor, sacerdote 3. juez

minúsculo 1. diminuto, microscópico, pequeñísimo, ínfimo *enorme* 2. insignificante, irrisorio *estimable*

minuto instante, momento, tiempo

mirada ojeada, vistazo, atisbo, visión, contemplación, expresión

mirar ver, observar, contemplar, atisbar, ojear, vislumbrar, notar, fijarse, percibir

miríada sinnúmero, multitud, cantidad, abundancia, exceso

misceláneo variado, compuesto, mixto, mezclado, combinado

miserable 1. triste, desdichado, infeliz 2. perverso, canalla 3. avaro, tacaño, egoísta 4. pobre, indigente, pordiosero

miseria 1. pobreza, indigencia, escasez *riqueza* 2. desgracia, infortunio, sufrimiento *suerte* 3. avaricia, mezquindad, tacañería *generosidad*

misericordia compasión, lástima, piedad, ternura

mísero 1. desdichado, desgraciado, infeliz *feliz* 2. indigente, menesteroso, necesitado, pobre *rico* 3. avaro, mezquino, tacaño *generoso*

misión cometido, tarea, faena, trabajo, encargo, labor, quehacer

mismo idéntico, igual, semejante, exacto, justo, similar *diferente, distinto*

misterio enigma, secreto, incógnita

misterioso enigmático, secreto, oculto, incomprensible *asequible, claro*

mitad medio, parte, fracción, centro, corazón

mitigar suavizar, moderar, disminuir, aminorar, calmar, aliviar *exacerbar*

mito leyenda, cuento, relato, ficción, fantasía, fábula (MÍTICO, MITOLOGÍA)

mochila morral, zurrón, saco, bolsa

moda uso, boga, práctica, estilo, novedad

modelar formar, crear, esculpir, moldear

modelo 1. muestra, copia, ejemplo 2. tipo, pauta, patrón, categoría

moderado templado, comedido, mesurado, parco, sobrio, frugal *inmoderado*

moderno actual, reciente, nuevo, fresco, avanzado *antiguo*

modesto 1. honesto, sencillo *engreído* 2. humilde, pobre *ostentoso* 3. recatado, tímido, vergonzoso *presumido*

modificar alterar, cambiar, enmendar, rectificar, reformar, variar *conservar, mantener* (MODIFICACION)

modismo locución, expresión, dicho, giro

modista diseñador, creador, costurera, sastre

modo manera, forma, medio, método, proceder, procedimiento, costumbre, estilo

modorra somnolencia, sopor, amodorramiento *dinamismo*

mofarse escarnecer, despreciar, desdeñar, burlarse, menospreciar, reírse *respetar, admirar*

mohoso oxidado, herrumbroso, estropeado, enmohecido

mojado empapado, calado, humedecido, bañado, salpicado *seco* (MOJADURA)

moldear 1. formar, esculpir, modelar, crear 2. instruir, educar

moler 1. triturar, machacar, desmenuzar, pulverizar 2. maltratar, golpear, castigar (MOLIENDA)

molestar fastidiar, disgustar, irritar, estorbar, incomodar *complacer*

molestia fastidio, contrariedad, desagrado, disgusto, irritación, enojo, incomodidad, lata *comodidad*

molesto desagradable, fastidioso, irritante, enojoso, fatigoso, incómodo, pesado *agradable*

momento 1. instante, minuto, santiamén, segundo 2. ocasión, oportunidad (MOMENTÁNEAMENTE)

monarca rey, soberano, emperador, reina *súbdito*

monasterio convento, cenobio, claustro, abadía, templo, iglesia

mondar descortezar, pelar, podar, despellejar (MONDA)

moneda dinero, billete, fondos, caudal, efectivo, suelto

monitor 1. guardián, cuidador, vigilante 2. tutor, instructor

monja religiosa, hermana, sor, madre, superiora, priora

monje 1. fraile, religioso, cenobita, prior, abad 2. anacoreta, ermitaño

mono 1. bonito, delicado *feo* 2. simio, primate, macaco

monograma letra, abreviatura, sello, marca, sigla

monopolio consorcio, centralización, posesión, control, acaparamiento

monótono 1. uniforme, regular, invariable *irregular* 2. aburridor, tedioso, latoso *interesante* (MONOTONÍA)

monstruo ogro, demonio, gigante

monstruoso 1. desproporcionado, extraordinario 2. horrible, aberrante, feo, espantoso, horrendo 3. cruel, perverso

montaña cerro, monte, eminencia *llanura*

montar 1. cabalgar 2. armar, instalar, ensamblar, ajustar, construir 3. encaramar, subir *descender*

montículo colina, altozano, elevación, eminencia, mogote

montón 1. pila, cúmulo, acumulación, amontonamiento 2. mucho, abundancia *escasez*

monumental grandioso, extraordinario, enorme, gigantesco, magnífico, sorprendente, formidable, inmenso *insignificante*

monumento monolito, estatua, escultura, obelisco, sepulcro

monzón vendaval, viento, tormenta

morador residente, habitante, domiciliado, inquilino, ocupante

moral 1. ética, costumbre, regla, deber 2. honradez, rectitud, honestidad *inmoral* 3. ánimo

moraleja enseñanza, lección, máxima, consejo

moralidad ética, probidad, honradez, rectitud *inmoralidad*

morar vivir, residir, habitar, domiciliarse (MORADA)

mórbido 1. enfermizo, malsano, morboso *sano* 2. suave, blando, delicado, tierno *áspero, duro*

morder dentellear, masticar, mordisquear

morir fallecer, perecer, expirar, sucumbir *nacer*

moro mahometano, musulmán, islamita

mortal 1. hombre, humano, persona, individuo, ente 2. perecedero 3. fatal, letal, mortífero (MORTALIDAD)

mortecino apagado, débil, oscuro *luminoso*

mostrar 1. indicar, señalar, designar 2. exponer, exhibir, presentar, ilustrar, enseñar *ocultar*

motel albergue, parador, hotel

motín 1. sublevación, insurrección, levantamiento, revolución, rebelión 2. tumulto. conmoción (AMOTINAR, AMOTINAMIENTO)

motivo 1. causa, razón, móvil 2. fundamento, base, fuente

motor 1. impulsor, propulsor 2. mecanismo, aparato, máquina, dispositivo (MOTRIZ, MOTORIZADO)

mover 1. desplazar, cambiar, correr, trasladar 2. menear, sacudir, revolver 3. conmover, emocionar 4. inducir, persuadir, impulsar

móvil 1. causa, motivo, razón, fundamento, impulso, raíz 2. movible, trasladable, desplazable (MOVEDIZO)

movimiento 1. velocidad, moción, marcha, meneo 2. revolución, levantamiento, motín 3. tráfico, circulación 4. agitación, animación

moza 1. chica, muchacha, joven 2. mesera, criada, camarera

mozo 1. joven, adolescente, muchacho, chico 2. criado, camarero, mesero

muchacha 1. chica, moza, adolescente, joven 2. criada, sirvienta

muchacho niño, chico, joven, mozo, adolescente

muchedumbre gentío, masa, multitud

mucho bastante, abundante, numeroso, demasiado *poco*

muchos varios, numerosos, diversos, abundantes

mucílago gelatina, goma, pasta

mudar 1. cambiar, alterar, reformar, enmendar, transformar, variar 2. trasladar, mover

mudo callado, silencioso, taciturno, sordomudo, reservado *locuaz*

mueca contorsión, gesto, visaje

muelle 1. resorte, ballesta, espiral 2. embarcadero, puerto, escollera, dique 3. blando, suave, delicado

muerto 1. cadáver, difunto, fallecido, extinto *vivo* 2. desolado, deshabitado, marchito *fructuoso* 3. mortecino, apagado 4. inactivo, acabado (MUERTE)

muesca corte, hendidura, incisión, cortadura

muestra 1. ejemplar, espécimen, modelo, pauta, tipo 2. indicio, prueba, señal

mugre suciedad, grasa, porquería, pringue, inmundicia *limpieza*

mugriento sucio, tiznado, inmundo, manchado *limpio*

mujer hembra, dama, esposa, señora *hombre, varón*

muleta 1. prótesis 2. apoyo, sostén, palo, soporte

mullido blando, cómodo, esponjoso, mórbido, suave *duro*

multa castigo, pena, sanción (MULTAR)

múltiple numeroso, diverso, vario, mucho *poco*

multiplicar aumentar, reproducir, proliferar, propagar *dividir, reducir*

multitud gentío, masa, muchedumbre, turba, público

mundo 1. universo, orbe, cosmos, tierra 2. sociedad, humanidad (MUNDIAL)

munición carga, balas, proyectiles, metralla

municipal comunal, urbano, metropolitano

muralla muro, pared

murmullo susurro, balbuceo, chisme, rumor

murmurador chismoso, hablador, denigrante

murmurar 1. susurrar, rumorear, sisear, farfullar 2. censurar, criticar, chismear *alabar, loar*

murria abatimiento, melancolía, tristeza, tedio *alegría*

musculoso robusto, corpulento, fuerte, muscular *débil*

museo exposición, galería, salón, exhibición

mustio 1. marchito, lacio, lánguido *juvenil* 2. melancólico, decaído, triste *alegre*

mutilar amputar, cercenar, cortar, dañar, herir

mutuo recíproco, mutual, solidario

muy excesivo, bastante, demasiado, mucho, sobrado, harto

N

nacer 1. germinar, aparecer, salir, brotar *morir* 2. originar, provenir, emanar 3. comenzar, principiar *terminar*

nacido 1. nato, nativo, natural, hijo 2. propio, innato

nacimiento comienzo, origen, germinación, principio *fin, muerte*

nación país, patria, tierra, estado

nacionalidad ciudadanía, origen, procedencia, país

nacionalismo patriotismo, chauvinismo

nada cero, inexistencia, nulo, nulidad *todo*

nadar flotar, sobrenadar, bracear, bañarse (NADADOR, NATACIÓN)

naipes cartas, barajas, juego

nalgas trasero, asentaderas, culo

narcótico droga, estupefaciente, barbitúrico, sedante, calmante, fármaco

narcotizar drogar, dormir, anestesiar, tranquilizar

narrar contar, relatar, recitar, describir, decir, referir, detallar (NARRACIÓN, NARRADOR)

nativo 1. natural, oriundo, originario, propio *foráneo* 2. innato, congénito, nato, natural *adquirido*

natural 1. genuino, real, auténtico *artificial* 2. nativo, oriundo, originario *foráneo* 3. normal, habitual 4. espontáneo, sincero, franco *falso*

naturaleza 1. genio, temperamento, carácter 2. esencia, substancia 3. tendencia, inclinación 4. creación, universo, mundo

naturalidad sencillez, franqueza, espontaneidad, simplicidad *artificio*

naturalmente 1. sencillamente, espontáneamente, francamente 2. lógicamente, ciertamente

naufragar 1. hundirse, zozobrar, perderse 2. fracasar, frustrarse

naufragio 1. hundimiento, zozobra, inmersión 2. desastre, ruina, pérdida

nauseabundo repugnante, asqueroso, repulsivo, vomitivo

náutico navegante, naviero, marítimo, naval, marino

nave embarcación, navío, buque, barco, bote, lancha

navegar surcar, hender, embarcarse, pilotear, viajar (NAVEGACIÓN)

neblina bruma, niebla, celaje, vapor, nubosidad, vaho

nebuloso 1. brumoso, nublado, vaporoso *despejado* 2. confuso, oscuro, problemático *claro* 3. turbio, opaco *nítido* (NEBULOSIDAD)

necedad tontería, estupidez, desatino, desacierto *sabiduría*

necesario 1. imprescindible, indispensable *innecesario* 2. esencial, imperioso, importante *inútil* 3. obligatorio, inevitable, requerido *evitable*

necesidad 1. obligación, requisito 2. urgencia 3. pobreza, escasez, aprieto, falta

necesitado pobre, indigente, menesteroso, escaso, falto *rico*

necesitar 1. requerir, precisar 2. urgir, obligar 3. carecer, faltar, escasear

necio 1. ignorante, tonto, presumido 2. terco, obstinado, testarudo *inteligente*

negar 1. oponerse, contradecir 2. rechazar, refutar 3. ocultar, disimular *afirmar* (NEGACIÓN)

negativo 1. destructivo, dañino, nocivo, perjudicial 2. imagen, película

negligente indolente, descuidado, omiso, holgazán, abandonado, perezoso *diligente*

negociar 1. comerciar, traficar, vender, comprar, regatear 2. convenir, tratar, acordar

negocio 1. comercio, finanzas, transacción 2. asunto, tarea, trabajo, ocupación, empleo 3. trato, pacto 4. provecho, ganancia, beneficio 5. tienda, despacho, almacén (NEGOCIACIÓN)

nene pequeño, bebé, infante, niño

neófito novicio, iniciado, principiante, novato

nervio energía, fuerza, vigor, eficacia, brío

nervioso excitable, irritable, agitado, tenso, inquieto *tranquilo*

neto puro, limpio, claro, transparente, nítido *sucio*

neutral imparcial, justo, indiferente, objetivo *parcial*

neutro ambiguo, impreciso, indeterminado, indefinido *definido*

nevera frigorífico, congelador, heladera, refrigerador

nexo vínculo, unión, enlace, conexión, afinidad *separación*

nicho hueco, concavidad, hornacina, cavidad, depresión *protuberancia*

nido 1. hogar, casa, techo, cobijo 2. hueco, agujero, guarida, madriguera

niebla bruma, neblina, nube, vapor

niña nena, infanta, cría, muchacha, chica, pequeña, hija

niñera criada, nodriza, ama, aya

niño 1. nene, infante, crío, muchacho, chico, pequeño, hijo 2. ingenuo, inexperto

nítido limpio, transparente, puro, claro, inmaculado, definido, neto *sucio*

nivel grado, elevación, altura, fase, etapa, valor, horizonte

nivelar igualar, rasar, nivelar, equilibrar *desnivelar*

noble 1. aristócrata, hidalgo, señor *plebeyo* 2. magnánimo, generoso, digno, estimable, excelente, honroso, distinguido, ilustre *despreciable, indigno* (NOBLEZA)

noche oscuridad, tinieblas, anochecer, anochecida

noción conocimiento, idea, entendimiento, opinión, creencia, pensamiento, impresión

nocivo dañoso, perjudicial, dañino, peligroso, malo, malsano, desfavorable *inofensivo*

nocturno nocturnal, noctámbulo

nómada errante, trashumante, vagabundo, deambulante, caminante, migratorio

nombrar 1. llamar, mencionar, denominar, citar 2. designar, elegir, escoger, proclamar (NOMBRAMIENTO)

nombre 1. denominación, designación, apellido, apelativo, apodo 2. fama, reputación, renombre

nomenclatura 1. terminología 2. catálogo, lista

nominación nombramiento, denominación, designación, elección

norma 1. modelo, patrón, pauta, regla, criterio 2. regla, escuadra, plantilla 3. uso, costumbre

normal 1. común, corriente, usual, regular, ordinario, típico *anormal, desusado* 2. sensato, equilibrado, cuerdo *insensato, desequilibrado* (NORMALIDAD)

norteamericano americano, estadounidense

nota 1. mensaje, aviso, apunte, comentario, comunicación, noticia 2. calificarción 3. cuenta, factura 4. señal, signo, característica

notable importante, distinguido, sobresaliente, especial, extraordinario, excepcional, distinguido, famoso, célebre, prominente, popular, notorio *vulgar* (NOTABILIDAD)

notar 1. sentir, apreciar, percibir, observar, ver 2. advertir, censurar, reprender

notario escribano, actuario, funcionario

noticia comunicación, referencia, informe, información

notificar informar, comunicar, contar, avisar, anunciar

notorio conocido, famoso, popular, manifiesto *desconocido*

novedad 1. noticia, nueva, suceso 2. invención, creación, invento, idea 3. cambio, variación, alteración

novedoso nuevo, fresco, reciente, moderno, actual

novelesco singular, sorprendente, aventurero, maravilloso, fabuloso, fantástico, imaginativo

novicio nuevo, principiante, inexperto, novato, iniciado, aprendiz *experto*

novio prometido, pretendiente, enamorado

nube 1. niebla, celaje, velo, vapor 2. masa, mancha

nublado nebuloso, gris, nuboso, encapotado *despejado*

núcleo centro, foco, corazón, meollo, mitad

nudo lazo, atadura, ligadura, enlace, vínculo

nudoso rugoso, desigual, áspero, duro

nuevo reciente, fresco, moderno, original, joven *viejo*

numeral numérico, numerario

número 1. cantidad, cuantía, total, proporción 2. cifra, dígito, símbolo

numeroso muchos, varios, abundante, copioso *poco*

nunca jamás

nupcias boda, matrimonio, enlace, unión, casamiento

nutrición alimentación, nutrimento, sustentación (NUTRITIVO)

nutrir 1. alimentar, sustentar, cebar *desnutrir* 2. mantener, fomentar *debilitar*

O

obedecer acatar, cumplir, respetar, subordinarse, asentir *desobedecer, desobediente* (OBEDIENCIA)

obediencia acatamiento, respeto, sumisión, subordinación, asentimiento *desobediencia*

obertura introducción, preludio, entrada, principio, comienzo *final*

obeso rollizo, gordo, grueso, voluminoso, corpulento *flaco* (OBESIDAD)

objeción inconveniente, reparo, observación, oposición, negación, crítica, queja *aprobación*

objetar oponer, replicar, refutar, rebatir, discrepar, rechazar, criticar *asentir*

objetivo 1. meta, fin, motivo, propósito 2. imparcial, desinteresado, desapasionado

objeto 1. cosa, ente, entidad, elemento 2. asunto, materia, idea, tema 3. finalidad, propósito, objetivo

oblicuamente diagonalmente, sesgadamente, torcidamente, transversalmente

oblicuo diagonal, sesgado, torcido, inclinado, soslayado *derecho* (OBLICUIDAD)

obligación deber, responsabilidad, cargo, cumplimiento, necesidad, exigencia

obligar apremiar, forzar, imponer, exigir, compeler *consentir*

obligatorio forzoso, necesario, preciso, imprescindible, imperativo, indispensable *voluntario*

obliterar 1. cubrir, tachar 2. cerrar, obstruir, obturar, tapar, cegar

obrar actuar, ejercitar, trabajar, laborar, hacer, realizar, ejecutar *descansar*

obrero trabajador, operario, asalariado, peón

obsceno pornográfico, impúdico, licencioso, lascivo, grosero *decente, púdico*

obsequio regalo, dádiva, ofrenda, donación, contribución (OBSEQUIOSO)

observación 1. advertencia, objeción, reparo, aviso, consejo 2. examen, investigación, inspección 3. vistazo, ojeada, mirada

observar 1. contemplar, mirar, examinar, ver 2. guardar, cumplir, obedecer, respetar (OBSERVADOR)

observatorio mirador, atalaya, torre

obsoleto anticuado, viejo, antiguo *moderno*

obstaculizar entorpecer, impedir, dificultar, obstruir, limitar, estorbar, atar, sujetar *facilitar*

obstáculo 1. impedimento, dificultad, inconveniente, oposición, estorbo *facilidad* 2. valla, barrera

obstinado 1. perseverante, pertinaz, constante, tenaz 2. terco, testarudo, tozudo *inconstante* (OBSTINACIÓN)

obstrucción impedimento, dificultad, obstáculo, barrera (OBSTRUIR)

obtener 1. lograr, alcanzar, conseguir 2. producir, generar, recibir *perder*

obturar cerrar, ocluir, tapar, taponar *destapar* (OBTURACIÓN)

obtuso 1. tardo, tonto, torpe *listo, sagaz* 2. romo, despuntado, achatado *agudo*

obvio evidente, claro, aparente, tangible, manifiesto *oscuro, oculto*

ocasión oportunidad, momento, circunstancia, chance

ocasionalmente fortuitamente, accidentalmente, casualmente, imprevistamente *constantemente*

ocasionar causar, producir, motivar, originar, provocar, hacer

ocio descanso, holganza, reposo, quietud, recreo *acción, actividad*

ocioso inactivo, desocupado, indolente, perezoso, gandul, holgazán

ocultar encubrir, disimular, esconder, tapar, disfrazar, cubrir *descubrir* (OCULTACIÓN)

oculto 1. disimulado, escondido, encubierto, disfrazado, cubierto 2. secreto, incomprensible, indescifrable

ocupación 1. empleo, oficio, profesión, quehacer, tarea, trabajo *holganza, ociosidad* 2. posesión, dominio *sometimiento*

ocupado 1. atareado, afanado, diligente, activo *desocupado* 2. completo, lleno, tomado *vacío*

ocupante inquilino, vecino, habitante, arrendatario

ocupar 1. llenar 2. habitar, morar, vivir, instalarse 3. emplear, destinar 4. poseer, apoderarse, adueñarse

ocurrencia 1. suceso, ocasión, acontecimiento, coyuntura 2. agudeza, chiste

ocurrir suceder, acaecer, pasar, acontecer, cumplirse

odiar detestar, abominar, aborrecer, despreciar *amar*

odio aversión, aborrecimiento, rencor, resentimiento, desafecto, desprecio *amor*

odioso abominable, aborrecible, desagradable, despreciable, detestable *adorable, amoroso*

ofender afrentar, injuriar, insultar, despreciar, ultrajar, menospreciar, humillar *alabar*

ofensa afrenta, agravio, injuria, escarnio, ultraje, desprecio *alabanza*

ofensivo humillante, injurioso, insultante, ultrajante, repugnante, asqueroso

oferta 1. proposición, propuesta, ofrecimiento, promesa, invitación *demanda* 2. regalo, donación, ofrenda, convite

oficina despacho, estudio, escritorio

oficio profesión, ocupación, cargo, trabajo, empleo, puesto

ofrecer 1. proponer, presentar, prometer, dedicar, invitar 2. dar, convidar, donar *quitar*

ofuscar 1. confundir, embaucar, seducir, engañar, trastornar 2. cegar, deslumbrar

ogro 1. gigante, monstruo 2. cruel, malvado

oído oreja, audición, atención *sordera*

oír 1. escuchar, percibir, auscultar 2. atender, acceder, admitir

ojeada mirada, vistazo, repaso (OJEAR)

ojeroso macilento, marchito, pálido, agotado, triste

ojo 1. vista, sentido 2. agujero, abertura, orificio

ola honda

olfatear 1. husmear, oler, oliscar 2. curiosear, averiguar, inquirir

olor 1. esencia, aroma, fragancia, emanación 2. fetidez, hedor, pestilencia

olvidar descuidar, omitir, postergar, relegar *recordar*

olvido descuido, omisión, pérdida, abandono, negligencia, amnesia

ominoso amenazador, aciago, siniestro, funesto, trágico, azaroso, calamitoso, fatal

omisión negligencia, olvido, descuido, exclusión, falta *atención*

omitir dejar, abandonar, relegar, excluir, olvidar, prescindir

ómnibus autobús, bus, vehículo, coche

omnipotente todopoderoso, poderoso, dominante, supremo, superior, soberano, preponderante *inferior, débil*

onda 1. ola 2. ondulación, vibración 3. sortija, rizo, bucle

ondear ondular, flamear, fluctuar, serpentear (ONDULADO)

opaco 1. deslustrado, mate, turbio, velado, nebuloso, oscuro *diáfano, transparente* 2. confuso, difícil *claro* 3. triste, melancólico *alegre*

opcional 1. voluntario, facultativo 2. optativo, elegible (OPCIÓN)

operación 1. acción, ejecución, realización 2. funcionamiento, manejo 3. cálculo 4. intervención 5. maniobra

operar actuar, ejercer, obrar, ejecutar, realizar, elaborar, efectuar, negociar (OPERACIÓN, OPERADOR)

opinar 1. creer, suponer, estimar 2. decir, asegurar, afirmar, dictaminar

opinión dictamen, parecer, juicio, sentencia, creencia, afirmación, declaración, concepto, pensamiento

oponente contrario, rival, antagonista, competidor, adversario, contrincante *partidario, amigo*

oponer enfrentar, encarar, afrontar, obstaculizar, objetar, contrarrestar, dificultar, rechazar *favorecer* (OPOSICIÓN)

oportunidad conveniencia, ocasión, coyuntura, lance

oportuno conveniente, pertinente, provechoso, adecuado, apropiado *inoportuno*

opresivo 1. angustioso, sofocante, asfixiante 2. dominante, intolerante, tiránico, excesivo, abusivo (OPRESIÓN, OPRESOR)

oprimir 1. presionar, apretar, comprimir *soltar* 2. someter, dominar, tiranizar, esclavizar, subyugar, avasallar *liberar* 3. angustiar, sofocar, abusar *ayudar*

optar escoger, seleccionar, elegir, preferir *rechazar*

óptico visual, ocular

optimismo esperanza, brío, ánimo, entusiasmo, fe, confianza *pesimismo*

optimista esperanzado, confiado, animoso, crédulo, alegre, ilusionado *pesimista*

opuesto 1. contrario, contradictorio 2. enemigo, opositor

opulento 1. copioso, abundante, pródigo, desarrollado, exuberante *escaso* 2. próspero, adinerado, acaudalado, rico, millonario *pobre*

oración 1. rezo, súplica, invocación, ruego, imploración, plegaria 2. discurso, exposición, alocución

oral 1. verbal, hablado, articulado, expresado, enunciado 2. bucal (ORALMENTE)

orar 1. rezar, suplicar, invocar, rogar, implorar 2. disertar, exponer (ORADOR)

orate loco, demente, enajenado, perturbado *cuerdo*

orbe esfera, globo, mundo, planeta, universo

órbita 1. curva, trayectoria 2. ámbito, área, zona, esfera 3. cavidad

orden 1. mandato, exigencia, dictamen, decreto 2. disposición, colocación, arreglo, situación 3. paz, armonía, tranquilidad 4. cofradía, comunidad, institución 5. regla, método

ordenado metódico, organizado, atento, cuidadoso, escrupuloso

ordenador computador, computadora

ordenanza 1. mandato, decreto, orden, disposición, ley 2. asistente, ayudante, subalterno

ordenar 1. acomodar, ajustar, arreglar, organizar, colocar *desordenar* 2. mandar, obligar, exigir, decretar, prescribir *obedecer*

ordinario 1. grosero, tosco, incorrecto, malcriado, bajo, descortés *educado, fino* 2. común, corriente, habitual, mediocre, regular, vulgar *excepcional, extraordinario*

organizar disponer, establecer, arreglar, crear, sistematizar, ordenar (ORGANIZACIÓN)

orgullo 1. satisfacción, agrado, dignidad, honra *modestia* 2. arrogancia, soberbia, vanidad, fatuidad *humildad*

orgulloso 1. satisfecho, contento, ufano, digno *modesto* 2. arrogante, soberbio, vano *humilde*

orientar 1. alinear, colocar, situar, arreglar *desviar* 2. dirigir, aconsejar, guiar, informar, instruir *desorientar*

orificio abertura, agujero, hoyo, ojo, hueco, boca, boquete *tapón*

origen 1. causa, motivo, raíz *consecuencia* 2. comienzo, principio, fuente, procedencia *fin*

original 1. desusado, insólito, infrecuente, excepcional, singular 2. nuevo, inicial, primero, inédito, básico 3. auténtico, propio, personal

originar 1. causar, producir, provocar, crear, hacer, motivar, ocasionar 2. provenir, proceder

orilla 1. costa, ribera, margen, playa 2. borde, canto, extremo, límite

oriundo procedente, originario, nativo, indígena *extranjero*

ornamento adorno, decoración, aderezo, atavío (ORNAMENTAL, ORNAMENTACIÓN)

ornar decorar, ornamentar, adornar, embellecer, aderezar *afear*

orquesta conjunto, grupo

ortodoxo dogmático, doctrinario, tradicional *adaptable* (ORTODOXIA)

oruga gusano, larva

osado 1. temerario, atrevido, valiente, audaz, intrépido 2. insolente, descarado, fresco *tímido* (OSADÍA)

osar arriesgarse, animarse, atreverse, lanzarse, aventurarse

oscilar 1. mecerse, columpiarse, balancearse 2. vacilar, dudar 3. variar, cambiar, fluctuar *parar*

oscurecer 1. ensombrecer, entenebrecer *iluminar* 2. ofuscar, turbar, confundir *aclarar* 3. anochecer, atardecer *amanecer* 4. nublarse, encapotarse *despejarse*

oscuridad 1. sombras, tinieblas, noche, tenebrosidad *luz* 2. confusión, ambigüedad, incertidumbre *claridad*

oscuro 1. tenebroso, sombrío, negro, nublado, encapotado *despejado* 2. ininteligible, incomprensible, confuso *claro* 3. humilde, sencillo, insignificante *ilustre* 4. incierto, peligroso

ostentoso llamativo, fastuoso, magnífico, suntuoso, espléndido, espectacular *sencillo, sobrio* (OSTENTACIÓN)

otear vislumbrar, distinguir, atisbar, escudriñar, divisar, ver

otero cerro, montículo, loma, colina, elevación

otorgar acordar, conceder, conferir, consentir, ofrecer, dar *recibir* (OTORGAMIENTO)

otro diferente, distinto, nuevo, tercero

oxidado mohoso, herrumbroso, estropeado (OXIDAR, ÓXIDO)

P

pabellón 1. edificio 2. ala, dosel, cobertizo 3. bandera 4. tienda

paciencia tolerancia, conformidad, aguante, estoicismo, resignación *ira, impaciencia*

paciente 1. tolerante, resignado *impaciente* 2. enfermo

pacificar 1. aquietar, calmar, apaciguar, mediar, reconciliar, serenar, tranquilizar *encolerizar, irritar* 2. dominar, regir

pacífico sosegado, tranquilo, quieto, calmado, sereno *agresivo* (PACIFISTA)

pacto convenio, trato, acuerdo, arreglo, alianza, tratado

padecer sufrir, soportar, resistir, aguantar, tolerar *gozar* (PADECIMIENTO)

padre 1. procreador, progenitor, papá 2. inventor, creador, iniciador, autor 3. cura, sacerdote

paga estipendio, honorarios, remuneración, sueldo, salario

pagar abonar, desembolsar, remunerar, retribuir, compensar, dar *cobrar*

página carilla, plana, folio, hoja

pago salario, sueldo, paga, desembolso, recompensa

país tierra, región, nación, territorio, estado, patria

paisaje 1. panorama, vista, espectáculo 2. cuadro, pintura

pájaro ave, volátil

palabra término, vocablo, dicción

palacio castillo, alcázar, mansión *choza*

paladín defensor, campeón, caballero, héroe, guerrero

palestra liza, arena, campo, plaza, estadio

paliar 1. atenuar, mitigar, suavizar, calmar, aliviar, apaciguar *exacerbar* 2. disculpar, justificar *culpar* 3. encubrir, disimular *acusar* (PALIATIVO)

pálido 1. descolorido, deslucido, apagado, atenuado, desvaído 2. blanco, blanquecino *colorido*

paliza 1. tunda, azote, soba, zurra 2. derrota

palmada bofetón, golpe, manotazo

palmotear aplaudir, palmear, aclamar, manotear

palo 1. vara, rama, tronco, madero, estaca 2. bastón, báculo, cayado 3. golpe, bastonazo, estacazo *caricia*

paloma 1. tórtola, pichón, palomo, palomino 2. pacifista

palpable tangible, concreto, real, material, claro, evidente *inmaterial* (PALPACIÓN)

palpar tocar, tantear, manosear, rozar, acariciar

palpitar latir, estremecerse, agitarse (PALPITACIÓN)

pampa llano, llanura, sabana, pradera

pan 1. hogaza, panecillo, bollo 2. alimento, sustento

pandilla banda, facción, cuadrilla, grupo, amigos

panel división, compartimento, moldura, sección, hoja

pánico horror, miedo, terror, alarma, espanto, susto *paz*

paño tela, tejido, género, lienzo, trapo

panorama paisaje, vista, perspectiva, visión

pantano 1. ciénaga, marisma, fangal, marjal 2. dificultad, obstáculo

panteón sepulcro, templo, monumento, cementerio

pantomima mímica, gesto, imitación, parodia, representación

pantuflas chinelas, chancletas, zapatillas

panza barriga, vientre, tripa, abdomen, estómago

papá padre, progenitor, procreador, cabeza *mamá*

papagayo loro, cotorra, guacamayo, perico

papel 1. pliego, hoja 2. representación, actuación

paquete atado, bulto, envoltorio, lío, saco

par 1. igual, semejante, parejo *impar, singular* 2. pareja, yunta, doble, dos *uno*

parabién felicitación, enhorabuena, congratulación, brindis

parada 1. detención, alto, pausa, suspensión *marcha* 2. desfile, revista

paradero destino, fin, apeadero

paraíso cielo, edén, gloria, nirvana, elíseo

paraje lugar, parte, sitio

paralizar 1. detener, suspender, parar 2. entorpecer, inmovilizar (PARÁLISIS)

páramo desierto, puna, sabana, meseta, llanura, yermo

parar 1. frenar, detener, impedir, inmovilizar, interrumpir *mover* 2. cesar, terminar, concluir, acabar *marchar* 3. alojarse, habitar, hospedarse *irse* 4. levantar, erguir, erigir *botar*

pararse levantarse, erguirse, alzarse *sentarse*

parcial 1. fraccionario, incompleto, falto *completo* 2. partidario, apasionado

parco 1. sobrio, moderado, frugal, mesurado 2. circunspecto, serio, reservado 3. escaso, insuficiente, corto (PARQUEDAD)

pardo 1. marrón, castaño, café 2. obscuro, ceniciento, sombrío

parecer 1. opinión, dictamen, consejo, creencia, juicio, idea, entender 2. aspecto, apariencia

parecerse asemejarse, semejar

parecido semejante, similar, afín, análogo *distinto*

pared muro, tapia, tabique

pareja 1. par, yunta, duplo, doble, dos 2. compañero, compañera, acompañamiento

parejo 1. liso, plano, llano, uniforme, regular 2. igual, parecido, semejante, equivalente

parentesco afinidad, vínculo, herencia, conexión, relación, alianza

paria excluido, separado, segregado, inferior

pariente deudo, familiar, consanguíneo *extraño*

parlotear charlar, conversar, hablar *callar*

parloteo cháchara, charla, verbosidad, conversación

paro 1. cese, suspensión, detención 2. desempleo, desocupación 3. huelga

parodia imitación, burla, caricatura, representación, actuación

parranda juerga, diversión, fiesta, festín

parte 1. fragmento, pedazo, trozo, porción, segmento *todo* 2. sitio, lugar, zona, punto 3. comunicación, aviso, despacho 4. papel, actuación 5. litigante

partición reparto, división, separación, sección

participar 1. colaborar, cooperar, contribuir, asociarse, ayudar 2. notificar, informar, comunicar

partícula parte, pizca, porción, fragmento

particular 1. peculiar, propio, exclusivo, especial 2. privado, personal 3. concreto, determinado 4. raro, inusual, inusitado

partida 1. salida, marcha, ida *llegada* 2. pandilla, facción, guerrilla, banda 3. registro, inscripción, transcripción

partidario adepto, afiliado, seguidor, defensor

partido 1. asociación, grupo, secta, organización 2. juego, competición, competencia

partir 1. marcharse, irse, ausentarse, salir *llegar* 2. cortar, dividir, separar, romper *unir* 3. repartir, compartir *quitar*

parto 1. nacimiento, gestación 2. producto, creación, fruto

pasadizo vestíbulo, pasillo, pasaje, corredor, túnel, subterráneo

pasado 1. anterior, remoto, antiguo, pretérito, transcurrido *actual* 2. antigüedad, tradición, historia *presente, actualidad*

pasaje 1. paso, callejón, pasadizo, calleja, pasillo, corredor 2. fragmento, parte 3. boleto, billete, entrada

pasajero 1. efímero, corto, fugaz, breve 2. viajero, turista, excursionista

pasar 1. suceder, acontecer, ocurrir, acaecer 2. cruzar, transitar 3. llevar, conducir, trasladar, guiar 4. rebasar, superar, exceder, ganar 5. colar, filtrar, limpiar 6. admitir, aprobar, autorizar 7. introducir, extraer

pasarela puente, puentecillo, plancha, tabla

pasatiempo diversión, entretenimiento, juego, recreo, distracción, esparcimiento, solaz

pasear andar, deambular, vagar, caminar, recorrer, viajar

paseo caminata, salida, excursión, recorrido, viaje

pasillo vestíbulo, corredor, crujía, galería, pasaje, pasadizo

pasión 1. emoción, frenesí, calor, fuego, ardor 2. inclinación, afición, preferencia 3. amor, lujuria

pasivo indiferente, inmóvil, inactivo, inerte, quieto *activo* (PASIVIDAD)

pasmar 1. asombrar, maravillar, aturdir 2. enfriar, helar

pasmoso prodigioso, sorprendente, admirable, asombroso, estupendo, maravilloso

paso 1. huella, pisada, marca, señal 2. tranco, marcha, movimiento 3. vereda, senda, camino, pasaje 4. acceso, salida, entrada, comunicación, abertura, puerta, pasadizo

pasta masa, mezcla, crema, empaste

pastel dulce, pasta, bollo, torta, masa

pasto 1. forraje, verde, heno, pastura 2. césped, hierba

paternal paterno, familiar *maternal*

patético conmovedor, emocionante, doloroso, triste

patíbulo cadalso, horca, tablado, plataforma

patio cercado, huerto, jardín

pato ánade, palmípedo, oca

patria nación, pueblo, país, tierra

patrimonio 1. hacienda, bienes, propiedades, fortuna, capital, riqueza 2. herencia, sucesión

patrocinador protector, defensor, financista, padrino

patrocinar proteger, favorecer, financiar, respaldar, apoyar, auspiciar

patrón 1. molde, modelo, horma, original 2. jefe, amo, superior

patrulla partida, guardia, destacamento, ronda, cuadrilla, vigilancia

patrullar guardar, rondar, vigilar, custodiar

paulatino gradual, progresivo, pausado, lento *rápido*

pausa 1. interrupción, intervalo 2. lentitud, descanso, reposo, tardanza

pauta guía, norma, modelo, ejemplo, patrón

pavimentar adoquinar, asfaltar, enlosar, solar, empedrar, recubrir (PAVIMENTO)

pavonearse vanagloriarse, jactarse, presumir

pavoroso horrible, terrible, espantoso, horrendo, horripilante *bonito, hermoso* (PAVOR)

payaso 1. bufón, cómico, mimo *gracioso* 2. necio, farsante, bobo

paz armonía, calma, tranquilidad, sosiego, concordia *guerra* (PACÍFICO)

peaje cuota, derecho, impuesto

peatón transeúnte, caminante, paseante

pecado transgresión, equivocación, falta, culpa, infracción, yerro (PECAR, PECADOR)

peculiar exclusivo, propio, especial, distintivo, típico, particular, singular, distintivo (PECULIARIDAD)

pedal palanca, placa, tecla, barra

pedazo trozo, parte, porción, fragmento, segmento, sección *entero, completo*

pedestal base, podio, fundamento, soporte *cima*

pedir 1. demandar, ordenar, exigir, requerir 2. mendigar, rogar, solicitar, suplicar *dar, ofrecer* (PEDIDO)

pegajoso 1. adherente, pegadizo, cohesivo, glutinoso, viscoso 2. contagioso

pegar 1. adherir, encolar, engomar, sujetar, unir, juntar *despegar* 2. golpear, castigar, maltratar, azotar, zurrar 3. contagiar, infectar

peinar acicalar, componer, alisar, desenredar (PEINE)

pelado 1. calvo, pelón 2. simple, escueto, árido, desértico, desprovisto 3. pobre, miserable

pelaje pelo, piel, cabello, mechón, melena, pelusa

pelar 1. mondar, trasquilar, descascarar, descortezar, desplumar, descuerar 2. rapar, cortar, afeitar

pelea batalla, lucha, disputa, combate, contienda, escaramuza, lid *paz*

pelear batallar, luchar, disputar, combatir, reñir

peligro riesgo, amenaza, aventura, dificultad, inseguridad *seguridad*

peligroso amenazador, arriesgado, aventurado, inseguro *seguro*

pellejo cuero, piel, tegumento, epidermis, cutis

pellizcar apretar, pinchar

pelotón grupo, escuadra, destacamento, patrulla

peluca bisoñé, cabellera, peluquín, postizo

pelusa 1. pelo, vello 2. celos, envidia

pena 1. tristeza, dolor, agonía, sufrimiento *alegría* 2. condena, castigo, sanción, prisión *libertad* 3. fatiga, agobio, trabajo *dinamismo*

peña roca, piedra, peñasco, escollo

penal cárcel, prisión, presidio, penitenciaría

penalizar penar, castigar, disciplinar, sancionar

pendencia riña, disputa, lucha, desorden, bronca *paz*

pendenciero peleador, camorrista, belicoso, ofensivo *pacífico*

pender 1. colgar, suspender 2. depender

pendiente 1. arete, aro, zarcillo 2. aplazado, suspenso 3. cuesta, declive, rampa

penetrante 1. hondo, profundo *superficial* 2. agudo, chillón, subido, fuerte *suave* 3. agudo, sagaz, incisivo *débil*

penetrar 1. entrar, pasar, ingresar, introducir, perforar, filtrarse, invadir 2. comprender, entender, profundizar

penitencia 1. castigo, mortificación, pena *perdón* 2. contrición, dolor, pesar *gozo*

penoso 1. doloroso, lamentable, triste *alegre* 2. difícil, fatigoso, laborioso *fácil*

pensamiento 1. reflexión, razonamiento, meditación, consideración 2. proyecto, plan, intento, idea, programa

pensar 1. proyectar, imaginar, idear, intentar, creer, opinar 2. reflexionar, considerar, meditar, razonar

pensativo meditabundo, pensador, preocupado, reflexivo, absorto *despreocupado*

pensión 1. renta, subsidio, subvención 2. fonda, hospedaje, albergue

pensionado 1. internado, colegio, instituto, escuela 2. jubilado, retirado

peor 1. malo, malísimo 2. inferior, desdeñable

pepita 1. semilla, simiente, pepa, corazón, núcleo 2. trozo, pedacito

pequeño chico, menudo, minúsculo, diminuto, corto, escaso, limitado, reducido, insignificante *grande* (PEQUEÑEZ)

percance contratiempo, accidente, perjuicio, daño, desgracia, contrariedad *suerte, fortuna*

perceptible apreciable, manifiesto, sensible, visible, evidente *imperceptible*

percibir 1. apreciar, notar, ver, observar, descubrir, distinguir *omitir* 2. entender, comprender, intuir, saber *ignorar* 3. recibir, obtener

percusión golpe, sacudida, embate, choque

perder 1. olvidar, dejar, abandonar, extraviar, descuidar *encontrar* 2. desperdiciar, malgastar *aprovechar* 3. confundirse, aturdirse, distraerse

pérdida 1. olvido, abandono, omisión, descuido, extravío 2. menoscabo, daño, perjuicio

perdido 1. olvidado, abandonado, despistado, extraviado, desperdiciado 2. vicioso, depravado, sinvergüenza

perdonar absolver, excusar, amnistiar, conmutar, indultar *condenar* (PERDÓN)

perdurar durar, persistir, continuar, seguir, permanecer *terminar*

perecer expirar, morir, fallecer, sucumbir, fenecer, acabar *nacer*

peregrinación viaje, excursión, peregrinaje, romería, cruzada

peregrino 1. penitente, romero, viajero, errante 2. extraño, raro, extraordinario

perenne continuo, constante, perpetuo, incesante, permanente *caduco, efímero*

pereza haraganería, holganza, ocio, ociosidad *diligencia*

perezoso indolente, holgazán, ocioso, inactivo, vago *activo, trabajador*

perfección pureza, excelencia, superioridad

perfeccionar corregir, desarrollar, mejorar, optimizar (PERFECCIONISTA)

perfecto acabado, cabal, completo, ideal, correcto *imperfecto, defectuoso*

perfil silueta, contorno, línea, sombra, trazo, rasgo

perforar horadar, agujerear, taladrar, picar, punzar, pinchar, penetrar (PERFORACIÓN)

perfume fragancia, aroma, esencia, bálsamo *hedor*

periódico 1. regular, habitual, repetido, sucesivo *irregular* 2. diario, gaceta, revista, noticiero (PERIODICIDAD)

período 1. intervalo, lapso, ciclo, época, etapa, fase, tiempo
2. menstruación

perito experto, hábil, práctico, técnico, experimentado, sabio *inexperto, inhábil*

perjudicado dañado, afectado, damnificado, menoscabado, herido *favorecido*

perjudicar dañar, damnificar, lesionar, menoscabar, vulnerar *ayudar, favorecer* (PERJUDICIAL)

perjuicio daño, detrimento, quiebra, pérdida *favor*

permanecer persistir, perseverar, continuar, durar, seguir, mantenerse, conservarse

permanente firme, fijo, constante, inalterable, invariable, estable *temporal* (PERMANENCIA)

permiso aprobación, autorización, concesión, pase *prohibición*

permitir autorizar, aprobar, conceder, consentir, facultar, tolerar *denegar, prohibir*

permuta cambio, canje, trueque, intercambio (PERMUTAR)

pernicioso dañino, dañoso, malo, nocivo, nefasto, maligno, perjudicial *beneficioso*

pero no obstante, sin embargo, aunque

perpetrar cometer, ejecutar, realizar, consumar (PERPETRACIÓN)

perpetuo permanente, imperecedero, eterno, infinito, perdurable, perenne, continuo, constante *transitorio* (PERPETUIDAD)

perplejo desorientado, desconcertado, aturdido, sorprendido, asombrado, confuso *seguro* (PERPLEJIDAD)

perrera casilla, encierro

perro 1. can, cucho, cachorro 2. ruin, malvado 3. perseverante, fiel

perseguir 1. rastrear, seguir, cazar, buscar 2. importunar, molestar, acosar (PERSECUCIÓN)

perseverante tenaz, asiduo, persistente, insistente, firme

perseverar continuar, insistir, obstinarse, proseguir, persistir *dejar* (PERSEVERACIÓN)

persistir permanecer, durar, continuar, perdurar, seguir, perseverar *abandonar* (PERSISTENCIA, PERSISTENTE)

persona ser, individuo, sujeto, hombre

personaje 1. personalidad, figura, héroe 2. actor, protagonista

personal 1. servicio, empleados, gremio 2. privado, subjetivo, particular, propio, singular *impersonal*

personalidad individualidad, identidad, carácter

perspectiva representación, aspecto, apariencia, faceta, matiz

perspicacia agudeza, penetración, intuición, sagacidad *torpeza*

perspicaz astuto, sagaz, agudo, inteligente, intuitivo *torpe, necio*

persuadir convencer, mover, inducir *disuadir* (PERSUASIVO, PERSUASIÓN)

pertenecer atañer, concernir, corresponder, incumbir, relacionarse

pertenencia 1. dominio, propiedad, enseres, mobiliario 2. relación, correspondencia

pertinente 1. referente, relativo, relacionado, conectado, perteneciente 2. oportuno, adecuado

perturbar agitar, alborotar, inquietar, trastornar, intranquilizar, desordenar *calmar*

perversión vicio, inmoralidad, corrupción, maldad, pecado *virtud* (PERVERTIR)

perverso 1. depravado, inmoral, corrompido, vicioso *virtuoso* 2. cruel, malo, ruin, maligno, vil, bajo, odioso *bondadoso*

pesadilla 1. delirio, ensueño, sueño 2. horror, tragedia, catástrofe

pesado 1. fastidioso, aburrido *agradable, ameno* 2. tardo, lento, torpe *ligero, leve*

pésame condolencia, conmiseración, compasión, simpatía, piedad

pesar arrepentimiento, dolor, tristeza, pena, duelo, pesadumbre, remordimiento *gozo, júbilo*

pesaroso arrepentido, apenado, dolido, acongojado, afligido, molesto, disgustado, abatido

pescar 1. capturar, sacar, atrapar, agarrar, cazar 2. sorprender, pillar

pesimismo desesperanza, negatividad, melancolía, abatimiento, desilusión, tristeza, desánimo *optimismo*

pesimista negativo, melancólico, triste, abatido, desanimado *optimista, alegre*

peso 1. gravedad, pesadez, carga 2. valor, influencia, importancia

peste 1. plaga, azote, epidemia, infección, calamidad 2. hedor, fetidez, hediondez

pestilencia peste, hedor, fetidez

petición pedido, demanda, ruego, solicitud

petrificarse 1. endurecerse, solidificarse, fosilizarse 2. aterrorizarse, asustarse

petulante 1. presumido, engreído, fatuo 2. insolente, descarado, atrevido (PETULANCIA)

piadoso pío, religioso, fiel, beato, místico, divino *impío* (PIEDAD)

piar llamar, clamar, cantar

picacho cumbre, punta, pico, cúspide, cima, remate, cresta, corona

picadura 1. picada, picotazo, pinchazo 2. mordedura

picante 1. sazonado, condimentado *insípido* 2. satírico, mordaz, impúdico, punzante *insulso*

picar 1. punzar, pinchar, perforar, agujerear 2. escocer, irritarse

picardía malicia, engaño, travesura, pillería

pícaro malicioso, astuto, ladino, pillo, tunante, sagaz, travieso *picaresco*

pico 1. cima, cumbre, cúspide, cresta, remate, corona 2. punta, hocico, boca

pie 1. extremidad, pata 2. base, fundamento

piedad compasión, lástima, misericordia *crueldad* (PÍO)

piedra mineral, roca, granito, pedrusco

piel pellejo, cuero, epidermis, cutis, tez

pigmento color, colorante, tinte, pintura, matiz

pigmeo enano, diminuto, pequeño *gigante*

pila 1. fuente, pilón, lavabo 2. cúmulo, montón 3. batería, acumulador

pilar 1. pilastra, columna, poste 2. soporte, apoyo

pillar 1. saquear, rapiñar, robar, despojar 2. apresar, agarrar, coger, capturar 3. encontrar, sorprender 4. alcanzar

pillo 1. travieso, pícaro 2. sagaz, astuto, ladino 3. granuja, bribón, tunante

pilotar guiar, mandar, conducir, navegar, dirigir, gobernar

piloto 1. aviador, conductor, director, guía 2. modelo, prueba

pináculo 1. apogeo, auge, culminación 2. cima, cumbre, remate, cúspide, cresta *abismo*

pinchar 1. picar, punzar 2. aguijonear, enojar 3. estimular, incitar, provocar

pintar dibujar, representar, colorear, teñir, matizar

pintor artista, retratista, paisajista, decorador

pintoresco llamativo, expresivo, vivo, animado, característico, típico

pintura 1. cuadro, lienzo, retrato, estudio, boceto 2. color, matiz, tono

pío religioso, devoto, fiel, beato, creyente *ateo*

pionero 1. primero, inicial, original 2. adelantado, explorador, fundador, colonizador, colono

piratería saqueo, pillaje, robo, asalto (PIRATA)

piropo requiebro, adulación, alabanza, lisonja, ternura, galantería *insulto*

pisar hallar, pisotear, apisonar, andar

piscina estanque, pileta, alberca

piso 1. suelo, pavimento 2. alto, planta, apartamento

pisotear 1. pisar, apisonar, hollar, zapatear 2. humillar, ofender, atropellar

pista 1. rastro, huella, señal, signo, vestigio, indicio 2. cancha, recorrido, terreno

pizca partícula, porción, fragmento, pellizco, migaja

placentero agradable, grato, gustoso, satisfactorio, apacible *desagradable*

placer goce, deleite, gusto, satisfacción, agrado, delicia, contento *desagrado*

plácido apacible, sosegado, tranquilo, sereno, quieto, suave, pacífico, placentero

plaga 1. peste, enfermedad, epidemia 2. azote, calamidad, desastre 3. exceso, abundancia, copiosidad, multitud *escasez*

plan proyecto, programa, idea, intento, intención, propósito, pensamiento

planchar estirar, alisar, allanar, desarrugar *arrugar* (PLANCHA)

planear 1. volar, deslizarse 2. preparar, forjar, maquinar, fraguar, proyectar, idear, concebir

plano 1. llano, liso, raso, parejo, uniforme 2. mapa, carta, representación

planta vegetal, verdura, árbol, hortaliza, legumbre

plantar 1. cultivar, sembrar, transplantar 2. meter, hincar, colocar *cosechar*

plantarse detenerse, pararse, oponerse

plantear planear, trazar, programar, abordar (PLANTEAMIENTO)

plástico blando, dúctil, flexible, maleable, moldeable, elástico *rígido, duro*

plataforma 1. tablado, estrado, pedestal, base 2. motivo, idea

plateado 1. argénteo, argentino 2. recubierto 3. claro, brillante

plausible 1. admisible, aceptable, probable, posible 2. loable, alabable *inadmisible*

playa 1. ribera, costa, arenal, orilla, marina 2. espacio, terreno, sitio

plaza 1. glorieta, plazoleta, ágora 2. mercado, feria, zoco

plazo tiempo, término, período, intervalo, lapso

plegar doblar, fruncir, arrugar *alisar*

pleito 1. litigio, demanda, juicio, controversia 2. disputa, riña, querella

pleno completo, lleno, colmado, saturado, ocupado, total

pliegue dobladillo, doblez, frunce, alforza, plegamiento

población 1. aldea, ciudad, poblado, pueblo, villa 2. habitantes, residentes, vecinos (POBLADOR, POBLAR)

pobre 1. indigente, necesitado, mendigo, pordiosero *rico* 2. falto, escaso, insuficiente, corto *abundante* 3. infeliz, desdichado *realizado*

pobreza 1. miseria, indigencia, estrechez, carencia *riqueza* 2. falta, ausencia, escasez, insuficiencia *abundancia*

poción pócima, bebedizo, bebida, filtro

poco corto, escaso, exiguo, limitado, reducido *mucho*

poder 1. autorización, permiso, licencia, facultad, privilegio 2. poderío, dominio, autoridad, albedrío 3. conseguir, lograr, alcanzar, obtener

poderoso 1. vigoroso, potente, enérgico, fuerte, pujante *débil* 2. opulento, rico, acaudalado, importante, influyente *pobre*

poesía verso, poema, trova, oda (POEMA, POETA, POÉTICO)

policía guardia, vigilante, autoridad, alguacil, agente, detective

política 1. gobierno, dirección, guía, manejo 2. prudencia, astucia, habilidad, arte

político 1. dirigente, gobernante, director, mandatario, hombre público 2. astuto, hábil

polución contaminación, mancha *pureza*

poluto sucio, contaminado, manchado *puro*

pomada ungüento, crema, unto, bálsamo, linimento

pompa 1. esplendor, fausto *sencillez* 2. ostentación, boato, vanidad *modestia* 3. burbuja

poncho capote, manta, manto

ponderar 1. considerar, examinar, pesar, sopesar, estudiar *desdeñar* 2. alabar, elogiar, aplaudir *condenar*

poner situar, colocar, ubicar, acomodar, depositar, dejar, plantar *quitar*

ponerse vestirse, vestir

ponzoña veneno, toxina, tósigo

populacho vulgo, plebe, chusma, gentuza, horda, muchedumbre

popular admirado, querido, respetado, famoso, conocido, renombrado *desconocido* (POPULARIDAD)

popularizar divulgar, difundir, propagar, extender *ocultar*

porcentaje porción, parte, proporción *totalidad*

porción fragmento, parte, fracción, segmento, pedazo, trozo *total*

porfía 1. terquedad, obstinación, insistencia *flexibilidad* 2. disputa, discusión *amistad*

porfiar 1. insistir, importunar, obstinarse 2. disputar, discutir

portal 1. entrada, puerta, pórtico, ingreso, verja 2. zaguán, vestíbulo

portátil móvil, movedizo, transportable, movible *fijo*

porte 1. transporte, acarreo 2. presencia, aspecto, modales, maneras, actitud, aire 3. tamaño, dimensión

portón compuerta, portalón, salida, cierre

posada 1. albergue, hostería, parador, hostal 2. alojamiento, hospedaje

posarse 1. asentarse, descansar, reposar *remontarse* 2. sedimentarse, depositarse *levantarse*

poseer tener, gozar, disfrutar, obtener, disponer *carecer*

posesión propiedad, dominio, disponibilidad, bien, tenencia

posesiones hacienda, propiedades, bienes

posible factible, hacedero, aceptable, potencial *imposible* (POSIBILIDAD, POSIBLEMENTE)

posición 1. postura, situación, colocación 2. sitio, lugar 3. categoría, nivel, clase, situación, condición

positivo 1. auténtico, cierto, verdadero, real *dudoso* 2. afirmativo *negativo* 3. práctico, útil, provechoso *impráctico*

postergar aplazar, prorrogar, posponer, retardar

posterior 1. trasero, último, extremo, detrás 2. siguiente, seguido, sucesivo, ulterior *anterior*

postizo 1. falso, artificial, ficticio *real* 2. añadido, sobrepuesto

postrar 1. derribar, inclinar *alzar* 2. arrodillarse, humillarse *erguirse* 3. debilitarse, desfallecer *vigorizarse*

postrado abatido, exhausto, marchito, cansado, agotado *firme, levantado*

postura 1. disposición, actitud 2. posición, situación

potencia 1. capacidad, probabilidad, posibilidad *incapacidad* 2. fuerza, poder, vigor *debilidad*

potente enérgico, vigoroso, fuerte, robusto, poderoso, pujante *débil* (POTENCIA)

potro potrillo, corcel, caballo

práctica 1. uso, costumbre, manera, ejercicio 2. experiencia 3. destreza, habilidad

prácticamente casi, aproximadamente

practicar realizar, hacer, ejercitar, adiestrarse, ejercer, experimentar

práctico 1. útil, provechoso, cómodo, beneficioso *inútil* 2. experimentado, diestro, hábil *inexperto*

prado pradera, campo, campiña, pasto, césped

preámbulo 1. prólogo, introducción, prefacio *conclusión* 2. digresión, rodeo

precario inestable, inseguro, escaso, frágil *estable, firme*

precaución cautela, prevención, prudencia, cordura, reserva *imprudencia*

precaver evitar, prevenir, eludir, remediar *arrostrar* (PRECAVIDO)

preceder anticipar, anteceder, adelantar *seguir* (PRECEDENTE)

precepto 1. disposición, mandato, orden 2. norma, regla, reglamento

precio costo, valor, estimación

precioso 1. valioso, caro *barato* 2. excelente, exquisito, perfecto *defectuoso* 3. hermoso, bello, bonito, guapo, lindo *feo*

precipicio barranco, despeñadero, abismo, derrumbadero

precipitación 1. lluvia, agua 2. apresuramiento, prontitud, prisa, velocidad, rapidez 3. atolondramiento, arrebato, imprudencia (PRECIPITAR)

precipitado 1. apresurado, veloz, rápido, presto, acelerado 2. irreflexivo, imprudente, arrebatado

preciso 1. exacto, definido, puntual, fijo *impreciso* 2. necesario, indispensable, esencial, obligatorio *innecesario* 3. distinto, claro *confuso* (PRECISAR)

preconizar aconsejar, recomendar, alabar, apoyar, defender, celebrar, encomiar *rechazar*

precoz prematuro, temprano, inmaduro, anticipado *retrasado*

predecesor antecesor, antepasado, ascendiente

predecir pronosticar, augurar, profetizar, prever (PREDICCIÓN)

predicar publicar, aconsejar, instruir, evangelizar (PRÉDICA)

predominante preponderante, prevaleciente, preeminente *inferior* (PREDOMINIO)

predominar prevalecer, sobresalir, preponderar, dominar, superar *someterse*

prefacio introducción, preámbulo, preludio, prólogo *epílogo*

preferencia 1. predisposición, inclinación, propensión *rechazo* 2. ventaja, superioridad, preeminencia, primacía, supremacía *inferioridad*

preferible deseable, ventajoso, beneficioso, mejor, superior *inferior*

preferir escoger, elegir, optar, favorecer, querer, desear *odiar*

pregonar divulgar, difundir, proclamar, publicar, avisar, notificar, anunciar, informar *ocultar* (PREGONERO)

pregunta averiguación, demanda, interrogación, encuesta *respuesta*

preguntar averiguar, inquirir, interrogar, demandar *contestar, responder*

preliminar introductor, comienzo, principio, inicial, prólogo *final*

prematuro adelantado, anticipado, inmaduro, precoz, temprano *maduro*

premeditado deliberado, planeado, pensado, preconcebido, proyectado *improvisado, espontáneo*

premio galardón, recompensa, honra, distinción *castigo*

preñada 1. embarazada, encinta 2. llena, cargada (PREÑEZ)

prenda 1. virtud, cualidad, aptitud, dote *defecto* 2. vestido, ropa, traje 3. garantía, prueba, demostración

prender 1. agarrar, sujetar, aprehender, coger *soltar* 2. encender, inflamar, arder *apagar*

prensa 1. periódicos, diarios, revistas, radiodifusión, teledifusión 2. impresora, imprenta 3. compresora

prensar aplastar, compactar, apretar, comprimir, estrujar, exprimir *ensanchar*

preocupado intranquilo, inquieto, distraído, ansioso, nervioso *despreocupado*

preocuparse intranquilizarse, inquietarse, interesarse, desvelarse *calmarse*

preparado 1. apto, capaz 2. dispuesto, listo, presto, pronto 3. medicamento, fármaco

preparar capacitar, arreglar, planear, alistar, disponer, organizar (PREPARACIÓN)

preparativos arreglos, planes, proyectos

presagio pronóstico, presentimiento, augurio, agüero, predicción

prescribir 1. determinar, mandar, indicar, ordenar, dictar 2. recetar, formular

presencia 1. existencia, situación *ausencia* 2. apariencia, aspecto, aire, figura, porte (PRESENCIAR)

presentar mostrar, exhibir, ostentar, demostrar, enseñar, manifestar, lucir *ocultar* (PRESENTACIÓN)

presente 1. actual, reciente, moderno 2. hoy, ahora, actualidad 3. regalo, obsequio, donativo, dádiva

presentimiento presagio, augurio, intuición, premonición

presentir presagiar, intuir, revelarse, augurar, sospechar, adivinar

preservar conservar, resguardar, mantener, proteger, defender *destruir* (PRESERVACIÓN)

presidente director, jefe, gobernante, superior, cabeza

presidir dirigir, gobernar, mandar, regir, guiar, orientar

presión 1. empuje, fuerza, apretura, tensión *liberación* 2. influencia, coerción *tolerancia*

presionar 1. empujar, apretar, oprimir *liberar* 2. influir, obligar, forzar, imponer *tolerar*

préstamo empréstito, prestación, adelanto, anticipo, financiación *cobro*

prestar entregar, suministrar, ofrecer, facilitar, ceder, ayudar *cobrar*

prestigio crédito, influencia, reputación, fama, renombre, celebridad *desprestigio*

presumido fatuo, vanidoso, jactancioso, ostentoso, petulante, vano *modesto*

presumir 1. conjeturar, sospechar, suponer 2. engreírse, ostentar, jactarse, vanagloriarse

presunto presumible, posible, sospechable, probable, supuesto, previsible

presuntuoso presumido, petulante, jactancioso, vano, orgulloso, engreído *humilde*

presupuesto 1. estimación, valoración 2. pretexto, motivo 3. suposición, supuesto, sospecha, creencia

presuroso apresurado, rápido, ligero, pronto, veloz *lento*

pretender 1. ambicionar, anhelar, desear, ansiar 2. intentar, procurar, tratar 3. cortejar *abandonar*

pretendiente 1. galán, enamorado, novio 2. candidato, interesado, aspirante

pretexto disculpa, excusa, explicación, alegato, motivo *realidad* (PRETEXTAR)

prevenir 1. advertir, avisar, informar 2. preparar, organizar, anticipar 3. evitar, impedir, eludir, remediar

prever 1. predecir, pronosticar, augurar, profetizar 2. prevenir, anticipar

previo anterior, precedente, antecedente, anticipado, adelantado *siguiente, subsiguiente* (PREVIAMENTE)

prima 1. recompensa, premio, incentivo, dinero 2. pariente, familia

primario 1. primero, principal, primordial 2. primitivo, básico *secundario*

primaveral nuevo, joven, fresco, espléndido, florecido (PRIMAVERA)

primero 1. precedente, inicial, original, anterior, primario 2. antes, previamente 3. predominante, superior, excelente, sobresaliente 4. primordial, primitivo *secundario*

primitivo 1. antiguo, original, originario *moderno* 2. sencillo, básico, fundamental *sofisticado* 3. salvaje, bárbaro, prehistórico *avanzado*

principal 1. primero, importante, esencial, fundamental, vital *secundario* 2. ilustre, noble, distinguido 3. jefe, patrón, director

principalmente esencialmente, primariamente, fundamentalmente, especialmente

principiante neófito, inexperto, aprendiz, aspirante *experto*

principio 1. comienzo, inicio 2. causa, origen 3. fundamento, base 4. regla, norma, maxima

prisa rapidez, prontitud, presteza, velocidad, apresuramiento, precipitación *lentitud*

prisión cárcel, calabozo, penitenciaría, penal

privación falta, carencia, ausencia, necesidad, escasez *abundancia*

privado particular, personal, íntimo, confidencial, secreto *público*

privar 1. despojar, desposeer, quitar *devolver* 2. prohibir, vedar *permitir*

privarse abstenerse, renunciar, sacrificarse, abandonar, dejar

privilegiado 1. predilecto, preferido, escogido *necesitado* 2. excepcional, aventajado, superior *falto*

privilegio ventaja, exención, favor, derecho, prerrogativa, concesión

probable posible, verosímil, factible, admisible *improbable* (PROBABILIDAD, PROBABLEMENTE)

probado 1. comprobado, ensayado, verificado, experimentado 2. demostrado, acreditado

probar 1. experimentar, ensayar, examinar, reconocer 2. demostrar, evidenciar, acreditar 3. apreciar, beber, comer, gustar, catar 4. intentar, procurar, tratar

problema cuestión, dilema, conflicto, dificultad, contrariedad, inconveniente

procaz sinvergüenza, insolente, descarado, desvergonzado

proceder 1. venir, provenir 2. originar, principiar, iniciar, seguir 3. portarse, actuar, comportarse

procedimiento práctica, regla, manera, método, operación, sistema

procesión fila, desfile, revista, parada

proceso 1. causa, juicio, pleito 2. desarrollo, evolución, progreso 3. método, sistema

proclamar anunciar, pregonar, promulgar, declarar, publicar *callar* (PROCLAMA, PROCLAMACIÓN)

procurar intentar, tratar, ensayar, probar

prodigio maravilla, milagro, excelencia

prodigioso asombroso, extraordinario, maravilloso, milagroso, excepcional

pródigo 1. derrochador, gastador, manirroto *avaro* 2. generoso, abundante *frugal*

producción obra, producto, rendimiento, generación, elaboración, fabricación

producir 1. crear, hacer, elaborar, fabricar 2. causar, originar, generar

productivo 1. fecundo, fértil, fructífero 2. lucrativo, provechoso, remunerativo *improductivo* (PRODUCCIÓN)

profanar deshonrar, envilecer, degradar, escarnecer, violar *respetar* (PROFANACIÓN)

profano 1. laico 2. irreverente 3. inexperto, ignorante

profesar 1. practicar, desempeñar, ejercer, actuar 2. creer, sentir

profesión 1. carrera, trabajo, oficio, ocupación, empleo 2. creencia, religión

profesional especializado, experto, perito, diestro

profesor maestro, instructor, educador, pedagogo

profetizar presagiar, augurar, predecir, pronosticar (PROFETA, PROFESÍA)

profundizar 1. ahondar, sondear, calar 2. analizar, examinar, indagar

profundo 1. hondo, insondable, recóndito *somero* 2. intenso, penetrante *superficial* 3. difícil, oscuro *asequible* (PROFUNDIDAD)

profuso abundante, copioso, cuantioso, pródigo, generoso, liberal, colmado *escaso* (PROFUSIÓN)

progenie descendencia, familia

programa proyecto, plan, sistema, esquema

progresar 1. avanzar, adelantar 2. subir, ascender 3. mejorar, perfeccionarse 4. desarrollarse

progreso 1. aumento, desarrollo 2. mejora, prosperidad 3. perfeccionamiento, mejoría 4. avance, adelanto (PROGRESIVO)

prohibir negar, impedir, privar, vedar, obstaculizar *conceder, permitir*

prójimo semejante, pariente, persona, individuo

prolífico fecundo, fértil *estéril*

prolongar alargar, dilatar, extender, prorrogar, estirar, ampliar *acortar, encoger*

promedio media, mitad, centro, medio

promesa oferta, afirmación, compromiso, ofrecimiento, juramento

prometedor adelantado, precoz, capacitado, competente

prominente 1. sobresaliente, saliente 2. destacado, ilustre, famoso, predominante *desconocido*

promiscuo 1. revuelto, confuso, mezclado 2. libertino, libidinoso

promoción fomento, impulso, apoyo, desarrollo

promulgar publicar, decretar, proclamar, revelar, anunciar

prono inclinado, apegado, aficionado, entusiasta, devoto

pronosticar augurar, predecir, profetizar, presagiar

pronto 1. rápido, inmediato, ligero, veloz *lento* 2. dispuesto, preparado *desprendido*

pronunciar 1. articular, decir, emitir, enunciar, hablar *callar* (PRONUNCIACIÓN) 2. sublevarse, rebelarse (PRONUNCIAMIENTO)

propaganda publicidad, difusión, divulgación, anuncio

propagar 1. anunciar, divulgar, extender, publicar 2. multiplicar, aumentar, reproducir

propasarse 1. excederse, rebasar 2. insolentarse, descomedirse *contenerse*

propicio benigno, dispuesto, inclinado, próspero, útil, favorable, adecuado

propiedad 1. posesión, pertenencia, dominio 2. cualidad, característica, rasgo

propietario dueño, amo, patrón

propina recompensa, dádiva, gratificación

propio 1. apropiado, adecuado, oportuno, conveniente 2. característico, individual, personal, distintivo, peculiar

proponer 1. exponer, ofrecer 2. recomendar, presentar (PROPOSICIÓN)

proporción 1. tamaño, medida, dimensión 2. relación, proporcionalidad, relación, correspondencia, conformidad 3. importancia, intensidad

proporcionar 1. entregar, conceder, proveer, suministrar, dar *quitar* 2. equilibrar, ajustar *desproporcionar*

propósito 1. objeto, finalidad, intención 2. asunto, materia, idea

propuesta proposición, sugerencia, recomendación, oferta

propulsar impeler, impulsar, mover, empujar, lanzar, forzar *frenar* (PROPULSIÓN)

proseguir continuar, seguir, insistir, perpetuar, prolongar *detener* (PROSECUCIÓN)

prosperar progresar, mejorar, adelantar, desarrollar, florecer *fracasar*

próspero 1. favorable, afortunado, propicio *desfavorable* 2. acomodado, rico, adinerado, acaudalado *pobre*

protagonista personaje, actor, estrella, intérprete, héroe

proteger 1. defender, amparar, abrigar, resguardar *atacar* 2. favorecer, apoyar, respaldar *criticar*

protestar objetar, desafiar, quejarse, reclamar, demandar *apoyar*

prototipo ejemplar, modelo, ejemplo, muestra

provecho beneficio, utilidad, fruto, ganancia, ventaja *inutilidad*

provechoso útil, beneficioso, lucrativo, fructuoso, conveniente *inútil*

proveer surtir, aprovisionar, suplir, suministrar, abastecer

provenir originar, emanar, venir, proceder

proverbio refrán, adagio, máxima, sentencia

provincia región, distrito, jurisdicción, demarcación, división, marca, comarca

provocar 1. incitar, estimular, inducir, espolear 2. irritar, molestar, fastidiar 3. originar, causar, ocasionar

próximo 1. adyacente, cercano, lindante, vecino *alejado* 2. contiguo, inmediato, junto *separado*

proyectar 1. planear, preparar, idear, concebir 2. arrojar, despedir, tirar, lanzar

proyectil bala, balín, bomba, flecha, perdigón, cohete, torpedo

proyecto 1. idea, plan, intención 2. boceto, bosquejo, esquema, borrador

prudente moderado, juicioso, cauteloso, circunspecto, discreto, reflexivo, sensato, mesurado *imprudente, indiscreto*

prueba 1. ensayo, experimento, investigación, examen 2. testimonio, argumento, demostración 3. señal, muestra, indicio

publicar 1. editar, imprimir 2. difundir, propagar, proclamar

publicidad divulgación, difusión, propaganda

público 1. audiencia, asistentes, espectadores, colectividad, comunidad 2. común, notorio, conocido, sabido, popular *privado*

pudrir corromper, descomponer, fermentar, estropear

pueblo 1. aldea, población, poblado, villa, villorrio 2. país, nación, estado, patria 3. proletariado, salariado, vulgo

puente pasarela, pontón, viaducto, acueducto

puerco 1. cerdo, cochino, marrano, lechón 2. mugriento, asqueroso, sucio

puerta 1. portón, abertura, entrada, acceso, portillo, pórtico 2. posibilidad, medio

puerto muelle, embarcadero, desembarcadero, dique

pulcro 1. aseado, cuidado, limpio, esmerado, pulido *sucio, desaseado* 2. delicado, escrupuloso *grosero* (PULCRITUD)

pulido 1. alisado, bruñido, terso, lustrado 2. educado, cortés, amable

pulir 1. abrillantar, lustrar, pulimentar, bruñir *opacar* 2. perfeccionar, corregir, mejorar *empeorar*

pulsar 1. latir, palpitar 2. sondear, tantear, palpar 3. tañer, tocar

pulular abundar, multiplicarse, bullir, agitarse, moverse

pulverizar 1. moler, triturar, machacar, desmenuzar, desintegrar 2. destruir, aniquilar

puñalada cuchillada, navajazo, herida, corte

punta cima, picacho, extremo, vértice, arista, cresta

puntiagudo afilado, agudo, afinado, aguzado, punzante

punto 1. señal, medida, marca, trazo 2. sitio, lugar, espacio, localidad 3. instante, momento 4. estado, situación 5. asunto, cuestión, materia

puntual 1. diligente, cumplidor 2. preciso, exacto

punzada pinchazo, picadura, incisión, picada

punzante 1. agudo, intenso *suave* 2. picante, mordaz, satírico, incisivo *delicado*

punzar picar, pinchar, herir, clavar

purgar 1. limpiar, purificar, expulsar, depurar 2. eliminar, evacuar, vaciar

purificar limpiar, purgar, desinfectar, lavar *ensuciar* (PURIFICACIÓN)

puro 1. intacto, incorrupto, íntegro, inalterado *corrupto* 2. casto, virtuoso, honesto *viciado* 3. simple, sencillo, real, espontáneo *complejo* 4. límpido, transparente *opaco* 5. cigarro

pútrido podrido, putrefacto, corrupto, rancio, hediondo

Q

quebrada quiebra, abertura, angostura, cañón, barranco *llanura*

quebradizo 1. débil, frágil, endeble *duro, fuerte, resistente* 2. enfermizo, delicado *sano*

quebrado escabroso, abrupto, desigual, áspero, roto *llano*

quebrantar 1. romper, machacar, quebrar 2. infringir, vulnerar, violar 3. debilitar, menoscabar

quebrar 1. romper, cortar, separar 2. arruinarse, hundirse, fracasar 3. interrumpir, doblar, torcer

quedar 1. acordar, convenir, decidir 2. restar, sobrar, faltar 3. permanecer, detenerse

quehacer oficio, ocupación, labor, trabajo, faena, tarea

queja 1. gemido, lamento, quejido 2. protesta, demanda, reclamación 3. descontento, pena, sufrimiento

quejarse lamentarse, gemir, clamar, lloriquear, sollozar, penar

quejoso disgustado, descontento, dolido, resentido, agraviado

quemar incendiar, consumir, abrasar, chamuscar, cremar

querella 1. pleito, litigio, reclamación, demanda, queja 2. pelea, discordia, pendencia

querer 1. amar, adorar, estimar, apreciar *odiar* 2. desear, anhelar, ansiar, ambicionar *rechazar* 3. requerir, pedir, exigir *dar*

querida amante, amada, amiga, novia, esposa

querido 1. amado, amante, novio, esposo, amigo 2. apreciado, caro, estimado, adorado

quiebra 1. pérdida, ruina, bancarrota, fracaso 2. rotura, abertura, grieta

quieto 1. inmóvil, parado, detenido *móvil* 2. sosegado, pacífico, tranquilo, reposado, calmado *bullicioso*

quietud 1. sosiego, tranquilidad, calma, serenidad, paz, silencio *bullicio* 2. inmovilidad, detención *movimiento*

quimera ilusión, ficción, fantasía *realidad*

quiosco pabellón, tenderete, tienda, puesto

quiste bulto, tumor, protuberancia, hinchazón, nódulo

quitar 1. sacar, apartar, separar 2. despojar, privar, hurtar

quitasol parasol, sombrilla

quizás posiblemente, acaso, tal vez

R

rabia 1. cólera, ira, enojo, furia, furor *serenidad* 2. hidrofobia

rabieta berrinche, pataleta, perra

rabioso 1. airado, colérico, furioso *calmo, sereno* 2. hidrófobo, rábico

rabo cola, extremidad, apéndice, cabo, rabillo

racimo grupo, conjunto, ramillete, agrupación

ración parte, porción, lote, cantidad, proporción, medida

racional lógico, coherente, sensato, razonable *ilógico, irracional*

radiante 1. fulgurante, brillante, resplandeciente, reluciente *apagado* 2. alegre, contento, satisfecho *triste* 3. emisor, irradiante

radical 1. fundamental, básico *secundario* 2. drástico, extremado *leve* 3. tajante, intransigente *conciliador*

ráfaga 1. torbellino, vendaval, ventolera 2. destello, centelleo

raído ajado, gastado, viejo, usado, desgastado, deteriorado *nuevo*

raíz causa, fuente, origen, principio *rama*

raja 1. hendidura, grieta, abertura, fisura, ranura, fractura 2. tajada, rebanada

rajar abrir, hender, partir, agrietar, fracturar

rama 1. vara, vástago, ramo, brazo 2. división, ramificación

ramonear pacer, pastar, rumiar

rancho 1. hacienda, granja, plantación 2. choza, cabaña

rancio 1. anticuado, viejo, arcaico, tradicional *nuevo* 2. añejo, pasado, podrido *fresco*

rango grado, calidad, categoría, clase, nivel, posición, jerarquía

rápido acelerado, veloz, pronto, ligero, vivo *lento* (RAPIDEZ)

rapto 1. secuestro, robo 2. arranque, arrebato, impulso

raramente ocasionalmente, escasamente, a veces *siempre*

raro 1. escaso, poco, limitado *abundante* 2. extraño, extravagante, original, singular, extraordinario *común*

rascar 1. refregar, restregar, raspar 2. arañar, rasguñar

rasgadura rasgón, rotura, desgarrón

rasgar desgarrar, destrozar, romper, despedazar *coser, reparar*

rasgo 1. línea, trazo 2. carácter, cualidad, atributo, distintivo, característica, peculiaridad, naturaleza 3. facción

raso plano, liso, llano

raspar frotar, rascar, raer, limar, rozar

rastrear perseguir, buscar, batir, explorar, averiguar, indagar, olfatear

rastro vestigio, pista, huella, señal, marca, indicio

ratero ladrón, carterista, caco, delincuente

ratificar confirmar, reafirmar, aprobar, convalidar, certificar, aceptar *rechazar* (RATIFICACIÓN)

rato lapso, momento, periodo, instante, pausa

raya línea, trazo, guión, rasgo

rayar 1. trazar, marcar, listar, delinear, subrayar 2. borrar, tachar

rayo centella, destello, luz, resplandor

raza linaje, abolengo, casta, clase, género

razón 1. motivo, causa, fundamento, origen *consecuencia* 2. juicio, inteligencia, lógica, entendimiento *locura*

razonable sensato, justo, lógico, racional, prudente *irrazonable*

razonar reflexionar, pensar, analizar, enjuiciar, comprender, entender

reaccionar 1. responder, contestar 2. oponerse, defenderse, rechazar (REACCIÓN)

real 1. genuino, verdadero, auténtico, actual, cierto *falso* 2. regio, imperial, soberano *plebeyo*

realidad verdad, certidumbre, certeza, autenticidad, seguridad *fantasía*

realizar hacer, efectuar, cumplir, ejecutar *abstenerse*

realzar engrandecer, enaltecer, ensalzar, glorificar, acentuar *humillar* (REALCE)

reanimar 1. alentar, estimular, animar, 2. reponer, vigorizar, confortar, restablecer *desalentar*

reanudar continuar, seguir, proseguir *parar*

reata correa, cuerda

rebajar 1. disminuir, reducir, bajar, aminorar, deducir *aumentar* 2. humillar, avergonzar *enaltecer*

rebanar cortar, tajar, seccionar, partir, separar

rebelarse 1. sublevarse, levantarse, amotinarse *someterse* 2. oponerse, protestar, desobedecer *obedecer* (REBELIÓN)

rebelde amotinado, faccioso, sublevado, desobediente, insumiso, recalcitrante *dócil, sumiso* (REBELDÍA)

rebosar 1. sobreabundar, abundar, sobrar, llenar 2. derramarse, salirse desbordarse

rebuscar escudriñar, investigar, inquirir, explorar, buscar

recelo duda, temor, sospecha, barrunto, desconfianza, *seguridad* (RECELAR)

recepción 1. reunión, fiesta, celebración, festejo, gala 2. admisión, atención

receso 1. pausa, suspensión, intervalo, cesación, descanso *continuación* 2. apartamiento, desvío, separación

receta fórmula, instrucciones, prescripción

rechazar impugnar, repudiar, echar, excluir, expulsar, resistir, contradecir *aceptar* (RECHAZO)

rechinar crujir, chirriar, estridular

rechoncho gordo, regordete, rollizo, obeso, grueso, robusto, corpulento *flaco*

recibir 1. tomar, aceptar, obtener, ganar, recoger *dar* 2. acoger, admitir *expulsar* (RECEPCIÓN)

reciclaje recuperación, recirculación

reciente nuevo, actual, fresco, moderno *viejo* (RECIENTEMENTE)

recinto ámbito, espacio, perímetro

recitar declamar, contar, relatar, narrar, referir, decir, pronunciar (RECITAL, RECITATIVO)

reclamar solicitar, pedir, exigir, demandar, requerir, protestar, clamar

reclinar inclinar, apoyar, recostar, descansar *levantar*

recluido encerrado, retirado, aislado, detenido *liberado* (RECLUIR, RECLUSIÓN)

reclutar alistar, inscribir, enrolar, matricular, reunir

recobrar 1. rescatar, recuperar 2. restablecerse, reponerse *enfermarse*

recoger 1. reunir, juntar, congregar *esparcir* 2. agarrar, tomar, coger *botar* 3. recolectar, cosechar *sembrar*

recomendar 1. aconsejar, advertir, avisar, insinuar, sugerir, guiar 2. encargar 3. interceder (RECOMENDACIÓN)

recompensa premio, gratificación, remuneración, homenaje, regalo

recompensar compensar, remunerar, galardonar, premiar, homenajear *castigar*

reconciliar arreglar, mediar, interceder, componer, avenir *separar* (RECONCILIACIÓN)

reconocer 1. observar, estudiar, examinar 2. admitir, confesar, aceptar 3. recordar, distinguir, evocar

reconocido agradecido, obligado

reconocimiento 1. examen, exploración, inspección 2. agradecimiento, gratitud

reconquistar recuperar, recobrar, rescatar (RECONQUISTA)

recordar acordarse, memorar, rememorar, evocar, recapacitar, revivir *olvidar* (RECUERDO)

recorrer transitar, andar, caminar, deambular, atravesar (RECORRIDO)

recorrido itinerario, camino, trayecto, viaje, excursión, travesía

recortar cortar, podar, cercenar, segar, seccionar, partir, disminuir

recostar descansar, dormir, reclinar, apoyar *levantar*

recrear 1. reproducir, rehacer 2. contentar, deleitar, agradar, encantar, entusiasmar

recreo recreación, diversión, entretenimiento, pasatiempo, juego *labor, tarea*

rectificar modificar, enmendar, mejorar, reformar, retocar, corregir

recto 1. derecho, directo 2. honrado, honesto, justo, íntegro, imparcial, severo, firme

recuerdo memoria, conmemoración, reminiscencia *olvido*

recuperar 1. recobrar, rescatar, reconquistar *perder* 2. mejorar, restablecer *empeorar* (RECUPERACIÓN)

recuperarse recobrarse, aliviarse, mejorarse, restablecerse, vigorizarse, sanarse *enfermarse*

recurrir 1. volver, repetirse 2. apelar, solicitar, pedir, reclamar

red 1. malla, rejilla, enrejado 2. sistema, servicio, organización 3. trampa, lazo, engaño

redactar escribir, componer, dictar (REDACCIÓN)

redimir salvar, liberar, recuperar, rescatar (REDENCIÓN)

rédito utilidad, beneficio, renta, ganancia, rendimiento *pérdida*

redondo circular, esférico, rotundo, anular

reducir 1. aminorar, acortar, disminuir, limitar, restringir, bajar, moderar 2. resumir, abreviar, comprendiar 3. dividir *aumentar* (REDUCCIÓN)

referir 1. contar, narrar, relacionar, relatar 2. aludir, insinuar, sugerir 3. relacionar, atar (REFERENCIA)

refinado exquisito, elegante, distinguido, delicado, cortés, educado, fino *tosco*

refinar limpiar, purificar, clarificar, depurar, perfeccionar *ensuciar*

reflejar reverberar, irradiar, reflectar, devolver

reflejo 1. destello, reverbero, reverberación, irradiación, luz 2. reacción, contracción, movimiento 3. automático, inconsciente, involuntario

refocilarse deleitarse, gozar, solazarse, divertirse *aburrirse*

reformar modificar, cambiar, mejorar, corregir

reforzar fortalecer, consolidar, robustecer, vigorizar *debilitar*

refrán adagio, proverbio, sentencia, dicho, máxima, moraleja

refrenar contener, moderar, detener, sujetar, reprimir, aminorar, controlar, limitar *estimular* (REFRENAMIENTO)

refrigerar congelar, helar, enfriar, refrescar *calentar* (REFRIGERADOR)

refugiarse ampararse, protegerse, esconderse, ocultarse *desguarecerse*

refugio amparo, asilo, protección, albergue

refunfuñar 1. gruñir, murmurar 2. protestar, rezongar

refutar contradecir, impugnar, rechazar, rebatir, discutir *aceptar* (REFUTACIÓN)

regalado 1. barato, ganga, donado 2. placentero, delicado, cómodo, suave

regalar obsequiar, donar, dar *quitar*

regalo obsequio, donación, dádiva, don, ofrenda

regañar 1. disputar, pelear, reñir *pacificar* 2. reprender, amonestar, reprochar, criticar, sermonear *alabar* (REGAÑO)

regar mojar, bañar, rociar, irrigar, humedecer *secar* (RIEGO)

regatear 1. discutir, debatir, mercar, comerciar 2. escatimar, ahorrar

regio 1. suntuoso, magnífico, espléndido, majestuoso 2. imperial, real

región área, país, territorio, vecindario, zona, lugar

regir administrar, dirigir, gobernar, guiar, supervisar, mandar, dominar

régimen 1. regla, norma 2. gobierno, administración 3. dieta

registrar 1. escribir, inscribir, apuntar, anotar, alistar, matricular
2. grabar, transcribir 3. examinar, notar (REGISTRO)

regla 1. pauta, guía, patrón 2. ley, reglamento, decreto, ordenanza
3. principio, fórmula 4. método, procedimiento

regocijado alborozado, gozoso, jubiloso, contento, alegre *triste*

regocijar alegrar, agradar, encantar, interesar *entristecer*

regocijo alegría, contento, gozo, júbilo, satisfacción, exaltación
melancolía, tristeza

regordete gordo, grueso, rollizo, rechoncho *delgado*

regresar volver, retornar, venir, llegar *salir*

regular 1. común, ordinario, usual, familiar, típico, normal, mediano
anormal 2. regulado, regularizado *irregular* 3. medido, ajustado,
arreglado *inmoderado* 4. ajustar, ordenar, regularizar *desordenar*
(REGULARMENTE, REGULARIDAD)

regularizar regular, reglamentar, ordenar, organizar, metodizar,
uniformar *desordenar*

rehuir evitar, rehusar, eludir, esquivar *enfrentar*

rehusar rechazar, excusar, negarse, rehuir *admitir, aceptar*

reina soberana, majestad, gobernante

reinar 1. gobernar, imperar, regir, dirigir, mandar 2. predominar,
prevalecer

reino reinado, dominio, monarquía, soberanía

reintegrar restituir, devolver, integrar *quitar*

relacionar 1. corresponder, unir, conectar, enlazar, coordinar 2. relatar,
narrar, contar

relajar descansar, aflojar, tranquilizar, calmar, paliar *tensar*

relamido acicalado, afectado, pulcro, presumido

relatar recitar, narrar, contar, exponer, referir, decir *callar*

relativo 1. concerniente, referente 2. dependiente, subordinante

relato descripción, narración, informe, escrito, cuento

relieve 1. realce, resalte, saliente, prominencia, elevación 2. importancia, renombre

religión creencia, fe, doctrina, credo, dogma *agnosticismo, ateísmo*

rellenar atestar, henchir, saturar, llenar, hartar *vaciar*

relucir brillar, fulgurar, refulgir, lucir, resplandecer

remachar 1. insistir, recalcar, acentuar, subrayar, marcar *callar* 2. unir, fijar, clavar, afianzar *separar*

remar bogar, navegar, impulsar

rembolsar devolver, compensar, restituir

remedar imitar, copiar, emular, parodiar

remediar 1. corregir, enmendar, reparar 2. aliviar, curar, socorrer

remedio 1. enmienda, reparación, corrección 2. medicamento, medicina, fármaco, tratamiento 3. ayuda, auxilio, recurso

remendar 1. reparar, componer, arreglar 2. recoser, zurcir (REMIENDO)

remitir enviar, mandar, despachar, expedir *retener*

remo aleta, propulsor, pala, paleta

remojar empapar, mojar, regar, bañar *secar*

remolcar arrastrar, halar, tirar, acarrear

remolonear tardar, demorarse, rezagarse, retrasarse

remontarse volar, elevarse, sobrevolar, ascender *bajar*

remordimiento arrepentimiento, pesadumbre, contrición, pesar, pena, dolor

remoto 1. distante, lejano, alejado, apartado *próximo* 2. antiguo, pasado *futuro*

remover 1. menear, agitar, mover, sacudir 2. quitar, sacar (REMOCIÓN)

remplazar cambiar, relevar, representar, sustituir, suplantar

rencor resentimiento, odio, hostilidad, enemistad *amor*

rencoroso resentido, irreconciliable, vengativo, hostil *amistoso*

rendirse 1. entregarse, someterse, subyugarse 2. cansarse, fatigarse

reñidor provocador, peleador, belicoso, pendenciero *pacífico* (RIÑA)

reñir 1. regañar, reprender, sermonear, criticar 2. pelear, luchar, disputar 3. desavenirse, enemistarse *amistar*

renovar 1. restaurar, reformar 2. intensificar, reactivar 3. permutar, remplazar, cambiar, sustituir

renta 1. ingreso, beneficio, interés, rédito, utilidad, provecho 2. alquiler, arrendamiento, arriendo

rentar producir, rendir, proveer, redituar, dar, beneficiar

renuente reacio, remiso, contrario, opuesto, indócil, desobediente *deseoso, dócil, obediente*

renunciar 1. desprenderse, abandonar, dejar, abdicar, cesar, desistir 2. prescindir, abstenerse *mantener* (RENUNCIA)

reparar 1. arreglar, componer, remendar, restaurar 2. remediar, corregir, subsanar 3. reanimar, restablecer 4. considerar, fijarse, reflexionar *estropear, descomponer*

repartir 1. dividir, racionar 2. asignar, clasificar, ordenar 3. entregar, distribuir *acumular*

repasar 1. estudiar, revisar, examinar, releer 2. corregir, retocar, pulir

repeler 1. repugnar, desagradar, disgustar *agradar* 2. arrojar, lanzar, rechazar *atraer* (REPULSIVO)

repentino pronto, súbito, imprevisto, rápido, impensado, inesperado *previsto*

repetición reiteración, insistencia, redundancia

repetir menudear, reiterar, reproducir, reincidir, duplicar

repicar tañer, resonar

repisa estante, anaquel

réplica 1. contestación, respuesta 2. objeción, contradicción *aprobación*

replicar 1. contestar, responder, reponer *preguntar* 2. objetar, contradecir *acceder, consentir*

reportar contener, moderar, refrenar, reprimir, sosegar

reposar dormir, descansar, echarse, yacer, sosegarse, acostarse

reposo calma, quietud, descanso, sosiego *esfuerzo, actividad*

reprender amonestar, censurar, corregir, regañar, reprochar, retar *encomiar*

representar 1. significar, implicar, suponer 2. encarnar, simbolizar, personificar, imitar 3. actuar, interpretar, aparentar (REPRESENTACIÓN, REPRESENTANTE)

reprimir contener, dominar, moderar, refrenar (REPRESIÓN)

reprimirse contenerse, resistir, aguantar, sufrir, tolerar

reprobar censurar, condenar, criticar, desaprobar, tachar, reprochar *alabar* (REPROBACIÓN)

reproducir 1. multiplicar, propagar *limitar* 2. imitar, copiar *crear*

repudiar rechazar, refutar, excluir, desechar, desdeñar, repeler *aceptar* (REPUDIO)

repugnante repulsivo, desagradable, asqueroso, horrible, nauseabundo *agradable*

repugnar repeler, desagradar, asquear, espantar *atraer*

repulsivo feo, repelente, horrible, asqueroso *agradable* (REPELER)

requerir 1. pedir, solicitar 2. necesitar, precisar

resaltar abultar, descollar, sobresalir, destacarse, distinguirse

resbaladizo escurridizo, resbaloso, aceitoso, lábil

resbalar patinar, deslizarse, escurrirse

rescatar 1. librar, liberar, redimir *aprisionar* 2. recobrar, recuperar *perder*

resecar marchitar, secar *remojar*

resentimiento disgusto, rencor, animosidad, antipatía *afecto* (RESENTIRSE)

reserva 1. provisión, depósito, repuesto *imprevisión* 2. circunspección, prudencia, tiento *locuacidad* 3. sigilo, secreto *sinceridad* 4. recato, discreción *indiscreción*

reservar ahorrar, guardar, retener, almacenar (RESERVA, RESERVACIÓN)

resfriado catarro, constipado, resfrío

resguardar proteger, defender, amparar, preservar *exponer* (RESGUARDO)

residencia casa, domicilio, morada, nido, techo, vivienda

residente ocupante, inquilino, morador, habitante

residir vivir, habitar, morar, alojarse, domiciliarse

residuo resto, parte, porción, sedimento, vestigio, sobrante *total*

resignar abandonar, dimitir, renunciar, cesar, ceder, entregar *mantener* (RESIGNACIÓN)

resignarse conformarse, aceptar, asentir *resistir*

resistir 1. aguantar, soportar, sufrir, tolerar *morir* 2. oponerse, enfrentar, luchar, rebelarse *someterse* (RESISTENCIA, RESISTENTE)

resolución 1. solución, aclaración 2. decisión, determinación 3. prontitud, viveza 4. valor, firmeza, denuedo, ánimo

resolver 1. solucionar, aclarar, satisfacer, concluir 2. decidir, determinar

respectivo correspondiente, referente, relativo (RESPECTIVAMENTE)

respetable 1. digno, serio, decente, respetado, honrado, venerado *deshonesto* 2. considerable, importante *insignificante*

respetar 1. admirar, considerar, venerar, enaltecer, homenajear, reconocer 2. cumplir, observar *destacar*

respeto atención, admiración, deferencia, consideración, reverencia, homenaje *desprecio*

respetuoso cortés, deferente, atento, considerado *descortés*

respingar estremecerse, resistirse, sacudirse, brincar

respiración respiro, inhalación, exhalación, jadeo, suspiro, ventilación

respiro alivio, tregua, calma, descanso, reposo, sosiego

resplandecer brillar, destellar, relumbrar, refulgir, lucir, relucir *apagarse* (RESPLANDOR)

resplandeciente fulgurante, brillante, centelleante, deslumbrante, luciente, radiante, reluciente *apagado*

responder contestar, replicar, reaccionar, corresponder *preguntar* (RESPUESTA)

responsable 1. culpable, causante, infractor *inocente* 2. consciente, cumplidor, fiel, maduro *irresponsable* (RESPONSABILIDAD)

restablecer 1. restituir, reponer, reconstruir, reparar, restaurar *destruir* 2. curar, mejorar, sanar *enfermar* (RESTABLECIMIENTO)

restablecerse recuperarse, reponerse, curarse, sanarse *enfermarse*

restar 1. quitar, deducir, sacar, sustraer *sumar* 2. disminuir, mermar, achicar *agrandar*

restaurar 1. restablecer, reponer, restituir 2. recuperar, recobrar 3. reparar, componer *destruir* (RESTAURACIÓN)

resto parte, vestigio, residuo, saldo, sobrante

restricción limitación, impedimento, barrera, obstáculo

restringir limitar, acortar, obstaculizar, reducir *ampliar*

resultado consecuencia, conclusión, fin, efecto, fruto, producto *causa*

resumen extracto, sumario, compendio, sinopsis, síntesis

resumir abreviar, compendiar, condensar, reducir, sintetizar *ampliar, desarrollar*

retardar 1. demorar, diferir, postergar, retrasar, aplazar 2. frenar, refrenar *acelerar*

retener 1. guardar, conservar, mantener 2. contener, reprimir 3. recordar, memorizar

retirar alejar, apartar, quitar, sacar, separar (RETIRO)

retirarse jubilarse, irse, alejarse, apartarse

retoñar revivir, rebrotar, renovarse, reproducirse (RETOÑO)

retorcer torcer, encorvar, enroscar, rizar, arquear *enderezar*

retornar 1. volver, regresar, llegar *salir* 2. devolver, restituir, reponer

retozar juguetear, brincar, corretear, jugar, saltar

retraer 1. retirar, retroceder 2. apartar, disuadir 3. aislar, excluir

retraído tímido, reservado, solitario, corto, insociable, intratable *extravertido, audaz*

retraso 1. demora, aplazamiento, suspensión 2. atraso, ignorancia, incultura *adelanto*

retratar fotografiar, reproducir, representar, copiar, dibujar, pintar, describir (RETRATO)

retroceder retirarse, recular *avanzar*

retumbar atronar, estallar, tronar, resonar *acallar*

reunión 1. unión, junta, congregación, agrupación 2. tertulia, fiesta, celebración

reunir 1. unir, juntar, agrupar, amontonar, compilar 2. concurrir, congregar *dispersar, separar*

revelar descubrir, mostrar, declarar, decir, confesar, manifestar *esconder*

reventar 1. estallar, detonar, romperse, explotar, deshacerse 2. molestar, fastidiar, cansar

reventón explosión, estallido, desintegración, detonación

reverberar 1. resplandecer, espejear, reflejarse 2. resonar, repercutir

revisar verificar, examinar, comprobar, investigar, estudiar (REVISIÓN)

revista 1. periódico, publicación 2. desfile, parada 3. examen, inspección, revisión

revivir 1. resucitar, renacer, resurgir, renovar 2. rememorar, recordar, evocar

revocar 1. anular, cancelar, derogar, invalidar, rescindir 2. enlucir, repintar

revolcarse restregarse, tirarse, echarse, menearse, retorcerse

revoltijo confusión, enredo, mezcolanza, revoltillo *orden*

revolución 1. conmoción, sedición, levantamiento, insurrección, rebelión *paz* 2. giro, rotación, vuelta

revolver 1. menear, agitar, girar, remover, mezclar 2. desorganizar, desordenar, alterar 3. alborotar, enredar 4. confundir, inquietar, indignar

rey monarca, soberano, majestad, jefe, gobernante

ribera 1. costa, orilla 2. borde, margen

rico 1. adinerado, acaudalado, millonario, acomodado *pobre* 2. sabroso, gustoso, delicioso, sazonado *insípido* 3. abundante, fértil *yermo*

ridiculizar escarnecer, burlarse, parodiar, caricaturizar, satirizar

ridículo 1. risible, cómico 2. absurdo, extravagante, grotesco, necio 3. extraño, irregular

riesgo peligro, amenaza, inconveniente *seguridad*

rígido 1. tieso, resistente, firme *flexible* 2. austero, inflexible, estricto, severo, riguroso *adaptable*

riguroso 1. extremado, duro, inclemente 2. estricto, severo 3. preciso, exacto

riña pelea, disputa, argumento, lucha *amistad*

rincón ángulo, esquina, canto, recodo

río arroyo, corriente, riachuelo, curso

riqueza 1. abundancia, copia, profusión 2. fortuna, prosperidad, opulencia *pobreza, miseria* (RICO)

risible 1. cómico, ridículo 2. grotesco, absurdo

risueño 1. festivo, divertido, sonriente, alegre *lloroso, triste* 2. favorable, prometedor, próspero

ritmo cadencia, compás, medida

ritual 1. rito, ceremonial 2. costumbre, formalidad (RITUALIZAR)

rivalizar competir, contender, concursar, luchar

rizar encrespar, ensortijar, ondular *estirar*

robar hurtar, quitar, escamotear, saquear, timar, atracar, raptar

robo hurto, escamoteo, fraude, pillaje, rapiña, saqueo

robusto 1. fuerte, vigoroso, resistente *débil* 2. sano, saludable *enfermizo*

roca 1. peñasco, peña, piedra, risco, peñón, escollo 2. firme, estable, duro

rociado mojado, bañado, duchado, humedecido, salpicado, regado *seco*

rociar asperjar, humedecer, mojar, bañar, salpicar, regar, irrigar *secar*

rodar 1. voltear, girar 2. moverse, avanzar

rodear encerrar, cercar, circundar, sitiar

roer raspar, carcomer, corroer, desgastar, gastar (ROEDURA)

rogar pedir, implorar, orar, rezar, suplicar (RUEGO)

rollizo 1. gordo, grueso, obeso, robusto, corpulento 2. redondo, cilíndrico

romántico sentimental, apasionado, enamorado, idealista *existencialista*

romo 1. obtuso, despuntado, chato *agudo* 2. rudo, tosco, torpe *inteligente*

romper 1. partir, quebrar, fracturar, rajar, destrozar, fragmentar 2. deshacer, desunir 3. agujerear, perforar 4. interrumpir

romperse 1. quebrarse, rajarse, destrozarse 2. deshacerse, desunirse 3. agujearse, perforarse 4. interrumpirse

roncar resollar, gruñir (RONQUIDO)

ronco áspero, bronco, afónico, enronquecido *suave*

ronda 1. guardia, vigilancia, patrulla 2. camino, calle, paseo 3. grupo, conjunto, serenata

rondar 1. pasear, deambular 2. vigilar, guardar, patrullar 3. cortejar

ropa ropaje, indumentaria, vestimenta, vestidos, trajes

rosado rosa, rosáceo, sonrosado

rostro semblante, cara, fisonomía, faz

rotación giro, volteo, revolución, vuelta, rodeo

roto 1. partido, rajado, quebrado, fracturado, desgarrado 2. harapiento, andrajoso

rótulo letrero, cartel, cartelón, marca, anuncio, etiqueta

rotundo 1. redondo, esférico, abultado 2. claro, categórico, completo, terminante *vacilante* 3. preciso, expresivo, sonoro *impreciso*

rotura fractura, quebradura, rompimiento, ruptura

rozar tocar, raspar, frotar

ruborizarse enrojecer, abochornarse, sonrojarse, avergonzarse

rudimentario 1. primero, elemental, básico, inicial 2. embrionario, subdesarrollado

rudo 1. áspero, tosco *acabado* 2. grosero, descortés *cortés* 3. ignorante, torpe, inculto *culto*

rufián estafador, miserable, bribón, sinvergüenza, pícaro, truhán

rugir bramar, gritar, atronar *callar*

ruido sonido, rumor, bulla, estruendo *silencio*

ruidoso 1. estrepitoso, atronador, ensordecedor, estridente 2. alborotador, escandaloso *silencioso*

ruin 1. vil, despreciable, bajo, villano *honorable* 2. tacaño, avaro, mezquino *generoso* 3. pequeño, insignificante *grande*

ruina 1. pérdida, bancarrota, quiebra 2. destrozo, destrucción

rumor 1. chisme, murmullo, habladuría, hablilla, cuento 2. ruido, murmullo, sonido

rural campesino, rústico, aldeano, campestre

rústico 1. primitivo, tosco, rudo, grosero *sofisticado* 2. campestre, agreste, pastoril *urbano*

ruta itinerario, camino, vía, trayecto, carretera

rutina costumbre, hábito, uso, usanza, regla *novedad*

S

sabana llanura, llano, tundra, pradera

saber conocer, entender, comprender, observar, dominar *ignorar*

sabiduría erudición, saber, ciencia, cultura, conocimiento *ignorancia*

sabio 1. erudito, ilustrado, instruido, entendido, culto *ignorante* 2. prudente, cuerdo, sensato *imprudente*

sabor gusto, regusto, paladar *insipidez*

saborear gustar, paladear, catar, relamerse, probar

sabroso 1. delicioso, apetitoso, gustoso, sazonado *insípido, desabrido* 2. atractivo, interesante *aburrido*

sacar 1. extraer, quitar, separar, vaciar, desenterrar *poner* 2. conseguir, obtener, ganar *dar*

sacerdote cura, religioso, padre, clérigo, eclesiástico, presbítero

sacrificarse 1. resignarse, privarse, aguantarse 2. dedicarse, ofrecerse

sacudir golpear, estremecer, mover, conmover, agitar, chocar, percutir

saga leyenda, hazaña, tradición, cuento, epopeya

sagaz hábil, astuto, perspicaz, penetrante, agudo, sutil *simple*

sagrado santo, divino, sacro *profano*

sala salón, estancia, habitación, aposento, pieza

salario remuneración, paga, pago, jornal, estipendio, sueldo

salida 1. abertura, puerta, paso 2. partida, paseo, viaje, excursión 3. medio, recurso, pretexto, escapatoria 4. occurrencia, gracia

salir 1. partir, marchar, irse *entrar* 2. nacer, surgir, aparecer, brotar *morir* 3. resultar, quedar

salpicar mojar, manchar, rociar, humedecer, bañar, diseminar

salsa caldo, jugo, condimento, aderezo

saltar brincar, retozar, botar, cabriolar

saltarse omitir, olvidar

salto 1. brinco, bote, cabriola, retozo, danza 2. omisión, olvido 3. cascada, catarata

salud sanidad, salubridad, lozanía

saludable sano, higiénico, salubre, lozano, salutífero *insalubre, malsano*

saludar 1. cumplimentar, presentarse, despedirse 2. recibir, visitar, acoger

saludo 1. cortesía, salutación 2. reverencia, venia

salvaguarda 1. amparo, custodia, guardia, vigilancia, defensa, protección 2. aseguramiento, salvaconducto, seguro

salvaje 1. inculto, incivil, atroz, bárbaro, bruto, brutal, cruel, bestial *culto, civilizado* 2. silvestre, montaraz, natural, arisco, indómito, insociable, bravío *dócil* (SALVAJISMO)

salvar asistir, rescatar, recuperar, redimir, liberar, librar (SALVACIÓN)

salvo 1. excepto, omitido, aparte 2. entero, ileso, sano, íntegro

sanar curar, reponerse, mejorar, restablecerse, recuperarse *desmejorar, enfermar*

sanatorio hospital, clínica, dispensario

sanción 1. ley, norma, decreto 2. aprobación, legitimación 3. multa, castigo

sancionar 1. aprobar, autorizar, convalidar, ratificar 2. castigar, penar

sanear 1. depurar, purificar, higienizar, limpiar 2. remediar, reparar, equilibrar

sangrar gotear, rezumar, exudar, fluir

sangriento 1. sanguinolento, sangrante 2. sanguinario, cruel

sanguinario cruel, feroz, brutal, vengativo, inhumano, sangriento

sanitario 1. higiénico, saneado, limpio *sucio* 2. enfermero

sano saludable, robusto, lozano, fuerte *enfermo*

santo 1. perfecto, sagrado, inviolable 2. virtuoso, moral, resignado *demoníaco*

santuario capilla, iglesia, monasterio, templo

saquear depredar, rapiñar, despojar, pillar, robar

saqueo depredación, pillaje, rapiña, saco, robo, atraco, asalto, despojo

sarcástico mordaz, irónico, satírico, venenoso, cáustico *benévolo* (SARCASMO)

satisfacer 1. agradar, contentar, alegrar, complacer 2. saldar, pagar, compensar 3. solucionar, resolver (SATISFACCIÓN)

satisfecho 1. contento, complacido, feliz, dichoso *infeliz* 2. saciado, harto, repleto, lleno *hambriento*

saturar llenar, colmar, satisfacer, cargar, saciar *vaciar* (SATURACIÓN)

sazón 1. madurez, punto, florecimiento, perfección 2. sabor, gusto

sazonado 1. sabroso, suculento, aderezado, rico *insípido* 2. maduro, perfecto *inmaduro*

sazonar 1. aderezar, adobar, condimentar 2. madurar, florecer perfeccionar

sección porción, parte, sector, corte, segmento, componente *totalidad*

seco 1. árido, estéril, marchito *mojado* 2. áspero, desabrido *sabroso* (SEQUEDAD)

secretar excretar, expeler, segregar, evacuar (SECRECIÓN)

secreto 1. oculto, escondido, privado, callado, reservado 2. sigilio, reserva

secuela consecuencia, resultado, efecto, desenlace

secuencia continuación, serie, sucesión, orden, seguimiento

secuestrar raptar, retener, detener, robar (SECUESTRO)

sed 1. ansia, gana, deseo, anhelo 2. sequedad, aridez

sedante calmante, sedativo

sedición insurrección, levantamiento, motín, tumulto, alzamiento, sublevación, rebelión

sediento 1. ávido, ansioso, deseoso 2. deshidratado, árido, desértico

seducir 1. atraer, fascinar, cautivar *repeler* 2. persuadir, incitar, tentar, engañar *disuadir* (SEDUCCIÓN)

segar cortar, seccionar, talar, tumbar, truncar

segmento porción, parte, pedazo, fragmento, división, sección, trozo

segregar 1. separar, apartar *igualar* 2. rezumar, fluir, emanar, despedir

seguido 1. continuo, consecutivo, sucesivo, inmediato, repetido *discontinuo, interrumpido* 2. recto, derecho *torcido*

seguir 1. continuar, proseguir, repetir 2. perseguir, buscar, husmear, acosar 3. acompañar, imitar (SEGUIMIENTO)

seguridad 1. certeza, certidumbre *incertidumbre* 2. confianza, estabilidad, firmeza *desconfianza* 3. fianza, garantía

seguro 1. firme, fijo, infalible, cierto *dudoso* 2. confiable, protegido, defendido *indefenso* 3. convencido, confiado, persuadido *receloso* (SEGURIDAD)

seleccionar elegir, escoger, preferir *rechazar* (SELECCIÓN)

selecto escogido, superior, distinguido, notable

sellar 1. estampar, firmar, timbrar 2. tapar, cerrar, cubrir

sello 1. estampilla, timbre 2. carácter, peculiaridad 3. impresión, marca

selva espesura, floresta, jungla, fronda

sembrar 1. labrar, cultivar *cosechar* 2. diseminar, esparcir *recoger*

semejante 1. parecido, similar 2. idéntico, igual *distinto*

semejanza correspondencia, parecido, similitud, afinidad *diferencia* (SEMEJAR)

señal 1. marca, huella, vestigio, indicio 2. muestra, síntoma, seña 3. semáforo 4. particularidad, distintivo 5. imagen, representación 6. anticipo, prenda, garantía

sencillo 1. simple *complejo* 2. humilde, modesto *ostentoso* 3. fácil *difícil* 4. natural, sincero *afectado, artificioso* 5. espontáneo, llano *complicado*

sendero senda, vereda, camino, vía

señor 1. caballero, noble, aristócrata 2. amo, dueño, propietario

señora 1. dama, matrona, ama 2. mujer, esposa

señorial majestuoso, elegante, noble, fino

sensación 1. emoción, emotividad 2. impresión, percepción

sensacional magnífico, espléndido, emocionante, extraordinario, impresionante

sensato razonable, cuerdo, juicioso, prudente, moderado *insensato* (SENSATEZ)

sensible 1. impresionable, sensitivo 2. sentimental, emotivo 3. afectivo, compasivo, tierno *insensible*

sentimental 1. conmovedor, emocionante, emotivo, sensible 2. tierno, afectivo *impasible*

sentimiento 1. compasión, afecto, ternura 2. sensación, emoción, sensibilidad, impresión *insensibilidad*

sentir 1. percibir, experimentar, apreciar, advertir 2. conmoverse, lamentarse, afligirse 3. creer, opinar, juzgar (SENTIDO)

señuelo 1. carnada, cebo 2. engaño, treta

separación 1. alejamiento, división, desunión *unión* 2. expulsión, despido, rechazo *contratación*

separar 1. apartar, aislar, alejar, desunir *juntar* 2. expulsar, despedir, rechazar *admitir*

separarse divorciarse, apartarse, alejarse *unirse*

sepultar 1. inhumar, enterrar 2. esconder, ocultar

ser 1. criatura, ente, cosa, individuo, sujeto 2. existir, vivir, permanecer 3. suceder, ocurrir, pasar, acontecer 4. pertenecer 5. existencia, esencia

sereno 1. quieto, calmado, pacífico, tranquilo *ruidoso, nervioso* 2. claro, despejado 3. vigilante (SERENIDAD)

serie sucesión, orden, conjunto, grupo

serio 1. respetable, sensato, formal *frívolo* 2. solemne, severo, adusto, grave *alegre* 3. verdadero, real, efectivo, importante *desdeñable*

sermón 1. prédica, plática, homilía 2. amonestación, regaño

serpentear ondular, culebrear, reptar, zigzaguear, deslizarse

serpiente culebra, sierpe, víbora, áspid

servicio 1. ayuda, asistencia, auxilio, favor 2. trabajo, empleo 3. utilidad, función, provecho 4. servidumbre, criados, ayudantes 5. retrete, lavabos, baño 6. organización, entidad, empresa

servil 1. sumiso, manso, dócil 2. bajo, humilde, apocado 3. abyecto, despreciable, adulador

servir 1. aprovechar, valer 2. asistir, ayudar, atender (SIRVIENTA)

sesgado inclinado, oblicuo, diagonal, ladeado

sesgar inclinar, ladear, torcer, cruzar, desviar, soslayar

seta hongo, champiñón, trufa

severo exigente, intransigente, estricto, inflexible, duro, serio, rígido, riguroso, austero *benévolo, tolerante*

siempre eternamente, constantemente, perpetuamente *jamás, nunca*

siesta sueño, descanso, reposo *actividad*

sigiloso silencioso, discreto, disimulado, secreto, furtivo, escondido, oculto *extravertido*

significado significación, sentido, acepción, valor (SIGNIFICATIVO)

significación importancia, trascendencia, influencia

significar 1. representar, valer, ser, figurar, simbolizar 2. equivaler, corresponder

signo 1. símbolo, representación 2. señal, seña

siguiente sucesivo, consecutivo, posterior, ulterior, subsecuente *previo*

silenciar enmudecer, acallar, amordazar, intimidar

silencioso 1. callado, mudo 2. tranquilo, reservado, taciturno *ruidoso*

silla asiento, banco, taburete

sillón butaca, poltrona, asiento, mecedora

silueta perfil, contorno, trazo, esbozo, sombra

simbolizar representar, significar, figurar, encarnar, personificar (SÍMBOLO)

simétrico armonioso, proporcionado, equilibrado, igual *desigual, desproporcionado* (SIMETRÍA)

similar afín, análogo, parecido, semejante *distinto*

similitud parecido, semejanza, afinidad, igualdad *diferencia*

simpatía 1. cariño, afinidad, inclinación, propensión 2. atracción, encanto, gracia, cordialidad *antipatía*

simpático agradable, atractivo, cordial, gracioso, encantador *antipático*

simple 1. fácil, elemental, sencillo *difícil* 2. incauto, cándido, inocente 3. necio, bobo, tonto *inteligente, listo*

simular aparentar, disimular, fingir, imitar (SIMULACIÓN)

sin falto, carente, escaso, ausente, incompleto *con*

sinceramente francamente, abiertamente, claramente, verazmente, ingenuamente (SINCERIDAD)

sincero honrado, verdadero, franco, veraz *falso*

sinfonía composición, obra

singular 1. solo, único *plural* 2. especial, particular *corriente* 3. raro, extraordinario, excelente *común*

siniestro 1. triste, funesto, desdichado 2. catastrófico, desastroso, desgraciado 3. malintencionado, perverso

sino 1. destino, hado, azar, suerte 2. pero, empero

sintético artificial, elaborado, manufacturado *natural*

síntoma indicio, señal, signo, manifestación, símbolo

sinvergüenza desvergonzado, pícaro, bribón, tunante, truhán, pillo, canalla, villano, ruin *vergonzoso*

sirena 1. silbato, pitido, silbido, pito, alarma 2. ninfa, ondina, nereida

sisear abuchear, silbar *ovacionar*

sismo terremoto, temblor, seísmo

sistema método, plan, manera, estilo, norma, procedimiento

sitiar asediar, bloquear, cercar, rodear *liberar*

sitio 1. asedio, bloqueo, cerco 2. espacio, puesto, lugar, paraje, territorio, zona, localidad, terreno

situación 1. estado, condición 2. sitio, lugar 3. colocación, ubicación, disposición, posición

situar colocar, poner, depositar, acomodar, asentar *desplazar*

soberanía 1. independencia, libertad, autonomía 2. poder, autoridad, dominio *dependencia*

soberano 1. emperador, monarca, rey, señor 2. supremo, elevado, excelente

soberbio 1. altanero, altivo, vanidoso, orgulloso, arrogante *humilde* 2. grandioso, maravilloso, espléndido, magnífico, admirable, insuperable 3. fogoso, violento *sencillo*

soborno cohecho, corrupción, compra (SOBORNAR)

sobra 1. demasía, exceso, superávit, sobrante, excedente *déficit, falta* 2. desperdicio, desecho, residuo (SOBRAR)

sobre 1. encima, arriba *debajo* 2. acerca de, referente, relativo, relacionado 3. carta, envoltorio, cubierta, envoltura

sobrenatural metafísico, milagroso, extraordinario, divino *natural*

sobrepasar aventajar, exceder, superar, rebasar

sobresaliente preeminente, excelente, superior, importante, notable, supremo, soberano *inferior*

sobresalir destacar, resaltar, exceder, distinguirse, diferenciarse

sobresaltar alarmar, espantar, asustar, alterar, turbar *calmar*

sobretodo gabán, abrigo, capote, gabardina, trinchera

sobrevivir perdurar, vivir, durar, quedar, permanecer

sobrio mesurado, templado, moderado, frugal, parco, prudente *extremo*

sociable amistoso, afable, simpático, cordial, abierto, tratable *antisocial*

sociedad 1. agrupación, asociación, compañía, corporación, empresa 2. colectividad, humanidad, familia, grupo, nación, población

socorro amparo, ayuda, auxilio, asistencia, alivio, protección *ataque*

sofisticado 1. artificial, afectado, rebuscado 2. complejo, complicado (SOFISTICACIÓN)

sofocar 1. apagar, extinguir, dominar *encender* 2. asfixiar, ahogar *ventilar*

sofocarse ahogarse, asfixiarse, acalorarse

solamente sólo, únicamente, expresamente

solazar contentar, regocijar, divertir, deleitar

soldar pegar, unir, adherir, ligar, ensamblar

soleado asoleado, luminoso, radiante, claro

soledad 1. aislamiento, abandono, alejamiento, separación 2. tristeza, melancolía, añoranza, nostalgia

solemne 1. serio, grave, severo, formal *alegre* 2. majestuoso, grandioso, imponente *sencillo* (SOLEMNIDAD)

solicitar pedir, gestionar, buscar, requerir, demandar, suplicar *conceder*

solicitud 1. atención, diligencia, cuidado *indiferencia* 2. pedido, petición, demanda *entrega*

sólido 1. denso, duro, firme, fuerte, resistente *débil, frágil* 2. entero, completo

solitario 1. solo, único, singular 2. deshabitado, desierto, abandonado, aislado, retirado

sollozar gimotear, llorar, lloriquear, gemir, lamentarse

solo 1. solitario, aislado, abandonado, desierto, apartado 2. único, exclusivo, singular

sólo solamente, únicamente

soltar 1. libertar, redimir, librar *sujetar* 2. desatar, separar *atar*

solución 1. resolución, respuesta, resultado 2. desenlace, fin, término, terminación 3. mezcla, compuesto

solventar 1. pagar, remunerar, abonar *adeudar* 2. solucionar, arreglar, resolver

sombrío 1. melancólico, triste, taciturno *alegre* 2. tenebroso, umbroso, sombreado *luminoso*

someter 1. avasallar, dominar, esclavizar, subordinar, subyugar, sujetar, supeditar 2. encargar, encomendar

somnoliento amodorrado, semidormido *despierto*

soñador 1. imaginativo, visionario *realista* 2. idealista, romántico *práctico* 3. ingenuo, cándido, crédulo *astuto*

soñar 1. imaginar, fantasear 2. desear, ilusionarse

sonar repiquetear, resonar, retumbar, tintinear

sonoro ruidoso, resonante, estruendoso *silencioso*

sonreír reír, alegrarse *fruncir* (SONRISA)

sonrojarse ruborizarse, avergonzarse, enrojecer

sonsacar inquirir, averiguar, preguntar, investigar, extraer *informar*

sopapear abofetear, cachetear, pegar

soplar 1. inflar, exhalar 2. acusar, delatar

sopor sueño, adormecimiento, somnolencia, letargo, insensibilidad *vigor*

soportar 1. sostener, sujetar, mantener 2. aguantar, tolerar, sufrir

soporte 1. apoyo, sostén, base, fundamento 2. auxilio, amparo, defensa, sustento

sorber absorber, chupar, tragar, beber

sórdido 1. avaro, mezquino *generoso* 2. miserable, sucio 3. indecente, deshonesto *decente*

sorprendente pasmoso, asombroso, extraordinario, raro, extraño, increíble

sorprender admirar, asombrar, maravillar, pasmar

sorpresa asombro, extrañeza, pasmo, sobresalto, admiración, estupor

sortija anillo, arete, aro

sosegar serenar, calmar, tranquilizar, apaciguar *irritar*

sospechar 1. suponer, conjeturar *saber* 2. dudar, desconfiar, recelar, temer *confiar* (SOSPECHA)

sospechoso suspicaz, receloso, desconfiado, dudoso *confiado*

sostener 1. sustentar, mantener 2. amparar, apoyar, ayudar, defender 3. soportar, sujetar, aguantar

suave 1. terso, liso, delicado, tenue, blando 2. dócil, manso, apacible, agradable *duro* (SUAVIDAD)

subalterno subordinado, dependiente, ayudante, inferior *jefe, superior*

subida 1. ascenso, elevación, ascención *descenso* 2. cuesta, pendiente, ladera, rampa, inclinación *bajada* 3. alza, aumento, encarecimiento *baja*

subir 1. trepar, escalar, ascender *bajar* 2. elevar, aumentar, acrecentar *disminuir* (SUBIDA)

súbito imprevisto, inesperado, repentino, impetuoso, precipitado *esperado, previsto* (SÚBITAMENTE)

sublevación alzamiento, insurrección, motín, rebeldía, revolución

sublime elevado, noble, majestuoso, grandioso, distinguido, eminente, excelso, sobrehumano

subordinar someter, sujetar, esclavizar, supeditar

subrayar acentuar, recalcar, resaltar, enfatizar

subrepticio furtivo, secreto, oculto, ilícito *abierto, honesto*

subsecuente siguiente, subsiguiente, posterior, ulterior *anterior*

subsiguiente ulterior, posterior, sucesivo, próximo, sucesor *anterior*

subsistencia 1. alimento, manutención, comida, nutrición, sostén 2. permanencia, estabilidad, conservación 3. vida, existencia

subsistir 1. vivir, existir *morir* 2. durar, permanecer, perdurar, conservarse *perecer*

subyugar conquistar, avasallar, dominar, esclavizar, someter, sojuzgar *libertar*

suceder 1. pasar, ocurrir, acaecer, acontecer 2. remplazar, sustituir 3. seguir, repetir

sucesión 1. serie, orden, progresión, secuencia 2. herencia, legado 3. descendencia

suciedad basura, inmundicia, impureza, porquería, roña *limpieza*

sucio 1. manchado, mugriento, tiznado, grasiento, enlodado *limpio* 2. tramposo, estafador *honrado* 3. obsceno, impúdico, deshonesto, inmoral *decente*

suculento jugoso, sabroso, nutritivo, sustancioso *desabrido*

sucumbir 1. ceder, caer, rendirse, someterse *conquistar* 2. morir, perecer, expirar *vivir*

sudar 1. transpirar 2. destilar, rezumar (SUDOR)

sueldo paga, salario, remuneración, jornal

suelo terreno, tierra, piso, pavimento, superficie, base

suelto 1. disgregado, aislado, separado *junto* 2. libre, liberado, redimido *preso* 3. cambio, monedas *billete*

sueño 1. cansancio, letargo 2. ensueño, fantasía, visión 3. ambición, deseo, ansia, anhelo

suerte 1. destino, providencia, ventura 2. casualidad, azar

suficiente 1. bastante, harto, justo, adecuado, asaz *insuficiente* 2. apto, idóneo, competente, capaz *inepto* 3. pedante, presumido *modesto* (SUFICIENTEMENTE)

sufragio voto, votación, elección, referéndum

sufrimiento padecimiento, pena, dolor, aflicción *goce* 2. aguante, resistencia *rebelión*

sufrir 1. padecer, penar *gozar* 2. aguantar, soportar, resistir *rebelarse*

sugerencia consejo, insinuación, inspiración, sugestión

sugerir aconsejar, insinuar, proponer

sujetar 1. retener, contener, agarrar, asir 2. clavar, pegar, fijar, enganchar 3. dominar, someter *soltar*

sujeto 1. individuo, tipo, persona, hombre 2. asunto, tema, materia, argumento

suma 1. adición, conjunto, agregado, total *resta* 2. recopilación, resumen

sumario 1. resumen, compendio, sinopsis, síntesis 2. breve, reducido

sumergir hundir, sumir, bañar

suministrar abastecer, proveer, aprovisionar, dotar, equipar (SUMINISTRO)

sumisión 1. docilidad, humildad, resignación *agresividad* 2. sometimiento, acatamiento, esclavitud, dependencia *rebelión*

sumiso obediente, manso, dócil *agresivo, desobediente*

sumo supremo, superior, enorme, intenso, máximo, altísimo, superlativo, perfecto *ínfimo*

suntuoso lujoso, magnífico, pomposo, rico, opulento *modesto, pobre* (SUNTUOSIDAD)

superar aventajar, exceder, pasar, sobrepujar, vencer

superficial aparente, frívolo, insustancial, vano, trivial *profundo, reflexivo*

superficie área, extensión, cara, faceta *interior*

superintendente supervisor, dirigente, director, jefe, administrador *subordinado*

superior 1. excepcional, excelente, mejor, culminante, sumo, principal *inferior* 2. director, jefe, mandatario

superstición folklore, tradición, magia, mito (SUPERSTICIOSO)

supervisar revisar, controlar, observar, inspeccionar, verificar (SUPERVISOR, SUPERVISIÓN)

suplementar sumar, añadir, agregar, complementar, anexionar *quitar* (SUPLEMENTO)

súplica ruego, plegaria, oración, petición, demanda *concesión*

suplicar rogar, implorar, pedir, exhortar *conceder*

suplir 1. remplazar, completar, añadir 2. sustituir, remplazar

suponer creer, pensar, considerar, conjeturar, sospechar

suposición hipótesis, presunción, supuesto, conjetura

supremo sumo, superior, último, altísimo, soberano, máximo, culminante *inferior* (SUPREMACÍA)

suprimir 1. eliminar, abolir, anular, borrar, excluir, tachar *autorizar* 2. callar, omitir *mencionar* (SUPRESIÓN)

surcar 1. cortar, hender, navegar 2. ahondar, roturar, arar

surco 1. corte, ranura, hendidura, muesca 2. zanja, cauce, conducto, excavación

surgir 1. brotar, manar, surtir 2. emerger, salir, asomar, presentarse, aparecer, manifestarse *ocultarse*

surtido 1. variado, mezclado, diverso 2. conjunto, juego, colección, mezcla

susceptible 1. apto, dispuesto, capaz 2. suspicaz, delicado, desconfiado

suscribir 1. firmar 2. abonar 3. adherirse, unirse, comprometerse

suspender 1. colgar, enganchar, sostener 2. parar, detener, interrumpir, cancelar 3. desaprobar, reprobar (SUSPENSIÓN)

suspenso 1. indeciso, desconcertado, perplejo 2. pasmado, maravillado, aturdido, admirado, asombrado

sustancia 1. ser, esencia, entidad, meollo, fondo, naturaleza 2. elemento, componente, ingrediente, materia

sustancial 1. importante, fundamental, básico, esencial *secundario* 2. inherente, natural, propio, innato

sustento alimento, manutención, mantenimiento

sustituir reemplazar, cambiar, relevar, suplir (SUSTITUCIÓN)

susto alarma, emoción, sobresalto, sorpresa, miedo

sustraer 1. quitar, restar, retirar *añadir* 2. extraer, separar 3. robar, hurtar (SUSTRACCIÓN)

susurrar cuchichear, murmurar, musitar, rumorear

sutil 1. delgado, delicado, tenue, vaporoso *pesado, recargado* 2. agudo, ingenioso, perspicaz, astuto, inteligente *torpe*

T

taberna cantina, tasca, bar, bodega, bodegón

tabla 1. lámina, plancha, tablón 2. mesa, mostrador 3. cuadro, lista, catálogo

tablado escenario, plataforma

tacaño avaro, mezquino, mísero, ruin *generoso*

tacha falta, defecto, imperfección, mancha, lunar *perfección*

tachar 1. borrar, suprimir, anular, eliminar 2. acusar, censurar, culpar, incriminar

tácito implícito, supuesto, sobreentendido *explícito*

taciturno silencioso, callado, retraído, reservado *ruidoso* (TÁCITO)

táctica método, sistema, procedimiento, conducta, estrategia

tacto 1. sensación, sentido, tiento 2. mesura, diplomacia, delicadeza

taimado astuto, ladino, tunante, hipócrita, zorro *franco*

tajar cortar, dividir, seccionar, rebanar, partir

tajo 1. corte, filo, incisión 2. arista, filo

taladrar horadar, agujerear, perforar, punzar (TALADRO)

talento aptitud, ingenio, capacidad, inteligencia, entendimiento, perspicacia *incapacidad*

tallar cincelar, esculpir, labrar

talle 1. cintura 2. proporción, traza, apariencia, figura

tallo tronco, retoño, vástago

tamaño grandor, proporción, medida, extensión, magnitud, dimensión

tambaleante vacilante, inseguro, inestable *estable*

tambalearse bambolearse, moverse, menearse, oscilar, vacilar, tropezar *estabilizarse*

también además, asimismo, igualmente, incluso

tambor cimborio, timbal, atabal, tamboril

tanda 1. grupo, conjunto, partida 2. turno, relevo 3. serie, sucesión

tangible real, concreto, material, palpable, tocable, perceptible *inmaterial, impalpable*

tantear 1. sondear, examinar, explorar, pulsar, probar 2. palpar, tocar, rozar 3. calcular, conjeturar

tanto 1. así, de tal manera 2. mucho, demasiado

tapa cubierta, tapadera, funda, tapón, capa

tapar 1. cerrar, cubrir *abrir* 2. obstruir, obturar, taponar *destapar* 3. esconder, ocultar, encubrir *revelar* 4. abrigar, arropar *desabrigar*

tapete alfombra, cubierta

tapiz colgadura, alfombra, paño

taquilla despacho, casilla, quiosco, ventanilla

tardar demorar, retrasar, detenerse *adelantar*

tarde 1. tardíamente, avanzadamente *temprano* 2. vísperas, crepúsculo, anochecer, atardecer *amanecer*

tardío retrasado, demorado, lento, moroso, pausado *adelantado*

tardo 1. torpe, obtuso, zopenco, bobo, tonto 2. pausado, calmoso

tarea faena, labor, oficio, quehacer, deber, operación *ocio*

tarifa arancel, tasa, coste, importe, precio

tartamudear balbucir, farfullar, tartajear (TARTAMUDEO, TARTAMUDEZ)

tasar 1. estimar, apreciar, valorar, evaluar 2. limitar, fijar, graduar

tasca taberna, cantina, bodega, bodegón

tea antorcha, hacha, candela

tedioso aburrido, pesado, cansador, fastidioso, molesto *interesante, ameno* (TEDIO)

tejer hilar, trenzar, entretejer, entrelazar

tejido tela, género, lienzo, paño

televisar transmitir, emitir, teledifundir

tema materia, asunto, tópico, cuestión, argumento

temblar 1. estremecerse, vibrar, tiritar, trepidar, temblequear 2. atemorizarse, temer

temblor estremecimiento, vibración, trepidación, tremor, sacudida

temer asustarse, inquietarse, atemorizarse, dudar, recelar, sospechar *confiar*

temerario atrevido, osado, audaz, imprudente, inconsiderado, irreflexivo *cauteloso*

temeridad atrevimiento, audacia, imprudencia, osadía *cautela*

temeroso 1. tímido, miedoso, medroso, cobarde *osado* 2. temible, aterrador, espantoso *tímido*

temor miedo, aprensión, espanto, alarma, inquietud *osadía*

temperamental impulsivo, vehemente, ardiente, apasionado, exaltado *impasible*

temperamento idiosincrasia, carácter, naturaleza, personalidad

tempestad 1. tormenta, temporal, borrasca 2. agitación, disturbio

templado 1. tibio, agradable 2. moderado, sereno, suave *extremado* (TEMPLAR)

temporada período, tiempo, duración

temporal 1. tormenta, tempestad *calma* 2. pasajero, precario, provisional, provisorio, transitorio *duradero, eterno* (TEMPORALMENTE)

temprano adelantado, anticipado, precoz, prematuro *retrasado*

tenaz 1. persistente, inamovible *movedizo* 2. resistente, firme, fuerte *débil* 3. empeñoso, firme, obstinado, constante, perseverante, terco *variable*

tendencia inclinación, propensión, disposición, proclividad

tender 1. alargar, desdoblar, esparcir, extender *doblar, encoger* 2. inclinarse, propender *abstenerse* 3. acostar, echar, acomodar *levantar*

tenderse tumbarse, echarse, acostarse, estirarse, acomodarse *incorporarse*

tener 1. poseer, gozar, obtener, tomar *carecer* 2. sujetar, sostener, asir *soltar* 3. guardar, contener (TENENCIA)

teñir colorear, pigmentar, entintar, manchar, matizar

tensión 1. tiesura, rigidez, tirantez, resistencia *flojedad* 2. impaciencia, nerviosismo *relajación*

tenso 1. estirado, tirante, tieso, duro, rígido *flojo* 2. nervioso, impaciente *relajado*

tentar 1. palpar, tocar, reconocer 2. seducir, atraer, excitar 3. instigar, incitar, inducir

teoría especulación, suposición, hipótesis, inferencia, opinión, conjetura *práctica*

terco obstinado, testarudo, tenaz, inflexible *dócil*

terminar acabar, finalizar, cerrar, concluir, rematar *empezar* (TERMINAL, TERMINACIÓN)

término 1. plazo, tiempo, período, duración 2. final, extremo, límite, terminación, conclusión 3. territorio, jurisdicción, zona 4. palabra, vocablo, voz

terremoto sismo, temblor, sacudida, sacudón

terreno 1. tierra, campo, suelo, piso 2. terrestre, terrenal

terrible 1. temible, horrible, horroroso, pavoroso, monstruoso, espantoso, aterrador *tímido* 2. intratable, intolerable

territorio comarca, región, área, zona, lugar, país, distrito, división

terrón masa, gleba, pedazo

tesoro caudal, valores, riquezas, fortuna

testimoniar 1. testificar, deponer, atestiguar 2. asegurar, afirmar, manifestar, evidenciar

testimonio 1. afirmación, declaración 2. evidencia, prueba, deposición

tétrico triste, tenebroso, melancólico, lúgubre, sombrío *alegre*

texto 1. manual, obra, libro 2. cita, escrito, pasaje

textura estructura, trama, disposición, contextura

tibio 1. moderado, templado *extremo* 2. indiferente *fascinado*

tiempo 1. período, duración, época, estación, temporada 2. ocasión, oportunidad, sazón 3. cariz, temperatura

tienda almacén, despacho, negocio

tierno 1. blando, delicado, quebradizo *duro, fuerte* 2. afectuoso, amable, cariñoso *tajante*

tierra 1. terreno, suelo, piso, campo 2. patria, pueblo, nación

Tierra planeta, mundo, globo, orbe

tieso 1. firme, rígido, duro, estirado, extendido, tenso, inflexible *flexible* 2. engreído, soberbio

tifón huracán, ciclón, torbellino, tornado

timar engañar, defraudar, despojar, hurtar, robar

timbrar estampar, sellar, franquear, estampillar

tímido indeciso, vacilante, vergonzoso, temeroso, medroso, inseguro *osado* (TIMIDEZ)

timo engaño, estafa, fraude, chantaje, hurto, robo

timón 1. gobernalle 2. dirección, gobierno, mando

tino 1. acierto, destreza *desacierto* 2. prudencia, tiento, tacto *imprudencia*

tinte 1. color, matiz 2. tinta, tintura, colorante, pigmento

tintinear campanillear, resonar, entrechocar

típico 1. peculiar, característico, representativo, distintivo 2. folklórico, tradicional

tipo 1. ejemplar, muestra, modelo, original 2. individuo, sujeto, persona 3. clase, categoría

tirano dictador, autócrata, déspota, opresor (TIRÁNICO, TIRANÍA)

tirante estirado, tenso, tieso, firme, rígido *relajado*

tirar 1. lanzar, arrojar, echar, impulsar 2. derribar, abatir, volcar, derramar, derrumbar, tumbar 3. derrochar, malgastar, desperdiciar 4. disparar 5. desechar, botar 6. arrojarse, abalanzarse

tirarse echarse, tumbarse, acostarse, descansar *levantarse*

tiritar temblar, temblequear, estremecerse, vibrar, agitar (TIRITÓN)

tirón impulso, empujón, sacudida, agitación, jalón, estirón

titilar refulgir, centellear, resplandecer, chispear, temblar

titular 1. efectivo, autorizado 2. nombrar, señalar, rotular, licenciar

título 1. diploma, licencia 2. nombre, designación, denominación

tiznado manchado, ensuciado, sucio, ennegrecido *limpio* (TIZNE)

tiznar manchar, ensuciar, ennegrecer *limpiar*

tocar 1. palpar, tentar, acariciar, rozar 2. pulsar, tañer, interpretar, repicar, sonar 3. atañer, concernir, corresponder 4. golpear, pegar, dar (TOCAMIENTO, TIENTO)

tocón protuberancia, muñón, resto

tolerar 1. aguantar, aceptar 2. soportar, sufrir, resistir 3. permitir, consentir, condescender (TOLERABLE, TOLERANCIA, TOLERANTE)

tomar 1. asir, coger, agarrar, captar, apresar 2. conquistar, ocupar, apoderarse 3. recibir, admitir, aceptar 4. contratar 5. beber

tónico estimulante, reconstituyente, reforzante, medicina

tono 1. voz, inflexión, matiz, sonido, altura, entonación 2. dinamismo, fuerza, energía, vigor 3. modo, tonalidad

tontería bobada, necedad, simpleza, estupidez

tonto bobo, necio, simple, torpe, estúpido *inteligente*

topar 1. chocar, tropezar, pegar, dar 2. encontrar, hallar

torbellino remolino, viento, ráfaga

torcer 1. doblar, encorvar, enroscar, retorcer *enderezar* 2. desviar, apartar *encauzar*

torcerse 1. malograrse, frustrarse, perderse 2. corromperse, arruinarse

torcido encorvado, enroscado, combado, inclinado, oblicuo, sinuoso *derecho*

tormenta tempestad, temporal, borrasca, huracán *calma*

tornado huracán, ciclón, tifón

torneo 1. justa, combate 2. concurso, competencia

torpe 1. rudo, basto, tosco, vulgar *educado* 2. incapaz, inepto *hábil* 3. tardo, lento, pesado *dinámico*

torrente 1. corriente, rápidos, cascada, chorro, arroyo 2. abundancia, profusión

tórrido ardiente, caliente, cálido, sofocante, abrasador, quemante *helado*

tortura agonía, dolor, sufrimiento, tormento

torturar 1. atormentar, martirizar 2. acongojar, angustiar, hostigar

torvo enojado, fiero, amenazador *agradable*

tosco 1. rudo, vulgar, inculto, ordinario *culto* 2. áspero, basto, grosero, rugoso *delicado*

tostado oscurecido, atezado, curtido, asoleado, quemado *blanqueado*

total 1. completo, entero, absoluto, íntegro 2. totalidad *parcial*

tóxico 1. deletéreo, ponzoñoso, venenoso, dañino *saludable* 2. veneno

trabajar laborar, hacer, actuar, elaborar, producir, fabricar, ejercer, cultivar *holgazanear* (TRABAJADOR)

trabajo labor, oficio, faena, quehacer, ocupación *descanso*

trabar 1. enlazar, juntar, unir *separar* 2. dificultar, obstaculizar *facilitar*

tracción tirada, arrastre, avance, remolque *deslizamiento*

tradición costumbre, hábito, uso, folklore *modernismo*

tradicional acostumbrado, usual, ancestral, legendario, folklórico *novedoso*

traducir interpretar, descifrar, esclarecer (TRADUCCIÓN)

traer 1. trasladar, transportar 2. producir, causar, ocasionar 3. vestir, llevar, usar

tráfico 1. circulación, tránsito 2. comercio, negocio

tragar 1. comer, ingerir, devorar, engullir 2. soportar, tolerar, creer

trágico desdichado, desgraciado, infausto, funesto *cómico* (TRAGEDIA)

traición deslealtad, felonía, infidelidad *lealtad*

traicionar delatar, engañar, entregar, vender *respetar*

traicionero traidor, desleal, infiel, ingrato, engañoso *fiel*

traidor alevoso, desertor, desleal, felón, renegado *leal*

traílla correa, cuerda, cinturón

traje prenda, indumento, ropa, vestido, vestidura

trama 1. intriga, confabulación, enredo, conspiración 2. argumento, tema

tramar maquinar, urdir, confabular

trampa celada, ardid, asechanza, treta, engaño

trampear engañar, timar, estafar, sablear (TRAMPOSO)

tranquilo calmado, pacífico, quieto, sereno, sosegado *agitado, bullicioso* (TRANQUILIZAR, TRANQUILIDAD)

transbordar trasladar, llevar, transportar, pasar

transeúnte peatón, caminante, viandante

transferir ceder, transmitir, trasladar, traspasar, cambiar, entregar (TRANSFERENCIA)

transformar cambiar, convertir, alterar, mudar, transmutar (TRANSFORMACIÓN)

transición paso, cambio, transformación, mudanza, tránsito *permanencia*

transitorio corto, fugaz, efímero, momentáneo, pasajero, perecedero, temporal *permanente*

transmitir 1. propagar, emitir, difundir, comunicar 2. ceder, trasladar, transferir 3. contagiar, infectar, contaminar (TRANSMISIÓN)

transparente claro, cristalino, diáfano, límpido, traslúcido *opaco*

transpirar 1. sudar, segregar 2. rezumar, expulsar

transportar trasladar, acarrear, llevar, traer, cargar

transporte acarreo, llevada, traslado, conducción

traquetear sacudir, mover, agitar, menear, estremecer

traqueteo agitación, meneo, estremecimiento, movimiento, sacudimiento *quietud*

trascendental trascendente, importante, notable, influyente, significativo, grave, vital *insignificante* (TRASCENDENCIA)

trasero posterior, detrás *delantero*

trasladarse viajar, emigrar, salir, marchar, moverse, mudarse, cambiarse *quedarse*

traspasar 1. violar, infringir, exceder, contravenir 2. atravesar, pasar, cruzar 3. ceder, transferir

trasplantar transponer, trasladar, cambiar, permutar

trastornado 1. alterado, inquieto, intranquilo *calmo* 2. perturbado, enloquecido *cuerdo*

trastorno 1. desorden, molestia, alteración 2. locura, perturbación

tratado convenio, trato, arreglo, pacto, acuerdo

tratar 1. manejar, usar 2. comerciar, traficar, negociar 3. curar, cuidar 4. hablar, escribir 5. relacionarse

trauma 1. traumatismo, lesión 2. trastorno, perturbación

travesura picardía, diablura, pillería

travieso inquieto, revoltoso, juguetón, pícaro

trazar delinear, describir, dibujar, diseñar, esbozar (TRAZO)

tregua 1. suspensión, armisticio, intermisión, interrupción 2. descanso, pausa

tremendo 1. inmenso, enorme, gigante, colosal *pequeño* 2. espantoso, horrible, terrible

trenzar entretejer, entrelazar, tejer

trepidar 1. temblar, estremecerse 2. dudar, vacilar

treta ardid, artimaña, trampa, engaño

trepar subir, escalar, encaramarse, ascender *bajar* (TREPA)

tribu clan, grupo, pueblo, familia, raza, casta

tribuna estrado, plataforma, tarima, galería, balcón

tribunal corte, fuero, juzgado, audiencia

tributo impuesto, carga, contribución, obligación

triste 1. afligido, infeliz, abatido, deprimido, melancólico, desconsolado *alborozado, contento* 2. insignificante, insuficiente, ineficaz *potente* 3. mustio, pálido, descolorido *robusto* (TRISTEZA)

triunfar ganar, conquistar, vencer, prevalecer *perder* (TRIUNFADOR)

triunfo victoria, éxito, conquista, ganancia *derrota* (TRIUNFAL)

trivial insignificante, insustancial, ligero, frívolo, superficial *importante* (TRIVIALIDAD)

trocar permutar, alterar, convertir, cambiar, canjear, mudar (TRUEQUE)

trofeo premio, galardón, laurel, medalla, recompensa

tropa 1. grupo, banda, cuadrilla 2. turba, tropel, chusma

tropezar 1. trastrabillar, trompicar, vacilar, tambalearse 2. encontrarse, topar

tropiezo 1. tropezón, traspié 2. estorbo, obstáculo, impedimento, dificultad 3. falta, equivocación, error

trotar correr, andar, apresurarse, cabalgar

trovador bardo, poeta, juglar

trozo pedazo, parte, fragmento, porción *todo*

truhán granuja, estafador, engañador, bribón, pillo

tubo conducto, cánula, caño, cañón, cilindro, manguera

tumba sepultura, sepulcro, mausoleo, enterramiento, cripta

tumulto alboroto, desorden, escándalo, confusión, motín, turba *calma, paz* (TUMULTUOSO)

tunante bribón, pícaro, pillo, truhán

tunda zurra, paliza

túnel subterráneo, pasaje, cueva, gruta, caverna, galería

turbar alterar, trastornar, confundir, perturbar *tranquilizar*

turbulento 1. agitado, tumultuoso, ruidoso, belicoso, alborotado *calmo, tranquilo* 2. rebelde, agitador, revoltoso, alborotador *pacífico* 3. turbio, mezclado *puro*

tutor 1. maestro, profesor, educador 2. guía, consejero, orientador 3. defensor, protector

U

ubicación colocación, posición, situación, emplazamiento, disposición

ubicar colocar, poner, situar, disponer

ufano 1. alegre, satisfecho, contento, optimista *triste* 2. engreído, envanecido, vano, presumido *modesto* (UFANÍA)

ulterior posterior, siguiente *anterior*

último 1. final, posterior, extremo *primero* 2. reciente 3. remoto

ultrajante ofensivo, insultante, provocativo, infamante, infame

ultrajar agraviar, injuriar, insultar, humillar, despreciar, ofender, calumniar *honrar*

ulular aullar, clamar, gritar

umbral 1. paso, entrada, acceso 2. comienzo, principio, origen

unánime concorde, acorde, conforme, general, total *parcial*

ungüento unto, crema, pomada, loción, bálsamo

único 1. solo, singular, uno *numeroso* 2. extraordinario, magnífico, excepcional *vulgar*

unidad 1. número, cantidad, cifra 2. entidad, ser, sujeto 3. concordia, concordancia *desunión*

unificar reunir, agrupar, centralizar, juntar, unir *descentralizar*

uniforme 1. parejo, igual, semejante, invariable *desigual* 2. traje

unir 1. atar, ligar, juntar, enlazar 2. mezclar, combinar, fusionar 3. aliar, confederar 4. casar *separar* (UNIÓN)

universal 1. general, común *limitado, parcial* 2. mundial, internacional, global *lugareño* 3. total, absoluto *parcial*

universo 1. mundo, orbe, cosmos 2. todo, total

untar ungir, engrasar, encremar

urbano 1. metropolitano, cívico, municipal, ciudadano *rural* 2. cortés, fino, educado *grosero*

urbe metrópoli, capital, ciudad

urdir tramar, planear, maquinar

urgente 1. apremiante, importante, imperioso, esencial, vital, necesario *postergable* 2. rápido, pronto, veloz *lento*

urgir apremiar, apurar, instar *tranquilizar*

usado raído, gastado, agotado, estropeado, viejo, deslucido

usanza costumbre, moda, uso, práctica

usar 1. emplear, manejar, utilizar, aprovechar 2. llevar, vestir 3. acostumbrar, practicar

uso 1. empleo, provecho 2. hábito, costumbre

usual común, corriente, frecuente, habitual, general, fácil *inusual* (USUALMENTE)

usurpar apropiarse, arrogarse, despojar, desposeer, apoderarse, quitar, robar

utensilio artefacto, herramienta, instrumento, aparato, enseres

útil 1. provechoso, beneficioso, aprovechable *inútil* 2. utensilio, herramienta

utilidad 1. provecho, beneficio, ganancia, lucro *pérdida* 2. aptitud, habilidad, capacidad *ineptitud*

utilizar aprovechar, emplear, servirse, usar, aplicar, explotar

utopía fantasía, quimera, ilusión

V

vacación descanso, fiesta, festividad, recreo, ocio, holganza, pausa *trabajo*

vacante libre, desocupado, abierto, disponible, desierto, vacío *lleno, ocupado*

vaciar agotar, desaguar, desocupar, extraer, sacar, verter *llenar*

vacilante indeciso, indeterminado, irresoluto, inseguro, incierto, titubeante, fluctuante *decidido*

vacilar dudar, titubear, fluctuar *actuar* (VACILACIÓN)

vacío desocupado, libre, vacuo, hueco *lleno*

vacunar inocular, inmunizar (VACUNA)

vagabundear vagar, holgazanear, vaguear, rondar, merodear, errar, deambular *trabajar*

vagabundo 1. errante, errabundo, ambulante 2. merodeador, sospechoso, pícaro 3. holgazán, vago

vagar errar, holgazanear, pasear, merodear, vagabundear

vago 1. gandul, haragán, vagabundo *laborioso, trabajador* 2. confuso, indistinto, indefinido, impreciso, obscuro *claro, definido*

vaho 1. vapor, efluvio, emanación 2. aliento, hálito, exhalación

vaivén 1. mecimiento, balanceo 2. variedad, inconstancia 3. fluctuación, oscilación

valentía valor, bravura, coraje, esfuerzo, gallardía, intrepidez, temeridad *miedo, cobardía*

valer 1. costar, importar, sumar 2. servir, satisfacer, ser apto, ser adecuado

válido 1. útil, valedero, eficaz, efectivo 2. legítimo, legal, autorizado *inválido*

valiente valeroso, audaz, intrépido, bravo, temerario, atrevido, fuerte *cobarde*

valioso 1. importante, estimado, apreciado, único 2. caro, costoso

valla 1. cerca, baranda, barrera, pared 2. obstáculo, impedimento

valor 1. precio, coste, costo 2. mérito, importancia, utilidad

valorar evaluar, estimar, tasar, apreciar, valuar, valorizar

vanagloriarse jactarse, presumir, engreírse, pavonearse *humillarse*

vandalismo destrucción, ruina, barbarie, atrocidad, violencia

vándalo 1. bárbaro, salvaje 2. asolador, destructor, exterminador, devastador

vanguardia 1. frente, delantera *retaguardia* 2. renovación, avance, exploración, progreso, desarrollo *oscurantismo*

vanidad presuntuosidad, frivolidad, soberbia, altivez, altanería, orgullo, arrogancia, inmodestia *modestia*

vanidoso 1. presuntuoso, frívolo, fatuo, vano *modesto* 2. orgulloso, envanecido, presumido *humilde*

vano 1. insustancial, irreal *real* 2. ineficaz, infructuoso, inútil *eficaz* 3. hueco, vacío, trivial *sustancioso* 4. vanidoso, frívolo *modesto* 5. infundado, ineficaz, injustificado *justificado*

vapor 1. fluido, vaho, gas 2. barco, buque, nave

vapulear 1. azotar, golpear, zurrar *acariciar* 2. reprender, reñir, reprobar *alabar*

vara bastón, percha, palo, rama

variación modificación, transformación, cambio, alteración

variado 1. diverso, vario 2. distinto, diferente, desigual 3. surtido, mezclado

variar cambiar, diferenciar, alterar, diversificar, modificar, mudar, transformar (VARIABLE, VARIACIÓN, VARIEDAD)

varios algunos, distintos, diversos, diferentes, muchos

varón hombre, macho, señor, caballero *hembra*

vasija jarra, recipiente, vaso, cacharro, tacho

vaso 1. copa, cáliz, jarro, vasija 2. conducto, tubo

vasto grande, inmenso, ancho, extenso, dilatado, amplio *pequeño* (VASTEDAD)

vecindad 1. vecindario, comunidad 2. proximidad, cercanía 3. contornos, afueras, alrededores

vecindario comunidad, barrio, distrito, población, vecindad

vedar prohibir, impedir, limitar, negar *permitir*

vegetación plantas, flora, fronda, vegetales

vehemente impetuoso, impulsivo, ardoroso, ardiente, vivo, intenso *sereno* (VEHEMENCIA)

vehículo 1. coche, automóvil, carruaje 2. embarcación, buque 3. avión, aeroplano

vejar molestar, estorbar, insultar, maltratar, mortificar, ofender, perseguir *complacer*

velar 1. cubrir, ocultar, encubrir, disimular *aclarar, mostrar* 2. borrar, obscurecer *aclarar* 3. cuidar, custodiar, vigilar *descuidar*

velocidad 1. ligereza, presteza, prisa *pasividad* 2. celeridad, rapidez *lentitud*

veloz rápido, raudo, acelerado, ligero, pronto *lento* (VELOZMENTE)

vencer 1. conquistar, triunfar, ganar 2. derrotar, subyugar, someter, dominar 3. aventajar, superar, prevalecer *perder* (VENCEDOR)

vender comerciar, traficar, negociar *comprar*

veneno ponzoña, tósigo, tóxico, toxina

venenoso ponzoñoso, tóxico, letal, dañino, nocivo

venerable respetable, virtuoso, noble, digno, honorable *despreciable*

venerar respetar, honrar, reverenciar, admirar *deshonrar, despreciar*

venganza desquite, represalia, revancha, satisfacción, vindicta

vengarse desquitarse, satisfacerse, desagraviarse

vengativo rencoroso, vindicativo

venir llegar, arribar, volver, regresar, aparecer, acercarse *ir*

ventaja 1. ganancia, provecho, utilidad 2. superioridad, delantera *desventaja* (VENTAJOSO)

ventarrón viento, aire, vendaval

ventilar 1. airear, refrescar, orear 2. aclarar, dilucidar, examinar (VENTILACIÓN)

ver 1. mirar, observar, otear 2. estudiar, examinar, conocer, percibir 3. comprender, entender

veraz verdadero, verídico, franco, honesto *falso* (VERACIDAD)

verbal oral, hablado, expresado, enunciado *escrito*

verdadero 1. cierto, real, genuino, auténtico, efectivo *presunto* 2. verídico, veraz, sincero *falso* (VERDAD, VERDADERAMENTE)

verde 1. lozano, fresco, jugoso *seco* 2. inexperto, fresco, principiante *maduro* 3. verdoso, esmeralda 4. ecológico, ambientalista

verdugón roncha, golpe, cardenal, contusión, hematoma

vereda 1. camino, senda, sendero, ruta 2. acera

veredicto fallo, sentencia, juicio, dictamen, decisión, opinión

vergonzoso 1. tímido, indeciso, modesto, cobarde *audaz, osado* 2. despreciable, deshonroso, infamatorio, deshonesto, humillante *honorable, meritorio*

verificar examinar, revisar, comprobar, probar, controlar, confirmar, evidenciar

versado conocedor, experimentado, entendido, competente, experto *incompetente*

versión 1. explicación, interpretación 2. traducción 3. adaptación

verso 1. poesía, estrofa, poema *prosa* 2. revés, reverso, vuelta *frente, cara*

verter vaciar, derramar, echar, evacuar, dispersar

vertical derecho, erguido, perpendicular, erecto *horizontal*

vestíbulo portal, porche, entrada, antesala, pasaje

vestido vestimenta, atavío, traje, ropa, vestuario

vestir cubrir, ataviar, adornar, acicalar *desnudar*

vestirse ponerse, llevar, usar, lucir *desnudarse*

vetar desaprobar, negar, vedar, prohibir, impedir *aceptar*

veterano 1. antiguo, viejo, vetusto, añejo *joven* 2. experimentado, práctico, ducho, diestro, experto *inexperto*

veto censura, oposición, negación, desaprobación, prohibición *aprobación*

vetusto antiguo, decrépito, achacoso, viejo, decadente *joven, nuevo*

vía 1. carril, riel 2. camino, recorrido, ruta, senda, calle 3. procedimiento 4. modo, medio

viaducto puente, pontón

viajar recorrer, andar, caminar, vagar, marchar, pasear, desplazarse, trasladarse

viaje excursión, expedición, camino, jornada, visita

vibrar temblar, trepidar, cimbrear, ondular, oscilar (VIBRACIÓN)

vicio defecto, imperfección, deficiencia

vicioso pervertido, depravado, corrompido, disoluto *virtuoso*

víctima 1. perjudicado, sufrido, doliente *victimario* 2. sacrificado, mártir, inmolado, atormentado

victoria triunfo, superioridad, ventaja, conquista *derrota* (VICTORIOSO)

vida 1. existencia *muerte* 2. duración 3. actividad, energía

vidriar revestir, recubrir, bañar, barnizar

viejo 1. arcaico, primitivo, antiguo, pasado, rancio *nuevo* 2. maduro, envejecido, añoso, vetusto, veterano *joven* 3. usado, estropeado, deslucido *nuevo*

viento ventosidad, brisa, soplo, corriente, vendaval, ventarrón, ventolera, céfiro

vientre abdomen, barriga, panza, mondongo, tripa

vigilante alerta, atento, cuidadoso, precavido, presto, pronto *distraído, dormido* (VIGILANCIA)

vigor fuerza, energía, potencia, robustez, brío, ímpetu, vehemencia *apatía*

vigoroso animoso, enérgico, fuerte, robusto, vital *débil*

villancico canción, himno, balada, cantata

villano 1. bajo, ruin, indigno, miserable, perverso, vil *noble* 2. plebeyo, rústico, grosero, ordinario, tosco *educado*

vindicar 1. defender, recobrar, reivindicar 2. vengar, desagraviar (VINDICACIÓN)

violar 1. deshonrar, forzar, profanar *respetar* 2. infringir, quebrantar, transgredir, vulnerar *cumplir* (VIOLACIÓN)

violencia 1. ira, furia, brutalidad 2. pasión, fuerza, intensidad, vehemencia 3. injusticia (VIOLENTO)

virar girar, volver, torcer

virgen 1. doncella, moza, señorita 2. puro, inmaculado, intacto, límpido, inocente

virtual 1. potencial, posible 2. implícito, tácito 3. irreal, aparente (VIRTUALMENTE)

virtuoso 1. bueno, honrado, honesto, prudente, digno, templado, bondadoso *deshonesto* 2. talentoso, capaz, apto *incapaz*

visible manifiesto, perceptible, evidente, obvio, claro *invisible*

visión 1. vista, ojo *ceguera* 2. aparición, imagen, ilusión, espectro, fantasía *realidad* (VISUAL)

visitar 1. saludar, ver 2. acudir, asistir 3. recorrer, conocer (VISITANTE)

vislumbrar 1. entrever, ojear 2. conjeturar, sospechar

vista 1. visión, sentido 2. paisaje, panorama, perspectiva

vistoso llamativo, brillante, sugestivo, atractivo *apagado*

vital 1. enérgico, activo, vigoroso, fuerte, dinámico 2. importante, esencial, básico, trascendental *insignificante*

vitalidad energía, fuerza, vigor, potencia, eficacia, brío *debilidad*

vitorear aplaudir, ovacionar, aclamar, exclamar *vituperar*

vivaz 1. perspicaz, agudo, brillante, ingenioso 2. alegre, vívido, enérgico, vigoroso 3. longevo, vividor

vívido 1. luminoso, resplandeciente 2. intenso, floreciente, vigoroso 3. vivaz, vital

vivificar estimular, inspirar, confortar, reanimar *debilitar, apagar*

vivir 1. existir, durar, estar, ser *morir* 2. residir, habitar, morar, albergarse

vivo 1. viviente, vital *muerto* 2. ágil, rápido, ligero, inquieto, vivaz *pesado* 3. ingenioso, listo, agudo, perspicaz *torpe* 4. borde, canto, orilla 5. intenso, fuerte *apagado*

vocación afición, inclinación, propensión, facilidad, aptitud *rechazo*

vocal oral, verbal, enunciado, expresado, dicho

vocear 1. gritar, llamar, vociferar, chillar, aullar, ulular 2. pregonar, anunciar 3. publicar, difundir 4. aplaudir, aclamar *callar*

vocerío griterío, alboroto, clamor, escándalo, algarabía, bullicio *calma*

volar 1. remontarse, alzarse, deslizarse 2. correr, apresurarse

volcar derramar, derribar, tumbar, verter (VOLCADO)

voltear 1. girar, rotar 2. virar, invertir, volver 3. tumbar, volcar

voluble 1. frívolo, caprichoso *estable* 2. inconstante, mudable, cambiante *constante*

volumen 1. masa, espacio, dimensión, medida, magnitud, grosor 2. libro, tomo, copia 3. magnitud, intensidad

voluminoso abultado, corpulento, grueso, gordo *magro*

voluntad 1. albedrío *indecisión* 2. determinación, intención, ansia 3. mandato, orden, disposición

voluntario libre, espontáneo *forzado*

volver 1. retornar, regresar *salir* 2. venir, llegar 3. devolver, restituir *tomar*

vomitar devolver, regurgitar, arrojar *tragar*

voraz 1. ávido, comilón, tragón, ansioso, insaciable 2. destructor, violento

votar elegir, sufragar (VOTACIÓN)

voto 1. opinión, voz, parecer, elección, dictamen 2. promesa, ofrecimiento 3. papeleta, sufragio

vuelta 1. giro, rotación, revolución 2. retorno, regreso 3. paseo, recorrido

vulgar 1. común, corriente, chabacano, ramplón, ordinario, prosaico *especial* 2. plebeyo, tosco *fino* (VULGARIDAD)

vulnerable débil, frágil, dañable, indefenso (VULNERABILIDAD)

Y

yacer reposar, descansar, echarse, acostarse, dormir

yapa propina, añadidura, bono, extra

yate velero, barca, nave, embarcación

yegua potranca, jaca

yema capullo, renuevo, brote, botón

yermo 1. baldío, desierto, deshabitado *habitado* 2. infecundo, estéril *fecundo*

yerro error, equivocación, errata, falla, falta *acierto*

yerto tieso, rígido, inerte *flexible*

yugo carga, opresión, dominio, esclavitud, servidumbre, tiranía *libertad*

Z

zafarse 1. escaparse, esconderse *encontrar* 2. excusarse, librarse, desembarazarse *adquirir*

zafio grosero, vulgar, inculto, ordinario, rudo, rústico, tosco *fino, culto*

zaga trasero, cola, extremidad, punta, final, cabo *delantera*

zagal 1. muchacho, adolescente, mocoso 2. pastor

zalamero 1. empalagoso, fastidioso 2. adulador, servil, lisonjero

zambullirse bucear, hundirse, sumergirse

zancada paso, tranco, marcha

zángano 1. abejorro, abejón, insecto 2. gandul, haragán, holgazán, perezoso, vagabundo *trabajador*

zanja surco, excavación, trinchera, canal

zapatilla chancleta, pantufla, chancla, babucha

zapato calzado, bota, zapatilla

zarandear agitar, sacudir, mover, menear *aquietar*

zigzag serpenteo, culebreo, ondulación *rectitud*

zócalo 1. friso 2. pedestal, soporte, podio

zona región, área, territorio, lugar, demarcación, distrito, vecindario

zoológico bestial, animal

zorro 1. raposa, vulpeja, zorra 2. astuto, pícaro, sagaz, ladino

zozobrar 1. naufragar, hundirse 2. fracasar, perderse

zumbar silbar, susurrar, sonar, pitar (ZUMBIDO)

zumo caldo, extracto, jugo, esencia, néctar, líquido

zurcir coser, remendar, arreglar, recomponer

zurrar apalear, aporrear, azotar, golpear, pegar, sacudir (ZURRA)

3 Foreign Language Series From Barron's!

The **VERB SERIES** offers more than 300 of the most frequently used verbs.
The **GRAMMAR SERIES** provides complete coverage of the elements of grammar.
The **VOCABULARY SERIES** offers more than 3500 words and phrases with their foreign language translations. Each book: paperback.

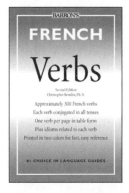

FRENCH GRAMMAR	**SPANISH VERBS**
ISBN: 978-0-7641-1351-2	ISBN: 978-0-7641-1357-4
GERMAN GRAMMAR	**FRENCH VOCABULARY**
ISBN: 978-0-8120-4296-2	ISBN: 978-0-7641-1999-6
ITALIAN GRAMMAR	**GERMAN VOCABULARY**
ISBN: 978-0-7641-2060-2	ISBN: 978-0-8120-4497-3
JAPANESE GRAMMAR	**ITALIAN VOCABULARY**
ISBN: 978-0-7641-2061-9	ISBN: 978-0-7641-2190-6
RUSSIAN GRAMMAR	**JAPANESE VOCABULARY**
ISBN: 978-0-8120-4902-2	ISBN: 978-0-7641-3973-4
SPANISH GRAMMAR	**RUSSIAN VOCABULARY**
ISBN: 978-0-7641-1615-5	ISBN: 978-0-7641-3970-3
FRENCH VERBS	**SPANISH VOCABULARY**
ISBN: 978-0-7641-1356-7	ISBN: 978-0-7641-1985-9
ITALIAN VERBS	
ISBN: 978-0-7641-2063-3	

Barron's Educational Series, Inc.
250 Wireless Blvd., Hauppauge, NY 11788
Call toll-free: 1-800-645-3476

In Canada: Georgetown Book Warehouse
34 Armstrong Ave., Georgetown, Ontario L7G 4R9
Call toll-free: 1-800-247-7160

Please visit **www.barronseduc.com**
to view current prices and to order books

(#26) R8/09

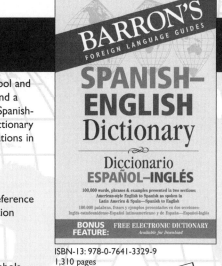